成都市哲学社会科学重点研究基地资助项目

网络舆情生态系统
善治之道

主编 夏楠 副主编 王燕枝 康苇苇

中国金融出版社

责任编辑：张翠华　左　今
责任校对：李俊英
责任印制：陈晓川

图书在版编目（CIP）数据

网络舆情生态系统善治之道/主编：夏楠，副主编：王燕枝，康苇苇. —北京：中国金融出版社，2019.10

ISBN 978-7-5220-0225-5

Ⅰ.①网… Ⅱ.①夏… ②王… ③康… Ⅲ.①互联网络—舆论—生态系—研究—中国 Ⅳ.①G219.2

中国版本图书馆CIP数据核字（2019）第166830号

网络舆情生态系统善治之道
Wangluo Yuqing Shengtai Xitong Shanzhi Zhidao

出版 发行	中国金融出版社
社址	北京市丰台区益泽路2号
市场开发部	（010）63266347，63805472，63439533（传真）
网上书店	http://www.chinafph.com
	（010）63286832，63365686（传真）
读者服务部	（010）66070833，62568380
邮编	100071
经销	新华书店
印刷	保利达印务有限公司
尺寸	169毫米×239毫米
印张	19.5
字数	270千
版次	2019年10月第1版
印次	2019年10月第1次印刷
定价	46.00元

ISBN 978-7-5220-0225-5
如出现印装错误本社负责调换　联系电话（010）63263947

目录 CONTENT

第1章 绪论 … 001
  1.1 选题背景和价值 … 001
    1.1.1 选题背景 … 001
    1.1.2 选题价值 … 005
  1.2 网络舆情生态系统的研究现状及趋势 … 009
    1.2.1 网络社会研究 … 009
    1.2.2 国内研究现状 … 012
    1.2.3 国外研究现状 … 017
  1.3 本书的研究思路、基本框架和研究方法 … 019
    1.3.1 本书的研究方法 … 019
    1.3.2 本书的基本框架 … 020

第2章 网络舆情基本理论研究 … 023
  2.1 社会冲突理论 … 023
    2.1.1 马克思社会冲突理论的基本内涵 … 023
    2.1.2 马克思社会冲突理论的作用 … 025
  2.2 生态学理论 … 026
    2.2.1 生态理论的内涵 … 026
    2.2.2 生态理论的发展方向 … 027
    2.2.3 生态理论的现实意义 … 028

2.3 蝴蝶效应理论　　030
2.3.1 蝴蝶效应理论的内涵　　031
2.3.2 蝴蝶效应生成的原因　　033
2.4 生命周期理论　　035
2.5 沉默螺旋理论　　038
2.5.1 沉默螺旋理论的内涵　　038
2.5.2 沉默螺旋理论的演变　　039
2.6 公共危机管理理论　　044
2.6.1 危机定义　　044
2.6.2 危机管理的定义　　046
2.6.3 危机管理特征　　048
2.6.4 危机治理理论　　050
2.6.5 网络环境下的公共危机治理　　054
2.7 议程设置理论　　056
2.7.1 议程设置理论的内涵　　057
2.7.2 议程设置理论的特点　　058
2.7.3 议程设置理论的争议　　059
2.7.4 议程设置理论的发展　　060
2.8 群体极化理论　　063
2.8.1 群体极化理论的内涵　　063
2.8.2 群体极化理论的特征　　064
2.8.3 群体极化的演变　　065
2.8.4 群体极化的效应　　067

第3章 网络舆情　　069
3.1 核心概念　　069
3.1.1 舆论与网络舆论　　069
3.1.2 网络舆论概念的定义　　070

  3.1.3 舆情及相关概念 072
  3.1.4 网络舆论的特征 075
  3.1.5 网络舆情的概念界定 079
 3.2 网络舆情的要素特征 081
  3.2.1 网络舆情场域 085
  3.2.2 网络舆情的要素特征 088
  3.2.3 网络舆情功能 091
 3.3 新媒体网络舆情 095
  3.3.1 新媒体通信网络 096
  3.3.2 新媒体互联网应用 097
  3.3.3 新媒体环境下网络舆情的研究成果 099
  3.3.4 新媒体网络舆情的要素特征 102
  3.3.5 新媒体网络舆情治理对大数据能力的现实需求 104
  3.3.6 新媒体网络舆情治理大数据建设思路 107

第4章 网络舆情与社会风险 111

 4.1 网络舆情的周期 111
  4.1.1 潜伏期 111
  4.1.2 酝酿期 112
  4.1.3 爆发期 112
  4.1.4 成熟期 112
  4.1.5 消退期 112
 4.2 网络舆情对社会管理的影响 113
  4.2.1 网络舆情增强了公众话语权 113
  4.2.2 网络舆情是公众表达利益诉求的窗口 114
  4.2.3 网络舆情促进公众意识的变化 114
 4.3 网络舆情对公共政策的影响机制 115
  4.3.1 发现政策问题 115

- 4.3.2 促成政策方案形成 116
- 4.3.3 影响政府决策偏好 116
- 4.3.4 监督政府政策实施 116
- 4.3.5 评估政府公共政策效果 117
- 4.3.6 网络舆情影响公共政策的机制 117

4.4 网络舆情是社会风险的重要变量 118
- 4.4.1 网络社会动员过程 119
- 4.4.2 网络舆情加剧社会风险的多向度观察 121

4.5 中国的网络舆情和社会风险 125
- 4.5.1 网络舆情的中国式生态 126
- 4.5.2 中国网络舆情的现状 132
- 4.5.3 中国网络舆情的现实背景 132
- 4.5.4 中国网络舆情的畸形繁荣 135

4.6 中国对网络舆情的管理 138

4.7 中国社会风险性质 143
- 4.7.1 网络舆情具有明显的中国特色 143
- 4.7.2 网络舆情会推高中国社会风险 144

第5章 网络舆情生态系统 147

5.1 信息生态环境与信息生态链 147
- 5.1.1 信息生态环境的定义与构成 147
- 5.1.2 信息生态链的构成与流动方向 149
- 5.1.3 信息生态链的流动方向 150

5.2 我国信息生态环境中的各要素 151
- 5.2.1 我国的信息法律 151
- 5.2.2 我国的信息受众 155
- 5.2.3 信息生态链总体趋势 156
- 5.2.4 我国信息生态环境整体分析 158

5.3 网络舆情生态系统的基本理论 159
5.3.1 网络舆情生态系统的内涵与类型 160
5.3.2 网络舆情生态系统的结构模型 162
5.3.3 网络舆情生态系统的主要特征 164
5.3.4 网络舆情生态系统的构成 166
5.4 我国网络舆情生态系统的动态性特征 168
5.4.1 网络舆情事件的迸发 169
5.4.2 网络舆情主体能力不断提升 170
5.4.3 网络舆情环境的变化 171
5.4.4 传播动力推动网络舆情的扩散升级 171
5.4.5 消费动力拉动网络舆情的集中爆发 173
5.4.6 分解动力催动网络舆情的消退转化 175
5.5 网络舆情生态系统的现状 176
5.5.1 网络舆情生态系统的平衡与失衡 176
5.5.2 网络舆情生态系统的失衡及成因分析 177
5.5.3 Web2.0 对网络信息生态系统的影响 179
5.5.4 突发事件微信舆情生态系统的平衡与失衡 183
5.6 网络舆论生态系统的新常态 186

第 6 章 案例分析 191
6.1 发霉乌龙——温江七中实验学校食堂事件 191
6.2 安全底线——江苏响水爆炸事件 215
6.3 信任危机——长生制药假疫苗事件后，国产疫苗还能信吗 241
6.4 范冰冰"逃税门"事件 263

第 7 章 网络舆情生态系统善治模式 278
7.1 善治理论基础 278
7.2 加强顶层设计 282

  7.2.1 健全完善我国互联网舆情管控法律体系 282

  7.2.2 政府治理能力提升 285

  7.2.3 加强网络治理，由"政府本位"向"公民本位"转变 286

  7.2.4 规范网络生态秩序，由"倒逼"向"自觉"转变 287

7.3 重视中间环节 289

  7.3.1 互联网舆情引导策略 290

  7.3.2 媒体应加快结构化转型，以增强公信力来提升影响力 291

  7.3.3 公众须提升信息素养，以言论自律形成人人把关的和谐舆情生态 293

  7.3.4 积极发挥社会组织对网络舆情的治理能力 294

7.4 夯实末端治理 296

后　记 300

第1章 绪论

1.1 选题背景和价值

1.1.1 选题背景

互联网不仅带来了信息传播方式的革命,而且逐渐进入了人们的日常工作和生活当中,形塑了人类社会的生产方式、生活方式、思维方式和价值判断。网络化生存成为一种常态,人类已经进入了网络社会。互联网技术的进步引致了社会信息传播方式的急剧变化,随着网络媒体尤其是新媒体的兴起,社会信息的传播变得更加具有互动性、自主性、私人性、及时性与动态性,信息的质量也更加良莠不齐。在社会公众无法有效地甄别或甄别成本很高时,网络会放大社会舆论,积极的社会信息传播会建构社会主流价值,但是消极的社会信息传播可能会引发社会不稳定。因为在人类面临向前大跃进、急剧变革的时代,会经常面对深刻的社会动乱、常态化的创新和改组,即使人类暂时还无法深刻地认知它的本质,但是确实在建设一个新的文明[①]。

2014年2月27日,习近平总书记在中央网络安全和信息化领导小组第一次会议上的讲话中提到,我国互联网和信息化工作取得了显著发展成就,网络走入千家万户,网民数量世界第一,我国已成为网络大国。

由于我国网络技术的进步、网民人数的快速增加,更是增加了网络舆情对中国社会的影响力。中国互联网信息中心数据显示:截至2015

---

① [美] 阿尔文·托夫勒. 第H次浪潮 [M]. 黄明坚译, 北京:中信出版社, 2006.

年12月底，中国网民人数为6.88亿人，全年新增的网民人数达3951万人；中国的互联网普及率达到50.3%，相对于2014年底增加了2.4个百分点。中国手机网民人数达到6.20亿人，相对于2014年底增加6303万人；其中，在全部网民中使用手机上网的人数从2014年的85.8%增加到了90.1%。中国网民中农村网民占比28.4%，规模达1.95亿人，较2014年底增加1694万人。而2005—2015年网民人数由1.11亿人增加至6.88亿人，年均增长20.0%；互联网普及率由8.5%增加到50.3%，年均增长19.5%。中国互联网络信息中心（CNNIC）在京发布第41次《中国互联网络发展状况统计报告》显示，截至2017年12月末，我国网民规模达7.72亿人，普及率达到55.8%，超过全球平均水平（51.7%）4.1个百分点，超过亚洲平均水平（46.7%）9.1个百分点。我国网民规模继续保持平稳增长，互联网模式不断创新、线上线下服务融合加速以及公共服务线上化步伐加快，成为网民规模增长推动力[1]。

根据《中国互联网络发展状况统计报告》，中国互联网络发展主要呈现出以下新态势。第一，基础资源保有量稳步增长，资源应用水平显著提升。中国域名总数、光缆、互联网接入端口、移动电话基站和互联网数据中心等基础设施建设稳步推进。在此基础上，网站、网页、移动互联网接入流量与APP数量等应用也发展迅速。第二，中国网民规模达7.72亿人，互联网惠及全民取得新进展。信息化服务快速普及、网络扶贫大力开展、公共服务水平显著提升，让广大人民群众在共享互联网发展成果上拥有了更多获得感。第三，手机网民占比达97.5%，移动网络促进"万物互联"。以手机为中心的智能设备，成为"万物互联"的基础，车联网、智能家电促进"住行"体验升级，构筑个性化、智能化应用场景。移动互联网服务场景不断丰富、移动终端规模加速提升、移动数据量持续扩大，为移动互联网产业创造更多价值挖掘空间。第四，移动支

---

[1] 中国互联网络信息中心，中国互联网络发展状况统计报告. 2018.1.31，http：//media.people.com.cn/n1/2018/0131/c40606-29798103.html.

付使用不断深入，互联网理财用户规模增长明显。我国移动支付用户规模持续扩大，用户使用习惯进一步巩固，网民在线下消费使用手机网上支付比例由2016年底的50.3%提升至65.5%，线下支付加速向农村地区网民渗透。第五，网络娱乐用户规模持续高速增长，文化娱乐产业进入全面繁荣期。2017年网络娱乐类应用用户规模均保持了高速增长，强烈的市场需求、政策的鼓励引导、企业的资源支持共同推动网络文化娱乐产业进入全面繁荣期。网络娱乐应用中网络直播用户规模年增长率最高，达到22.6%，其中游戏直播用户规模增速达53.1%，真人秀直播用户规模增速达51.9%。第六，共享单车用户规模突破2亿人，网约车监管政策逐步落地。第七，六成网民使用线上政务服务，政务新媒体助力政务服务智能化。2017年，我国在线政务服务用户规模达到4.85亿人，占总体网民的62.9%，通过支付宝或微信城市服务平台获得政务服务的使用率为44.0%。我国政务服务线上化速度明显加快，网民线上办事使用率显著提升，大数据、人工智能技术与政务服务不断融合，服务走向智能化、精准化和科学化。微信城市服务、政务微信公众号、政务微博及政务头条号等政务新媒体及服务平台不断扩张服务范围，上线并完善包括交通违法、气象、人社、生活缴费等在内的多类生活服务，并向县域下沉。第八，数字经济繁荣发展，电子商务持续快速增长。电子商务服务模式、技术形态、赋能效力不断创新突破是收入水平快速提升的主要驱动力。网络游戏产业在移动化、国际化、竞技化方面表现突出。网络广告市场进一步成熟，市场结构更加趋于稳定。第九，中国上市互联网企业超百家，市值接近9万亿元。上市企业中的网络游戏、电子商务、文化传媒、网络金融和软件工具类企业分别占总数的28.4%、14.7%、10.8%、9.8%、5.9%。第十，中国网信独角兽企业77家，人工智能领域取得重要进展。第一梯队中的电子商务和网络金融企业分别占独角兽企业总数的18.2%和15.6%，占据了主导地位；第二梯队中的文化娱乐、汽车交通和第三梯队中的智能硬件、在线医疗、人工智能企业均取得了快速发展。《新一代人工智能发展规划》为我国人工智能发展提供了顶层战略依据，我国在人工智能领域取得重要进展：截至2017年6月末，中国拥有人工智能企业

592家，占全球总数的23.3%；2016年，中国人工智能相关专利申请数达30115项。第十一，网络安全相关法规逐步完善，用户安全体验明显提升。2017年《中华人民共和国网络安全法》的正式实施，以及相关配套法规的陆续出台，为此后开展的网络安全工作提供了切实的法律保障。政府与企业共同打击各类网络安全问题，网民遭遇网络安全问题的比例明显下降。

正如习近平总书记所讲的那样：互联网已经融入社会生活的方方面面，深刻改变了人们的生产和生活方式。在此前提下，各种网络空间，一方面为公众的政治利益诉求提供了新的空间，另一方面也提出了一个新的课题：网络舆情的有效治理。当前，我国的网络政治舆情治理面临着严峻的挑战。当下中国，一方面正处于"战略机遇期""黄金发展期"，人们从发展中普遍得到实惠，对未来发展充满信心；另一方面又正处于"矛盾凸显期"，各种矛盾错综复杂，引起人们思想上的困惑甚至不满。公众的各种思想交织于网络空间，呈现出正与反、善与恶、进与退等各种状态，使得网络政治舆情良莠不齐，掺杂不清，网络政治生态环境亟待优化。与此同时，网络也为西方势力西化、分化中国、进行和平演变提供了便利：利用网络事件丑化中国国家领导人和政府形象、散布网络谣言、培植网络特务等，企图以此来达到他们的政治意图。西方势力在网络上的诸行为严重恶化了网络政治舆情。近年来，我国政府虽然对网络政治舆情的重要性有了充分认识并对网络政治舆情进行了强化治理，但是效果并不理想。综观近几年来政府部门处理网络政治舆情事件的实践，可以看出我国政府网络政治舆情治理实践中仍然存在着理念不清晰、方式落后、体制机制不健全等突出问题。政府网络政治舆情治理缺位、越位或不到位，为网络政治谣言盛行或网络政治舆情危机事件的发生提供了机会，甚至会引发现实中的政治矛盾和冲突。网络政治谣言盛行或网络政治舆情危机的发生，不仅扰乱了正常的网络秩序，而且也会削弱政府公信力、影响政府形象，影响我国社会主义民主政治的建设和发展。

1.1.2 选题价值

学院电脑科学实验室的高级研究员 David Clark 曾经写道："把网络看成是电脑之间的连接是不对的。相反，网络把使用电脑的人连接起来了。互联网的最大成功不在于技术层面，而在于对人的影响。电子邮件对于电脑科学来说也许不是什么重要的进展，然而对于人们的交流来说则是一种全新的方法。互联网的持续发展对我们所有的人都是一个技术上的挑战，可是我们永远不能忘记我们来自哪里，不能忘记我们给更大的电脑群体带来的巨大变化，也不能忘记我们为将来的变化所拥有的潜力。"很明显，从互联网迄今的发展过程看，网络就是传媒。网络创造的虚拟空间使得人们能够便捷地表达自己诸种类型的诉求。通过网络发声成为人们表达舆论最直接、最充分和最有效的手段，尤其是社交媒体、移动互联网、智能手机的不断发展，极大地激发了民众的表达欲，成为发表言论、政治参与以及建立社会网络的平台。截至 2017 年 12 月底，微信朋友圈、QQ 空间用户使用率分别为 87.3% 和 64.4%；微博作为社交媒体，2017 年继续在短视频和移动直播上深入布局，推动用户使用率持续增长，达到 40.9%，较 2016 年 12 月上升 3.8 个百分点。知乎、豆瓣、天涯社区使用率均有所提升，用户使用率分别为 14.6%、12.8% 和 8.8%。网络直播用户规模达到 4.22 亿户。其中，游戏直播用户规模达到 2.24 亿户，较上年底增加 7756 万户，占网民总数的 29.0%；真人秀直播用户规模达到 2.2 亿户，较上年底增加 7522 万户，占网民总数的 28.5%[①]。社交媒体传播影响力显著提升。社交媒体已成为互联网媒体中最为流行的媒体类型之一，凭借用户基数大、信息传播快、互动功能强等特点，成为网上内容传播的重要力量。

随着互联网的快速发展和网民的剧增，网络媒体已经逐渐成为主流媒体。网络媒体快速性、延展性、即时性、互动性等特点，使得现实中的

---

① 中国互联网络信息中心，第 41 次《中国互联网络发展状况统计报告》[EB/OL].2018.3.5, http://www.cnnic.net.cn/hlwfzyj/hlwxzbg/hlwtjbg/201803/t20180305_70249.htm.

社会问题"投射"到网上，人们在互联网这个"自由市场"中纷纷发表各自的意见，形成一个巨大的意见市场。

信息海量性是网络发声的另一个特征。据来自政府网络管理部门的数据，在各种网络发声的载体中，微博账号 12 亿个，新浪微博、腾讯微博日均发帖 2.3 亿条；微信日均发送 160 亿条；QQ 日均发送 60 亿条；手机客户端日均启动 20 亿次[①]。有人甚至断言，中国进入了"低头阅读"的时代，低头刷屏甚至侵蚀了亲情和友情。微博的用户流失，热度下降。从 2013 年 6 月 30 日到 2014 年 6 月 30 日，网民中微博使用率下降了 11.1 个百分点。原因之一是网民的喜新厌旧，微信分流了微博的人群；其次是政府加大了微博整治力度，一些"大 V"触犯法律被处置，其警示作用使网民微博言论趋于谨慎克制。有学者网友抱怨，自己的微博尽管关注了一千人，但发出一条博文，半小时后还留在首页。但在马航失联、东莞扫黄、山东招远血案等突发事件和热门议题中，微博在信息传播、意见表达上仍然展现出微信无法比拟的强大功能。微博可原生态地展示社会舆论，不同社会群体的各种利益诉求需要表达，保留微博这个公开的意见平台，而不是让各种意见下沉到私密的微信中，有利于政府掌握社情民意的脉搏，及时发现基层治理中存在的问题和矛盾，释放社会压力，并澄清其中的谣言，对负面声音进行引导[②]。

2010 年 10 月以来，微信逐渐代替微博的使用热度，用户可以通过客户端与好友分享文字、图片以及贴图，并支持分组聊天和语音、视讯对讲功能、广播（一对多）消息、照片/视讯共享、位置共享、消息交流联系、微信支付、理财通，游戏等服务，并有共享流媒体内容的 Feed 和基于位置的社交插件"摇一摇""漂流瓶""朋友探测器"和"附近的人"快速新增好友。同时支持多种语言，以及手机数据网络。用户可拍摄照片

[①] 黄微，李瑞，孟佳林. 大数据环境下多媒体网络舆情传播要素及运行机理研究 [J]. 图书情报工作，2015, 59 (21)：38-44, 62.
[②] 人民网，2014 年度舆情报告：网络舆论载体的变化和媒体融合 [EB/OL] .2014.12.31, http：//yuqing.people.com.cn/n/2014/1231/c354318-26305947.html.

和增加装饰艺术滤镜、字幕,发送到个人照片日志,以及"朋友圈"。用户可在联系人列表中选择联系人,使用云端服务将数据备份和恢复,以保护用户通讯录数据。微信中还有订阅号、服务号、企业号等功能,可以供用户订阅他们喜欢的公众号,也提供了一个良好的自媒体平台,每个人都可以申请个人订阅号发布个人的文章等,用户可以通过订阅或者搜索获取微信公众号的文章。市场研究公司 On Device 调查显示,微信在中国的市场渗透率达 93%。截至 2018 年 3 月末,微信在全球拥有超过约 10 亿个活跃用户[①]。由于微信使用率逐渐增多,特别是微信公众号链接的随意转发和微信群的传播,成为互联网治理的新目标。

移动新闻客户端成为前卫网民的新宠。例如扎客(ZAKER)是一款移动平台上的资讯聚合和互动分享阅读软件,将微博、博客、报纸杂志、网络新闻、图片等内容,按照用户个人的意愿聚合到一款软件上。"今日头条"资讯类客户端,日均活跃用户 1600 万人。新华社、人民日报也相继开通新闻客户端。上海报业集团《东方早报》推出澎湃新闻客户端,以政经类新闻的深度解读姿态,吸引了中高端受众。

除此之外,自媒体在网络发声的作用也不容小觑。过去有一种说法,每个网友都是"公民报道者""公民评论员"。但网友只是新闻报道和"围观"式评论的业余队,而专业媒体(包括新闻门户网站)才是专业队。互联网"自媒体"的作用不宜高估。在马航 MH370 航班失联事件中,有媒体人发帖感慨:"当庞大的自媒体、各种小喇叭都拿在手上后,真实的现实是:事实是极度稀缺的。其结果,从传播事实变为表演自己,谣言的发生与传播,由此滋生。"适度开放专业媒体,以专业技能和经验还原事实真相,均衡反映各利益相关方的声音,有利于对冲"自媒体"越来越大的舆论压力,引导公众客观理性地看待转型期的复杂社会问题。专业媒体要做好网络"自媒体"舆论的"把关人"。

因此,《人民日报》有文章分析:鉴于青年一代将互联网作为获取信

---

① 维基百科:https://zh.wikipedia.org/wiki/%E5%BE%AE%E4%BF%A1#cite_note-2。

息的主要途径，大量社会热点在网上迅速生成、发酵、扩散，传统媒体的舆论引导能力面临挑战，互联网已经成为舆论斗争的主战场。新闻传播要从"铅与火""光与电"走向"数与网"，通过微博、微信、移动客户端、手机网站、手机报等有效引导舆论。近年来以@人民日报、@央视新闻、@新华社、@澎湃新闻等为代表，央媒和上海报业集团大举进军新媒体，打通体制内外"两个舆论场"，开始影响网络舆论场的议程设置。@人民日报法人微博在人民网、新浪、腾讯三大平台上的粉丝总数突破6000万人，而纸媒订户仅310万人。@央视新闻微信有210万个关注者。新闻门户网站的评论，在2014年得到高度重视。在香港"占领中环"事件中，"国平"系列网评痛切陈词"占中"的危害，呼吁香港回归法治，成为继央视"焦点访谈"、人民日报"任仲平"文章后，又一具有舆论影响力的评论品牌[①]。中央政府维护全国人大常委会有关香港2017年普选决定的立场，得到内地主流社会的坚定支持。

网络舆情事件与最终信息量之间的巨大数量级差异，是大数据时代信息海量性的标志性表现，多媒体自身交互性的特点实现了人们对信息的主动选择控制和双向反馈，在信息交互传播过程中，舆情观点不断演化发展，产生更为巨大的信息流，因此大数据环境下网络舆情的海量性特征由于多媒体的参与而呈现爆发式的倍增态势。

综上可知，首先网络舆情对社会管理是一把"双刃剑"，既可能放大社会风险，加剧社会的动荡，也可能弘扬社会主流价值，促进社会的和谐。目前，中国人均收入已经达到了世界中等收入水平，正好处于社会矛盾的高发期，[②]而且这些社会矛盾的爆发具有突然性、快速性、集中性与难解性，亟须有效地根据互联网信息传播特点，以及利用网民自身的特质来平抑、引导、疏解网络舆情，来实现社会的有效管理与稳定和谐；

---

① 人民网.2014年网络热点舆情［EB/OL］.2014.12.31，http：//yuqing.people.com.cn/n/2014/1231/c354318-26306123.html.
② 根据经验研究，一个国家的人均经济收入水平达到世界中等水平时，会逐渐步入社会矛盾高发期。

其次，随着新媒体技术的快速发展，网络舆情呈现出越来越复杂的发展态势。网络舆情生态系统由舆情事件、舆情主体、舆情环境等要素所构成，并表现出动态性特征。我国网络舆情生态系统存在着由动态性所引发的结构失衡问题，亟须寻找出有效的治理路径。在党的十九大报告中，习近平总书记多次提及互联网并明确提出了网络强国的目标。互联网综合治理在国家经济社会发展中的地位日益凸显，互联网综合治理涵盖多领域、多层次的内容，其中网络舆情生态系统的综合治理是其关键部分。对以上问题的思考正是本书研究的出发点，也是本书研究的重要理论与现实价值。通过本书的研究，希望能帮助政府客观地看待网络舆情的影响，并采取积极的措施治理网络传播中的不当行为，从而实现既不妨碍公众通过网络有序参与公共事件，又不会因为公众参与网络舆情而放大其消极作用，使网络舆情生态系统呈良性循环，这是一个亟须解决又具有重大意义的课题。

1.2 网络舆情生态系统的研究现状及趋势

1.2.1 网络社会研究

网络社会也称为风险社会，"风险社会"（Risk Society）一词由乌尔里希·贝克在1986年出版的德文版《风险社会》一书中首次提出，但当时这一理论并没有引起学界的较多关注。《风险社会》（1992年英文版）面世，再加上前苏联切尔诺贝利核电站发生人为的世界性大灾难、英国疯牛病的爆发与全球性蔓延，使得越来越多的研究开始关注风险社会理论，并极大地丰富了该领域的研究。

（1）风险

对于风险概念的界定并不存在严格的统一定义，不同学派各自从自身角度给出了自己的理解。有研究认为，风险是一个负面事件（如伤害、疾病或死亡等）的概率乘以该事件的后果（如伤亡数字、疾病的严重程度）

(Wilson 和 Crouch，1982）[1]；也有研究认为风险只是文化和社会结构过滤器塑造出来的主观感受而已（Wynne，1992a）[2]；当然也有研究批评前面两种风险观都是对现实狭隘的描述（Short，1984）[3]。

本研究更倾向于 Beck（1986）所提出的观点，所谓风险，就是指预测和控制人类活动的未来结果，从而能够控制某些原本预期不可控制的事情，从而使得某些不可预见的后果变得可预测了；但是风险是人为风险和人们制造出来的，"风险与人的各种决定紧密相连"（Beck，2002）[4]。

（2）风险社会

进一步地，风险又可以细分为社会政治风险、经济风险和自然风险或者外部风险与人为制造的风险（Giddens，2000）[5]，而且在全球化背景下，风险更具全球性与人为性（吉登斯，2001）[6]。对风险的不同认知也必然会引起对风险社会的不同理解。风险社会可以理解为在特定文化背景下的规则、制度和对风险的认定与评估能力，而且这是可控条件下的"工业化所造成的副作用"，其设计的精妙之处就在于通过制度设计来解决某些不可预期事情的可预期性，并且能够将这种针对现代化而引致控制风险的设计延展到未来社会（Beck，1986）。风险社会的形成即是工业社会自反化的反映（张广利、黄成亮，2015）[7]，其所指的风险是人为性风险、全球性风险、现代性变异的产物并已经成为当代社会的一个结构性特征[8]。

有研究认为，风险社会受一系列特殊的社会、经济、政治和文化因素

---

[1] Wilson, R. and Crouch, E., Risk/Benefit Analysis.Cambridge, MA：Ballinger Publishing Co., 1982.
[2] Wynne,B."Risk and Social Learning：Reification to Engagement" in S. Krimsky and D.Golding (eds.), Social Theories of Risk.Wesport CT：Praeger, 1992a.
[3] Short, J. F., Jr., The Social Fabric at Risk：toward a Social Transformation of Risk Analysis, American Sociological.Review, 1984.
[4] [德] 乌尔里希·贝克.风险社会再思考 [J].郝卫东编译，马克思主义与现实，2002（4）.
[5] A. Giddens, Runway World：How Globalization Is Reshaping Our Lives, Routledge Press, 2000: 25-35.
[6] [英] 安东尼·吉登斯.失控的世界 [M].周红云译，南昌：江西人民出版社，2001：23.
[7] 张广利，黄成亮.风险社会演进机理研究 [J].华东理工大学学报（社会科学版），2015（3）.
[8] 刘岩.风险社会理论新探 [M].北京：中国社会科学出版社，2008.

的影响，具有普遍的人为不确定性特征，这也是成熟资本主义的特有表现，其中世界历史的形成与全球化为其提供了历史条件[1]。不过，有学者认为当代社会的风险总量没有变化，而是人类能够感知的风险类别、机会在增加（Lash，2002；道格拉斯和威尔德韦，1982）[2]。事实上，风险意识的增加与风险文化（拉什、王武龙，2002）[3]和人类生存方式的价值观的预设失误（宋友文，2005）[4]高度相关，而风险文化正是体现出对风险社会的自省与反思，其深层逻辑根植于启蒙以来西方所主导的现代性精神文明的危机。

事实上，风险社会的形成并非人类主观意志可以决定的，它是现代社会发展而必然引致的一种超越人类现有能力之上的客观存在（沃特·阿赫特贝格，2003）[5]。而风险社会形成的深刻背景则是生产力的发展与人类活动的加剧，因为现代化的发展引致了生产力的爆炸式增长，同时也使现实的与潜在的危险在急剧累积过程中逼近了临界点，风险社会是现代化发展给人类带来的无法回避的难题（贝克，2002）[6]，这也是人类社会的终极境遇，是现代性的后果，也是人类决策引致的一个别无选择的后果，内蕴着历史进步性，又应该对其进行历史性的反思批判（庄友刚，2004）[7]，但是在未来的社会主义与共产主义社会虽然存在社会风险，但不再是风险社会（钟君，2014）[8]

在进入风险社会后，整个社会结构已经由工业社会的"财富分配的社会"过渡到"风险分配的社会"，社会结构呈现明显的"个体化"特征

---

[1] 钟君.风险社会的历史唯物主义分析［J］.马克思主义研究，2014（4）.
[2] Douglas, M. and Wildavsky, A, Risk and Culture. Berkeley, CA：University of California Press, 1982.
[3] 斯科特·拉什，王武龙.风险社会与风险文化［J］.马克思主义与现实，2002（4）.
[4] 宋友文.风险社会及其价值观前提批判［J］.天津社会科学，2005（1）.
[5] ［荷］沃特·阿赫特贝格.民主、正义与风险社会：生态民主政治的形态与意义［J］.马克思主义与现实，2003（3）.
[6] ［德］乌尔里希·贝克.风险社会再思考［J］.郗卫东编译，马克思主义与现实，2002（4）.
[7] 庄友刚.从马克思主义视野对风险社会的二重审视［J］.探索，2004（3）.
[8] 钟君.风险社会的历史唯物主义分析［J］.马克思主义研究，2014（4）.

(贝克，2002)，①并体现出全球化与个体化并行趋势（成伯清，2007）②，导致了一系列社会结构和政治上的变迁。即使当下社会危险和危机在数量上与以前社会相比并不会增加很多，但是危险的类别、来源、性质与表现形式已经有了很大的变化，而这是源于人类主观认知的变化，也就是风险文化引致了对风险社会的强烈认同，并非社会秩序（Lash，2002）③。也有学者认为，中国进入风险社会主要源于四个深层次的"社会结构性紧张"，分别为利益结构的紧张、制度结构的紧张、文化结构的紧张、价值结构的紧张（竹立家，2014）④，其中中国的结构性风险与制度性风险问题表现得尤为明显，而其中起着催化剂作用的因素主要有经济的全球化、农村的城市化、收入分配的不公平、社会治理的弱化和人类风险感知的强化等（张成福、谢一帆，2009）⑤。而社会风险可以分为阶段性风险（如股票大跌、经济下行等）和结构性风险（如政治模式、经济结构风险等）两类（郑永年、黄彦杰，2012）。

1.2.2 国内研究现状

近年来，虽然我国学者对于群体性事件的网络舆情基础理论的研究不断深入，很多学者都从不同角度阐释过舆情的概念。我国学者对舆情概念的研究有广义和狭义两个角度。张克生从民情、民力、民智、民意等角度概括了广义上的舆情概念，他认为"舆情是指社会管理者在政策制定过程中必然面对的，涉及民众利益的民众生产、生活，以及民众基于社会心理表现出的对社会现状和国家政策的态度和看法。简单地说，广义的舆情就是指民众在所处的社会生活环境下，产生的主观意愿，即我们通常所说的社情民意"。王来华认为，狭义上的舆情是指"在一定的社

---

① 乌尔里希·贝克. 风险社会再思考 [J]. 郗卫东编译，马克思主义与现实，2002（4）.
② 成伯清. "风险社会"视角下的社会问题 [N]. 南京大学学报（人文科学·社会科学版），2007（2）.
③ [英] 斯科特·拉什. 风险社会与风险文化 [J]. 王武龙编译，马克思主义与现实，2002（4）.
④ 竹立家. 中国进入风险社会 [J]. 中国民商，2014（3）.
⑤ 张成福，谢一帆. 风险社会及其有效治理的战略 [N]. 中国人民大学学报，2004（6）.

会空间内，围绕敏感事件的发生、发展和变化，公众作为舆情主体对社会管理者所持有的看法和态度"。他从知、情、意几个因素分析了舆情的各个层面；在分析群体性突发事件时认为事件发生、应急和预警等不同阶段，舆情往往具有自身特点并处于发展变化中。刘毅在《网络舆情研究概论》中，认为"网络舆情就是通过网络表达和传播的公众对公共事件表现出情绪、态度和意见的总和"。他构建了网络舆情信息汇集分析的指标体系。纪红认为网络舆情的概念是在互联网上，在网络舆情发展过程中，公众对政府及其政策所持有的态度。徐晓日认为网络舆情是公众在网络上公开发布的，具有一定影响力和倾向性的，对关于某种社会问题和社会现象的共同观点，网络舆情是社会舆情表现形式的一种，周如俊认为网络舆情就是在互联网上传播的带有一定倾向性和影响力的公众对"焦点""热点"问题发表的言论和意见。

刘毅在其著作中将网络舆情的特点归纳为"个性化与群体极化性、情绪化与非理性、隐匿性与外显性、丰富性与多元性、互动性和即时性、自由性与可控性"。南开大学徐晓日研究了网络舆情的应急处理问题，她主张"应根据网络舆情的特点进行处理"。网络舆情的主体是网民，毕宏音对网民的五个主体特征进行了概括和总结。他认为"网民是社会群体中的一部分，可能同时是现实生活中的舆情主体的一员，但在网络空间重构为一个新的群体；网民的意见和情绪具有多元化，网络舆情能在一定程度上反映社会舆情，但不完全代表全体社会公众的意见；网民表达意见的渠道是网络，网络舆情能影响舆论的方向"。张勇锋对网络舆情信息从量变到质变的过程的总结与分析表明，网络舆情反映着现实生活中存在的现象和问题。周如俊认为网络舆情的诱因主要是敏感事件的触动、网民利益诉求无应答、社会问题和矛盾的累积等。姜胜洪对我国网络舆情现状进行了研究，他认为"网络舆情的形成具有的模式为：网民发布的敏感信息或传播媒介报道的事件→网民通过网络即时通信工具发表对事件和信息的看法→在反复讨论过程中，多元化的意见极化为体现着某种价值观念和带有一定的利益诉求的网络舆情"。毕宏音对网络舆情发展中的群体影响问题给予了阐述,他认为"群体心理引发的群体互动、群体压力、群体无意识、群体极化行为在网络舆情信息形成和传播过程中具有着群体影响力"。同时,王来华研究并区分了网络舆情和网络舆论。刘毅认为"以网民作为信息传播者,其信息传播的主要途径为新闻组、博客、电子邮件、网络聊天、电子公告板和维基等"。刘毅在《网络舆情研究概论》中构建了网络舆情治理机制的指标体系,但是关于实证研究领域涉及较少,这也是我国网络舆情研究的薄弱之处。这方面我们可以借鉴国内拓尔思公司(TRS)的信息公开目录和美国电子政务信息组织汇集标准的经验。TRS在综合考虑《政府信息公开条例》的相关要求的基础上,构建了政府信息公开目录服务平台中参考分类体系中的主题分类,方便了各级政府机构快速构建政府信息资源公开目录。而美国"联邦政府组织架构"(FEA)中的业务参考模型(BRM)可供我们借鉴的是其设置的对外界民众和对内部运行的两个平行系列的信息服务指标体系。我国关于舆情信息汇集分析机制方面的首部著作是由中共中央宣传部舆情信息局编著的《舆情信息汇集分析机制研究》。书中阐述了舆情信息汇集分析机制,具体内容包括舆情收集、研判、报送、反馈、奖惩机制和工作保障。著作还从舆情信息的发现、筛选、动态跟踪和科学分析、评价等角度阐释了网络舆情汇集和分析的程序。作者认为,可通过建立网络舆情联席会议制度和相关机构的方式运行网络舆情的管理,注意部门间的相互协调,从而保证网络舆情危机事件敏感信息的及时监控预警、快速应对和反馈跟踪。

  黄晓斌研究了文本数据挖掘技术对网络舆情的作用。马海兵对网络舆情和信息技术的研究表明网络舆情分析系统应具备信息采集、数据分析和数据清理功能,据此他研究构建了一套自动化的网络舆情分析系统。这一系统能有效分析网络舆情信息,提高网络舆情治理能力。王娟也对网络舆情监控系统进行了探究,她构建的网络舆情监控系统包括应用系统建设、数据库建设、总体构架、系统各主体的角色职责、系统业务流程、网络结构、平台建设、安全保密建设等。郑军融合了当前国内外各种计算机信息技术，比较了各种数据挖掘算法的优缺点，将数据挖掘技术运用到了敏感事件的发现和事件跟踪算法中。构建了网络舆情监控与上报系统的整体结构。

谢海光基于统计学理论建构了网络舆情的 10 个分析模式，这些模式能通过对社会经济、文化和政治信息的分析，发现网络舆情发展变化规律。王丽平指出"控制网络舆情可通过提高网络把关人的意识，培养网络'意见领袖'的方式实现，加强舆情管理还应完善网络立法，加强政府对网络舆情的宏观调控"。姜胜洪认为"引导网络舆情应着重做好以下工作：引导网民自我教育；坚持正确舆论导向，发挥网络'意见领袖'作用；讲究引导舆情的方法和技巧；建立公开透明、及时有效的政府信息发布制度；正确教育引导与规范处理的关系"。胡圣方等就当前网络舆情管理存在的问题和解决策略进行了深入探讨，他的研究表明，问题主要集中于网络舆情管理主体、网络舆情管理机制等。针对网络舆情管理主体不到位的问题，他提出"应始终坚持政府主导，运用媒介监督舆情；针对网络舆情管理机制不健全的问题，应根据网络舆情发展变化规律，健全和完善管理机制，对网络舆情实行有原则的管理；针对网络舆情理论研究深度不够的问题，应通过积极研发网络舆情监测软件，为实证研究创造条件"。郭乐天从媒介职业道德和作用、公众网络道德素质等三个角度，研究了网络舆情引导与虚假信息传播问题，指出"应培养媒体的网络道德，重视对网络舆情的引导；促进传播媒介的社会公信力；必须积极加强传媒素质培养，提高大众的传媒素质"。吴勇等认为"要构建不确定视域下校园网络舆情的管理机制，应建立和完善'五制联动'的系统化管理模式，其内容为规范的校园网络舆情汇集分析机制、切实有效的舆情监控机制、科学合理的舆情引导机制、及时灵敏的舆情预警机制、完备的网络舆情应急处理机制"。

以"大数据""互联网＋"等为标识的技术变革与理念创新使得网络空间的发展日新月异，随之相伴的是传统媒体与新媒体的深度融合，以网络民意表达为特征的网络公民社会的崛起，将人们带入"虚实交互、主体多元、舆情交织、数据浩繁"的网络生态空间。网络舆情生态是网络生态体系中重要组成部分，在一定程度上，能够反映一个国家或地区的社情民意。正如习近平总书记在 2016 年 4 月网络安全和信息化工作座谈会上指出，"老百姓上了网，民意也就上了网"①。在学理上，网络舆情生态是从整体视角研究舆情信息、人、网络环境之间关系，以及由它们相互作用而共同形成的网络舆情生态系统的平衡问题②。国内关于网络舆情生态研究主要涉及四个方面：一是关于网络舆情生态的基础理论研究。谢金林（2013）分析了网络舆论生态系统的结构与影响要素，并揭示了网络舆论生态系统的内在机理③。王建亚等人（2014）通过建立网络舆情生态系统模型，探讨了网络舆情生态系统的运行机制④。二是关于新媒体环境下网络舆情生态研究。姜景等人（2016）从网络舆论生态治理的角度构建了基于三维微博舆论生态位模型和综合测度指标体系⑤。邢祥（2016）分析了移动舆论场域中的网民舆论生态，并提出了面向暴恐事件的舆论引导策略⑥。三是关于网络舆情/舆论生态失衡及治理研究。高中建等人（2014）通过分析网络舆论生态失衡原因，提出了实现网络舆论生态均衡化发展的矫正策略⑦。徐世甫（2015）在分析网络舆论生态系统结构性困境基础上，从政府、媒体和公众三个维度提出了网络舆论生态治理对策⑧。张涛甫（2016）针对舆论场上的"去中心化"及社会怨恨情绪的病

---

① 习近平在网络安全和信息化工作座谈会上的讲话 [EB/OL]. http：newsxinhuanet.com/politics/2016-04 /25 /c 1118731175.htm，2017-01-25.
② 李昊青，兰月新，侯晓娜等. 网络舆情管理的理论基础研究 [J]. 现代情报，2015, 35 (5)：25-29, 40.
③ 谢金林. 网络舆论生态系统内在机理及其治理研究——以网络政治舆论为分析视角 [N]. 上海行政学院学报，2013 (4)：90-101.
④ 王建亚，宇文姝丽. 网络舆情生态系统的构成及运行机制研究 [J]. 情报理论与实践，2014,37(1)：55-58.
⑤ 姜景，沈乾，马宁等. 基于网络舆论生态的微博舆论生态位研究 [J]. 情报杂志，2016 (5)：52-57, 172.
⑥ 邢祥. 移动舆论场域中的网民舆论生态及引导策略——以巴黎暴恐事件为例 [J]. 新闻爱好者，2016 (3)：28-32.
⑦ 高中建，胡玉婧. 网络舆论生态失衡表现及其矫正 [J]. 人民论坛，2014 (14)：39-41.
⑧ 徐世甫. 网络舆论生态治理研究 [J]. 南京社会科学，2015 (11)：84-90.

毒式传播等生态失衡问题，提出了网络舆论生态治理策略①。四是关于网络舆情生态理论的应用研究。刘泾（2014）从网络舆论生态系统平衡的角度，探讨了谣言治理对策②。喻国明（2016）认为基于网络舆情生态的复杂性原理，在网络舆论场供给侧改革中构建网络舆情的治理规制要体现复杂性和关联性要求③。从上可知，国内关于网络舆情生态领域研究已取得一定的理论成果，但对网络舆情生态系统理论研究相对较少，且深度不足，尤其对网络舆情生态系统平衡与失衡问题、系统优化等问题研究更缺乏系统性和整体性。

因此，本书在研究网络舆情生态系统结构与演化特征的基础上，通过剖析网络舆情生态平衡机理与失衡成因，从而提出网络舆情生态优化策略，以期为网络舆情生态治理提供理论支持和方法指导。

1.2.3 国外研究现状

"舆情"是中国化的概念，西方与之相似的是"公众意见""民意"等概念。"公众意见"（Opinion purlieu）的概念最先由法国卢梭提出。英语单词中公众意见（Public opinion）一词最早见于1781年《牛津英语大辞典》。其中文译法各有侧重，除"舆论"外包括公众意见、公共意见或公意、民众意见、公众意见等；台湾学者们将其理解为"民意"。除了Public opinion之外，Public sentiment 是民情的另一表达方法。英语词汇中的公众意见均都包含了民情、民意的基本内涵。外国对民意的研究最早见于李普曼的《民意》（Public opinion）与洛威尔的《民意与民治》（Public opinion and Popular opinion）。学者们对民意的研究因依据理论的不同而各有特点，社会学者认为民意因关注共同问题的公众的相互讨论和交流信息而产生；心理学者则较多地关注民意表达的心理因素；历

---

① 张涛甫. 网络舆论生态的治理策略 [J]. 新闻与写作，2016（7）：22-25.
② 刘泾. 网络舆论生态视域中的谣言治理研究 [J]. 情报科学，2014（5）：42-46.
③ 喻国明. 关于网络舆论场供给侧改革的几点思考——基于网络舆情生态的复杂性原理 [J]. 新闻与写作，2016（5）：43-45.

史和政治学者侧重于探讨民意在政府决策过程中的影响。

国外学界关于本问题的研究是从19世纪中期开始的，到20世纪中期，这一问题的研究已经基本走向成熟。其研究成果可以概括为以下几个方面：

第一，关于舆论的研究。国外对舆情的研究与对舆论的研究密切相关。舆论是舆情研究的一个重要方面，可以说它是公开的、外显的舆情。关于舆论的形成及传播的研究。拉泽斯菲尔德提出了"两级传播模式"，认为信息的传播首先要到达"意见领袖"那里，才会传播给群众。"意见领袖"是信息的来源，其跟随者是信息的接收者。不管其两级传播模式是否存在局限，但是他提出的"意见领袖"这一概念让我们认识到，在网络政治舆情的治理中要重视"意见领袖"的作用。伊丽莎白·诺埃勒诺依曼教授提出了"沉默螺旋"理论，这一理论着重研究公共舆论的形成过程，以及媒介对这一形成过程的影响。"沉默螺旋"理论的精要可以概括为：当人们在某一平台上表达自己的想法与观点时，若出现自己认可、欣赏并颇受他（她）人欢迎的观点时，其即积极参与其中；若当某一观点的出现无人理会或不占优势时，即使自己认可、欣赏这一观点，其亦保持沉默，究其原因，是因为大多数个人害怕因单独有某些态度和信念而被别人或集体孤立。这样，受到欢迎、得到支持的意见便越发占优势，而不占优势的另一方便越发沉默，如此循环往复，形成一个沉默的螺旋。这一理论给我们的启示是：在网络政治舆情的研究中，不仅要重视多数人的意见，还须研究这一意见是否能真正地反映他们内心的真实想法，而不是他们盲从的结果。同时，也要听取少数人的意见并加以合理地分析，避免偏颇。另外，凯斯·桑斯坦的"群体极化"理论、李普曼的"议题设定模式"等理论都对网络政治舆情的研究和治理给予了重要启迪。

第二，关于网络舆情内容的研究。对网络舆情内容的研究，国外研究者们的关注点主要集中在舆论主客体、民意调查及舆论、媒体和决策之间关系等方面。其中，民意调查是他们研究和探讨的重中之重。

第三，关于网络舆情治理的研究。在网络舆情的治理方面，受历史和文化等多方面因素的影响，国外许多国家成立了大量的专业机构，组织了专业的从业人员对网络舆情进行治理研究。发达国家中的不少国家在借鉴传统媒体治理经验的基础上，从网络空间的特点和实际出发，采取相应的对策对网络舆情进行针对性的治理，因而取得良好效果。以美国对网络舆情的研究和治理为例，可以对此问题进行印证。美国对网络舆情的研究和治理起步较早，现在已经达到了一个相当高的水平，其网络舆情的分析和研究对美国政治有着重大的影响。例如，在美国大选期间，各政党和候选人及时获取信息，伺机拉拢选民至关重要，网络成为实现这一目的的有力工具。通过网络舆情了解民意，对民众的选情进行分析，可以使各政党和候选人及时调整参选策略，最大限度地创造获胜的有利条件。此外，许多国家对网络舆情的治理，非常注重治理的法制化、民主化、程序化和规范化，强化网络舆情治理的制度建设。如美国颁布的《传播净化法案》、澳大利亚出台的《广播服务修正案》、德国通过的《多媒体法》，韩国推行的网络实名制，这些措施都为网络舆情生态系统的治理提供了有益的借鉴。

1.3 本书的研究思路、基本框架和研究方法

1.3.1 本书的研究方法

本书是在大数据背景下开展的网络舆情生态系统善治研究，是一个跨学科跨领域、兼具前瞻性与挑战性的研究，涉及的内容较为复杂。需要在阅读大量文献的基础上进行归纳与概括，通过实证案例分析、回归分析、多学科理论融合分析等方法完成本研究。

（1）文献研究法。风险社会是当前各国共同面对的课题，众多研究者从各自角度展开了大量的研究，并取得了丰富的成果。如何在前人已有的基础上进行更深入的研究，或者拓展新的研究视角，必须首先梳理前人的研究成果，并且从前人的研究成果中发现可供借鉴的方法、理论、

思路等。在研究思路初步明确后,围绕着主题搜集了大量的研究资料,包括各类中外文期刊的资料库以及大量的图书,并在获取丰富研究资料的基础上进行归纳、整理与分析等工作,文献资料对本研究的完成提供了重要的支持和帮助。通过搜集各类文献,查找电子信息源等各种信息资料,收集国内外相关领域的最新研究成果及进展,通过学习先进的方法、理论、成果,为本研究积累充实的理论基础。

(2)案例研究法。案例研究是属于经验研究的一种技术,主要指从现有的案例中得到一些带有一定普遍意义的经验与启发,进而推广为带有一般意义的理论与经验,并对后续理论研究与实际工作产生指导意义。本书选取了中国六起典型的网络舆情的案例,详细地分析了网络舆情的演变过程与规律,验证了网络舆情有关理论的解释能力。梳理了网络舆情相关理论、概念并对网络舆情生态系统进行结构建模后,引入案例进行实证分析,并根据案例的成效及最终社会影响对模型进行完善优化,并在后续案例中进行回归分析,验证模型的效果。

(3)比较研究法。比较研究是将研究对象按照某一逻辑思路进行对比研究,从而发现两个或多个类似或相反概念的联系与区别,从而在逻辑上清晰地论证具体结论。本书比较了不同网络舆情的具体背景对其后期演化的影响,列举网络舆情生态系统的各个因素,根据建模解释各个因素之间的动态联系,把系统当作一个整体来分析、运用。

"跨学科"的理论和方法的融合运用:综合运用社会学、人工智能、传播学、生态学等多学科的理论知识,借用不同学科的研究成果与方法对网络舆情生态系统进行综合研究。

1.3.2 本书的基本框架

本书以网络舆情生态系统为研究对象,以文献研究法、案例分析法和制度分析法为主要研究手段,以善治理论为研究的理论基础,沿着"提出问题—分析成因—寻找对策"的研究思路和思想脉络,从网络舆情生态系统进行分析开始,观察网络舆情对社会变革的影响所在,构建网络舆情综合治理的框架，并运用善治理论作指导，重点从政府网络舆情治理应遵行的原则，以理念创新、制度设计、机制建构为主要内容，从政府、网络传媒、网民三个层面提出我国网络政治舆情治理的应对措施（见图 1-1）。

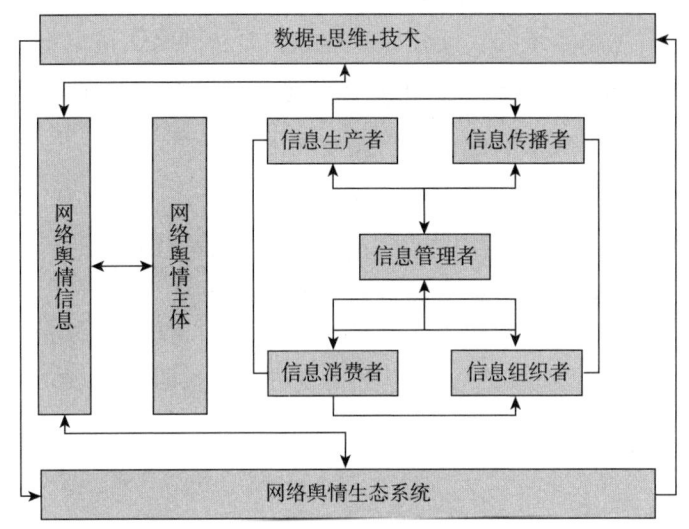

图 1-1　研究思路

本书主要分为以下几个章节：

绪论。绪论部分主要介绍本书的选题价值及意义，以及国内外关于本选题的研究现状，基于国内外的研究现状及当前国内网络舆情生态系统治理的关键点，提出本书的研究思路、研究方法及基本框架。

网络舆情基本理论研究。对网络舆情研究领域涉及的基本理论及相关概念进行介绍，融合传播学、生态学、社会学、计算机科学等多个学科，重点对社会冲突理论、生态学理论、蝴蝶效应理论、生命周期理论、公共危机治理理论进行阐述分析。

网络舆情。重点辨析了舆论与舆情，阐述了网络舆情相关概念，分析了新媒体环境下网络舆情的变化及主要因素特征，梳理了网络舆情与社会风险的基本关系，网络舆情对社会变革带来了哪些影响及其对公共政策的影响机制。

网络舆情生态系统。本章重点对网络舆情生态系统建模,通过分析网络舆情生态系统的内涵与类型,提出网络舆情生态系统的结构模型,总结网络舆情生态系统的主要特征,以及在网络舆情生态系统里舆情爆发导致社会公共危机的成因及问题分析。

网络舆情生态系统的实证分析。本章主要从网络舆情个案研究及成效分析两个方面进行实证研究,进一步验证网络舆情生态系统结构模型的信度和效度,并在实证基础上提出模型优化意见。

社会风险框架下的网络舆情生态系统善治模式。在社会风险视域下,本章基于网络舆情生态系统的结构模式提出网络舆情生态系统的善治模式,根据生命周期理论在各个环节归纳了相应措施。

chapter 2
第 2 章 网络舆情基本理论研究

2.1 社会冲突理论

社会冲突是贯穿于整个人类社会发展阶段的一种普遍而又永恒的社会现象。现实生活中，矛盾与冲突也随处可见，可以说"历史舞台就是为冲突而设置的"，[①] 只是冲突的主体、成因以及激烈程度存在差别，所造成的结果也不尽相同。

2.1.1 马克思社会冲突理论的基本内涵

马克思通过对资本主义社会的考察，以及对资本主义基本矛盾、对抗现象的分析，形成了社会冲突思想，而且找到社会冲突的主体、根源以及化解方法。首先，化解社会冲突的主体力量是无产阶级。马克思一生始终将资本主义制度看作是各种矛盾构成的生产制度，也就是"一种使人的价值转化为外在事物的社会制度"，[②] 所以在分析其社会冲突思想时，必须遵循这一出发点。马克思认为：资本主义条件下，化解社会冲突的主体力量是无产阶级。资产阶级最初处于反对贵族的斗争中，后来是与那些在工业社会发展中有利害冲突的资产阶级的斗争，也经常处于与外国资产阶级的对抗中。在这些斗争中，资产阶级不可避免地要向无产阶级寻求帮助。因此，无产阶级自然而然地卷入到了这场政治运动中，随着工

[①] W.D. 珀杜. 西方社会学——人物·学派·思想 [M]. 贾春增等译, 石家庄：河北人民出版社, 1992：61.
[②] 艾伦·斯温杰伍德. 社会学思想简史 [M]. 陈玮, 冯克利译, 北京：社会科学文献出版社, 1988：275.

业革命的不断发展，一部分统治阶级成员的生活条件受到了威胁，也被抛到了无产阶级的队伍之中。一方面，壮大了无产阶级队伍；另一方面，资产阶级中的先进分子的思想发挥着教育无产阶级的作用，从而提高了无产阶级的政治觉悟。其次，社会冲突根源于资本主义私有制。随着无产阶级觉悟的提高，工人们逐渐认清了其在资本主义社会中的地位。资本主义的实质即资本，资本是"资产阶级生存和统治的根本条件"，① 而财富的积累和资本的增值是资本家追求的目标，这种财产也是在资本与雇佣劳动的对立中产生的。资本作为一种社会力量，揭示的是人与人之间的关系，雇佣劳动者靠自己的劳动所获得的生活资料，只够勉强维持自身的生存需要，在这种情况下，资本家占有雇佣工人的劳动，"工人仅仅为增值资本而活着"。② 也就是说，在资产阶级社会中，劳者不获、获者不劳，工人丧失了独立性、个性和自由，只是作为增值资本的一个工具，其根源就是资本主义私有制的存在。资本主义私有制条件的存在，使得社会矛盾不断激化，社会动荡频繁。在马克思看来，社会变迁是"生产力和交往形式之间的这种矛盾，每一次都不免要爆发为革命"，③ 而以资产阶级与无产阶级之间的内在利益冲突为出发点，必然会导致无产阶级意识的增强，使革命实践成为可能。无产阶级只有用暴力打碎旧的国家机器、消灭旧的生产关系，才能消灭阶级对立的存在条件。最后，化解社会冲突的实践路径即阶级斗争。阶级的产生会衍生出政治立场以及意识形态方面的差异。在一定的社会结构中，不同的阶级所处的地位以及利益占有是不同的，甚至可以说是对立的。资产阶级可以占有无产阶级的剩余价值，他们所拥有的财富和占有的资源要远远多于无产阶级。因此，资产阶级与无产阶级这两大阶级必然会为争取各自的利益而发生冲突，进行斗争。资产阶级为了维护自己在经济上的统治地位，也势必要在政

---

① 马克思，恩格斯. 马克思恩格斯选集：第1卷 [M]. 北京：人民出版社，2012：415.
② 马克思，恩格斯. 马克思恩格斯选集：第1卷 [M]. 北京：人民出版社，2012：415.
③ 马克思，恩格斯. 马克思恩格斯选集：第1卷 [M]. 北京：人民出版社，2012：165-196.

治上以及意识形态上占统治地位,所以资产阶级也要对无产阶级进行政治压迫,尽管工人们为了自己的利益也在经济领域内与资本家展开斗争,但究其根本,还是政治斗争。在劳动阶级所组成的联合体替代旧的市民社会以前,两大阶级对抗的"最高表现就是全面革命",[①] 而马克思剩余价值理论的出现,使人们意识到了贫者愈贫、富者愈富现象的最本质原因。所以马克思特别强调阶级对立、阶级斗争、暴力革命的方式,认为:无产阶级只有消灭资本主义私有制才能改变自己的命运。因此,社会冲突可以解释为社会矛盾的对抗,是无产阶级为摆脱异化、非人化现象而进行斗争的社会过程,而这一过程通过经济冲突、政治冲突、思想冲突等形式表现出来。在资本主义阶级社会的条件下,必须通过阶级斗争和无产阶级专政的手段解决社会冲突,以保证计划经济的经济基础即公有制得以实现,从而完成社会变革,解放全人类。

2.1.2 马克思社会冲突理论的作用

(1) 社会冲突的积极作用

社会冲突作为社会发展进程中的一种由交往模式导致的偏离,在整个社会发展中起到了一定的推动作用。首先,不同群体间产生的结构冲突会使得不适应生产力发展的生产关系或是不适应经济基础的上层建筑暴露出来,这种政治上的变革会大大增强人们的民主意识,有冲突出现的新的群体会更大限度地整合社会力量,这些社会力量在一定程度上消解了冲突带来的破坏性,并且缓和了社会矛盾。其次,政治上的变革会引起经济上的变迁,在变迁的过程中,势必会触及到一些社会团体的利益,使群体间有建立长效机制消解冲突的强烈愿望,政治体制和经济制度在自我调节的过程总增强了应变能力和危机预警。最后,不同群体间的冲突还表现在意识形态上,亨廷顿曾说过:"社会被意识形态或历史环境统

[①] 马克思,恩格斯.马克思恩格斯选集:第1卷 [M].北京:人民出版社,2012:275.

一在一起，却又被文明所分裂。"① 意识形态和文明的冲突会使适应社会发展的优秀的先进的文化取代不适应社会发展的文化，从而推动人类文明的进程。

（2）社会冲突的消极作用

社会冲突好比是一把双刃剑，推动社会进步的同时也给社会稳定带来了巨大的考验，尤其在大的利益争夺中会造成破坏性的影响。"马克思在分析法兰西阶级斗争时，用充分的事实和材料证明了这一点，他认为当时的政治冲突、党派斗争的根本原因，就在于经济发展所造成的各社会阶级和集团的利益对立。"社会冲突阻碍社会发展的进程。主要表现在经济上，对生产力的破坏，经济基础的变化总是影响着上层建筑的走向，当生产关系不能容纳生产力的发展时，就会产生社会生产中的无政府状态，从而引起社会的动荡和变革。此外在文化上，社会冲突表现在不同国家不同集团之间的价值观对立，马克思政治文化观认为社会存在决定政治文化，价值观的对立会使对立的意识形态和社会思潮乘机而入，从而颠覆政权和破坏社会稳定。

2.2 生态学理论

2.2.1 生态理论的内涵

西方生态学马克思主义理论实际上就是在原有马克思主义理论的基础上，重点对于生态环境以及人与自然的重新解读，衍生出新的科学理论论点，其本质依然是经典的马克思主义理论，这一点是不变的。如果说西方生态学马克思主义理论是对于经典马克思主义就当下生态问题的衍生与补充，那么是否说明马克思主义理论本身不具备对于生态问题的探讨呢？这种思维是错误的，在早期的经典马克思主义理论中，就曾经指

---

① 萨缪尔·亨廷顿.文明的冲突与世界秩序的重建［M］.北京：新华出版社，2012：6.

出并反思工业化的发展是否会为生态环境带来负担的问题，并反复强调在实质的资本主义生产过程中，生态危机是必然出现的，且不仅仅出现在生产领域，随着社会的发展，人们的物质生活水平不断提高，对于能源的需求也不断提高，生态危机会在这个过程中，自然而然地过渡到消费领域，资本主义社会是必然面临生态危机且是继经济危机后，又一大威胁资本主义发展的重大危机。由此可见，西方生态学马克思主义理论的实质内涵，就是在指出资本主义制度是造成生态恶化，导致生态危机出现的政治根源，通过生态视角，辩证地看待经济、人、需求与生产之间的关系，进而通过揭露出其弊端来为生态危机的产生定义。综上所述，西方生态学马克思主义理论的根本目的，就是指出生态危机的根源，然后提出相应的解决策略指导思想，作为生态危机解决的理论依据，为生态危机解决，推进社会发展为绿色、文明、和谐的人文社会而努力。

2.2.2 生态理论的发展方向

生态危机与科学技术的发展息息相关，科学技术发展越是迅猛，对于生态能源的需求就越是庞大，造成生态危机的出现就越发提前，但是从西方生态学马克思主义理论来看，虽然两者息息相关，甚至科学技术发展已经对生态危机的出现起到了引导的作用，但是造成生态危机出现的社会根源，并不是科学技术，而是人。在上文中提到，造成生态危机出现的政治根源，是源于资本主义发展，这是必然的，而造成生态危机的社会根源，则是人。人的思维意识是推动科学技术进步，带来创新创造的根本，因此，人，或者说人的主观能动性才是造成生态危机的社会根源。经典马克思主义理论始终强调社会的进步和发展是基于可持续发展理论的原则上进行的，而资本主义本身就是不可持续的，因此，其本质内涵就是反生态的[1]。随着时代的不断发展与前进，对于未来而言，人类

---

[1] 夏永梅. 解读中国异化消费现状——西方生态马克思主义理论的启示 [N]. 西南政法大学学报，2011 (3)：1-11.

最需要的，就是西方生态学马克思主义理论中所指出的"经济与生态的共同可持续发展社会"。由此可见，政治、经济和生态三者之间，本身就是互为一体不可分割的。在经典马克思主义理论的政治经济学中，对于生态思想有着基础的定义和分析，它强调"劳动"与"物质财富"的自然性，而在此基础上，伯克特又指出，除了前者的自然性外，"劳动"产生的"物质财富"必然会出现对于"剩余价值"的理论分析，而这一基础，也应当具备自然性。故而在西方生态学马克思主义理论的发展方向，就是在物质和自然辩证关系探讨中，指出人与自然的和谐统一，指明两者必然共同发展，共同存在的发展道路。

2.2.3 生态理论的现实意义

互联网时代的到来再一次推进了经济发展，经济全球化的出现也很好地佐证了这一点，但是实际上，经济快速发展所带来的巨大能源消耗，反而促使地球生态环境不断陷入危机状态。西方生态学马克思主义理论的本质还是经典马克思主义理论，因此其现实意义也是基于经典马克思主义理论而衍生的，如对于当下社会生态问题的辩证看待，就始终坚持经典马克思主义理论中人与自然和谐统一的看法。马克思主义始终强调以人为本的发展原则，并明确指出资本主义制度必然在社会发展过程中走向灭亡，但是事物都应当辩证统一地去看待，对于西方生态学马克思主义理论也是如此。相比较经典马克思主义理论而言，西方生态学马克思主义理论也存在一定的不足，一方面它指出造成生态危机的政治根源是资本主义制度，但是对于资本主义本身批判不彻底；另一方面虽然西方生态学马克思主义理论中存在很多针对当下生态环境危机的现实问题探究，但是问题本身又脱离了阶级矛盾，在社会主义和资本主义之间存在明显的调和。虽然这与马克思主义初版中所具备的"乌托邦"思想有异曲同工之妙，本质还是带有调和色彩的阶级理论，但是西方生态学马克思主义对于我国就生态问题的思考，依然提出了很多具有可借鉴性和创造性的理论依据①。我国近年来不断强调"生态文明"对于国家发展的重要性，生态也正式成为了中国特色社会主义社会发展的重要内容之一，而我国在经济发展国力强盛的今天，对待生态文明的建设和发展始终秉承着马克思主义理论对于社会主义事业发展的指导思想，并始终坚持以人为本的可持续发展战略，不断地完善自身，并积极吸收马克思主义理论的价值，逐渐转化为系统全面带有明显中国色彩的特色化理论，指导中国的进步和发展。换言之，西方生态学马克思主义理论本身除了指导思想和现实意义外，还具备一定的对于未来的启示作用，这种启示作用不仅仅是作用于社会主义国家，更是作用于全球、全人类的发展。解决生态危机问题，实质上就是解决人类基本的生存问题，为人类生存指明新的方向，并以坚实有力的理论基础为后盾。其次，西方生态学马克思主义理论中反复强调的"以人为本""可持续发展"，实际上都是对于马克思主义的进一步深层分析。马克思主义最终所倡导的理想"乌托邦"，就是存在社会理想的共产主义，因此，消除生态危机的根本理论，也应当是坚持发展社会主义向共产主义迈进，同时坚信资本主义制度在社会发展中的灭亡必然性，坚定不移地走社会主义道路，对于我国而言，则是结合本国国情，坚定不移地发展中国特色社会主义道路，坚持可持续发展战略，注重"生态文明"。生态文明建设由大到小，是关系全球全人类共同命运的重要文明建设内容，而生态危机就是全球全人类所共同面对的发展性危机。我国始终坚持走马克思主义道路，走中国特色社会主义道路②，因此，首先要做的，就是以马克思主义理论为根本指导思想，结合中国特色国情，建立其关于生态文明建设的相关法律法规，为生态文明的发展奠定良好的基础。同时，始终坚持对于生态文明建设的追求，建立健全管理制度，提高人民对于绿色文明的倡导意识，最终为建设生态文明、绿色中国而努力，为推动全球深入生态文明改革建设而奋斗。

---

① 朱久仓.生态学马克思主义理论透视及其启示［D］.湘潭大学论文，2016（14）：67-68.
② 张明燕.生态学马克思主义理论及其对我国生态文明建设的意义［D］.西北农林科技大学论文，2013（11）：155-156.

2.3 蝴蝶效应理论

美国气象学家爱德华·罗伦兹1963年在一篇提交纽约科学院的论文中分析了蝴蝶效应。"一个气象学家提及，如果这个理论被证明正确，一只海鸥扇动翅膀足以永远改变天气变化。"在以后的演讲和论文中他用了更加有诗意的蝴蝶比拟。对于这个效应最常见的阐述是："一只南美洲亚马孙河流域热带雨林中的蝴蝶，偶尔扇动几下翅膀，可以在两周以后引起美国得克萨斯州的一场龙卷风。"其原因就是蝴蝶扇动翅膀的运动，导致其身边的空气系统发生变化，并产生微弱的气流，而微弱的气流的产生又会引起四周空气或其他系统产生相应的变化，由此引起一个连锁反应，最终导致其他系统的极大变化。他称之为混沌学。当然，"蝴蝶效应"主要还是关于混沌学的一个比喻。不起眼的一个小动作却能引起一连串的巨大反应。这句话的来源是这位气象学家制作了一个电脑程序，可以模拟气候的变化，并用图像来表示。最后他发现，图像是混沌的，而且十分像一只张开双翅的蝴蝶，因而他形象地将这一图形以"蝴蝶扇动翅膀"的方式进行阐释，于是便有了上述的说法。

罗伦兹发现，由于误差会以指数形式增长，在这种情况下，一个微小的误差随着不断推移造成了巨大的后果。后来，罗伦兹在一次演讲中提出了这一问题。他认为，在大气运动过程中，即使各种误差和不确定性很小，也有可能在过程中将结果积累起来逐级放大，形成巨大的大气运动。所以，长期地准确预测天气是不可能的。于是，罗伦兹认定，他发现了新的现象：事物发展的结果，对初始条件具有极为敏感的依赖性。他于是认定为："对初始值的极端不稳定性"，即"混沌"，又称"蝴蝶效应"。[①]1979年罗伦兹首次提出，一只小小的蝴蝶在巴西轻轻地拍动翅膀，有可能会在一个月后引致遥远的美国得克萨斯州的一场龙卷风。自此之后"蝴蝶效应"理论迅速传播开来并受到极大重视。

---

① 搜狗百科［EB/OL］. https：//baike.sogou.com/v64416743.htm?fromTitle=%E8%9D%B4%E8%9D%B6%E6%95%88%E6%87%89.

2.3.1 蝴蝶效应理论的内涵

狭义的蝴蝶效应（The Butterfly Effect）是指在一个动力系统中，初始条件下微小的变化能引发整个系统长期的巨大的连锁反应，这被称为混沌现象。20 世纪 60 年代随着混沌学的研究热悄然兴起，蝴蝶效应被应用于物理学、化学、生物学、生态学、力学、气象学、经济学、社会学等诸多领域，从而使蝴蝶效应具有了广义的含义，它超越了罗伦兹的蝴蝶效应仅应用于天气预报的初始含义，而是指对于一切复杂系统，在一定的"阈值条件"下，初始状态下数值的细微的偏差或变动都极为敏感地影响到其未来长时期大范围的行为，引发未来远景的巨大变化，这通常是随机的，且是难以预料的。"蝴蝶效应"理论之于网络舆情可说明网络媒介的巨大影响力。网络舆论传播中的蝴蝶效应是指，在网络舆论初始条件不确定的情况下，进行意见表达时形成的非线性不规则的一种混沌现象，这种复杂混沌的系统无法被准确预计和完全控制，信息从发布者通过网络向接收者传播的过程，是一个动态的、复杂的进路，作为网民的接收方不再是被动的、简单的信息接收者，而是主动承担着信息塑造者的角色，网络中的个体虽然没有传统意义上控制者的力量，但每个个体都拥有微妙影响的蝴蝶力量。"蝴蝶效应"在混沌理论中居于核心地位，而混沌理论的研究对象是系统从有序突变为无序的演化机理与机制，这也是非线性系统中普遍存在的现象。突发网络舆情的初始变量如同"蝴蝶翅膀"扇动的能量一样都很微小，其通常的表现形式也许就是一句留言、一条短信、一张照片，而经由网络传播的放大与连锁演化机制，往往最终演化成了影响巨大的社会群体事件。实质上，在网络舆情的初始发生到最后演化为巨大的社会群体事件的过程中，其内在表现就是一个由有序到无序再到新的有序的演化过程。蝴蝶效应产生这种变化有赖于临界点、非线性和关联度三个基本条件。在传统媒体条件下"把关人"角色功能较强，对舆情的生成、演化有一定的主导功能，由此传统媒体的蝴蝶效应发挥受到了较大的约束。而网络舆情演化过程中，在"把关人"缺失或者弱化的条件下，借助于互联网平台，网络主体对某一件公共事件或议题进行自由的、公开的、平等的意见表达，其蝴蝶效应的生成、放大更加明显。由此可知，在网络舆情初始条件下，网络舆情的意见表达在初始状态时也是一种不规则、非线性的混沌。但是网络条件下的这种意见表达，可能会由于初始条件（也就是初始舆情）一个很小的、微妙的偏差，就会引起不可预料的舆情后果，从而颠覆了初始的议程设置，表现出非理性、非线性和不确定性的特点。

蝴蝶效应理论引入网络传播学界，拓展了研究视野，自网络传播的舆论初始点至舆论消解全部被纳入了研究范围，将混沌学说中系统动力学的名词"蝴蝶效应"解释为微小的新闻事件。网络传播中的负面事件，会在传播过程中被逐渐夸大引起一系列连锁反应，最终影响全局，成为社会不稳定因素，对社会舆论造成不可估量的损失。例如，网络传播中一些虚假新闻自炮制出笼到广泛传播，即是"蝴蝶效应"的真实反映。也有研究者认为，所谓蝴蝶效应，是指在网络传播中，最初一件在日常生活中被视为"平常"的小事，却能在网络作用场中掀起巨大的连锁反应，引发思想界、文化界、经济界及政治界的普遍反响。这种连锁反应能产生两种效应：其一是一个负面的微小事件，在网民的关注甚至煽动下，发展成为被舆论讨伐的"龙卷风"；其二，一个正面的微小事件，被发布于网络，也会引起轰动效应。这种认识的实质是，强调微小事件可能演变成舆论飓风或引发"轰动效应"，注意到了蝴蝶效应的中立性，但失于空泛，缺乏对演变过程的分析。"蝴蝶效应"下的网络舆情传播是一种典型的非线性传播，在群体性事件中，网络的虚拟性和匿名特点更是赋予谣言产生、传播的混沌空间，在网络这一混沌系统内，呈发散性、非线性的舆情，其真实性存量逐步递减，而虚假性变量逐步递增，并像滚雪球似的扩大，舆情最终异化为谣言，给群体性事件的处理造成极大困难。舆论只有在一定"河床"中才能涌动，这一"河床"就是一定社会环境，"舆论传播涉及社会容量。当社会框架容纳不下舆论的急流，舆论张力使社会环境处于超负荷状态，社会秩序就要出现混乱"。"蝴蝶效应"引发的信息扩张会在网络社会中形成一种传播张力，一旦舆论的传播量超过网络社会的承受能力，会在整个社会环境内形成一定的冲击力。群体性事件的网络舆情，其传播张力来自于社会压力，生成、发展于网络，而最终还是会归于现实，即有关群体性事件的真实抑或虚拟网络舆情，其传播张力如果无法得到及时的释放，最终会造成现实社会中的群体性事件的爆发。

2.3.2　蝴蝶效应生成的原因

（1）网民的集体非理性是直接动力

蝴蝶效应的生成是复杂的综合因素作用的结果，包括网络主体的集体非理性、公众的传播本能及海量的低成本信息等。网络舆情中蝴蝶效应的生成，虽然影响因素很多，但是参与网络舆情传播的集体非理性是其中重要因素。在网络媒体出现之前，传统媒体的新闻信息传播存在"把关效应"，也就是新闻信息的刊发是由编辑或者上级主管负责的，公众的意见表达也要通过层层审批与同意，由此就会出现只有部分公众意见能够被表达。而在网络媒体尤其是自媒体出现后，公众可自由且低成本地发布自己的意见，并引发网友的讨论，甚至有可能引发主流媒体的跟进、政府的关注。进一步，每一次草根意见被主流媒体跟进、政府关注并能够被切实解决有关问题后，又会激励更多的网民关注与跟进公众所说的"小事件"或"小问题"。同时，由于网民个体禀赋差异较大，每一个始发帖的发布者并不是处于完全的平等地位，个别具有较大公众影响力的始发帖者（如网络大腕、大V等）通常更容易引发网民的关注与评价，从而更容易诱发龙卷风效应。此外，社会、经济发展的不平等使得一些社会弱者能得到更多的社会同情、关注，也容易诱发一些集体非理性的网络舆情，而在传统媒体"把关人"职能弱化的情况下，带有偏向性的信息甚至是完全虚假的信息都可能会得到广泛传播，从而对社会构成了极大的风险隐患。由此可知，网络社会的"蝴蝶效应"是在传统媒体的"把关人"角色弱化的条件下，通过虚拟技术平台，网民自由、平等、公开地表达自己意见所形成的一种非线性、不规则的混沌现象。

(2) 公众的传播本能是内在动力

心理学研究成果显示,信息传播者参与信息传播是其本能,而渴望信息传播的权利也是人性的正常表现,二者共同引致并制约了信息传播的动力与演化机理。在传统媒体信息条件下,公众获得信息的渠道有限,而且政府通常会对个体小事件反应滞后,导致公众只能信任"小道消息"乃至无法辨析的"谣言",甚至引致更多的公众信谣、传谣并引发蝴蝶效应的生成,极端时还会形成社会危机。互联网的发展与普及,使得公众不再是被动地接收媒体传播的信息,传统媒体与受众间"单维度的"信息传播模式已经被改变。在互联网时代,公众可自主地搜索自己感兴趣的话题,自由发言,能够参与事件舆情发布、舆情扩散、舆情发烧、舆情事件解决的全部过程,既充当了新闻接收者,又充当了新闻生产者。通过网络平台公众可找到意见、观点相同或接近的群体,而且一旦个体感觉到了网络群体的认同,由此会增加个体进一步参与网络信息传播的积极性,从而也会提升网络信息的蝴蝶效应[1]。

(3) 大量的低成本信息

传统媒体信息传播都需要较高的成本,包括信息采集、编辑、传播等环节,而互联网技术使得网络信息的传播成本很低乃至零成本,极大地诱致了网民接近、使用、制作和传播网络信息,因为个人决策的依据只是个体利益最大化,也就是个人的边际收益等于个人的边际成本,而不考虑自身行为的边际社会成本,由此"公地悲剧"的出现无法避免[2]。低成本的信息传播也导致了信息爆炸,在尚未形成较完整的知识体系时已成为明日黄花,《大趋势》的作者奈斯比特曾说:"我们被信息淹没,但却渴求着知识。"为了突出自己的信息与言论并引起更多关注,部分网络主体往往会采用夸张或煽情的言论与表现形式,有可能成为引发"蝴蝶

---

[1] 甄真.网络群体性事件中的"蝴蝶效应"现象研究 [D].河北大学硕士论文,2012.
[2] 康轶捷,代恩献.网络时代的经济悖论 [J].中国传媒科技,2006:128.

效应"的初值微小偏差①。

"蝴蝶效应"理论对网络舆情生成有一定启发意义。网络舆情热点问题往往呈现出典型的蝴蝶效应特征。网络舆情生发初始阶段的走向需要特别关注，很多失控的网络舆情都在事后发现有很多可供检讨的地方；网络舆情演变有很多节点，在重要的节点如何进行干预和介入值得研究；网络舆情主体的媒体素养也是推动舆情走向的重要考量，网络舆情主体如果洞悉网络舆情生发的基本规律进行妥善和积极的应对，在一定程度上能够消解舆情，甚至可改变舆情的最终走向。

2.4 生命周期理论

生命周期（Life Cycle）的基本含义可以理解为"从摇篮到坟墓"（Cradle-to-Grave）的整个过程②。

20世纪60年代美国经济学家雷蒙德·弗农提出了产品生命周期理论。他认为，产品和生物一样具有生命周期，都先后经历创新期、成长期、成熟期、标准化期和衰亡期五个不同的阶段。其后生命周期评价的概念和思想逐步成熟，生命周期理论目前已被广泛应用于社会、政治、经济、技术、环境等诸多领域。生命周期理论的重大意义，在于将纷繁复杂的研究对象从出现到消亡的整个过程划分为一个个连续的甚至周而复始的阶段进行研究。在社会学研究中，群体性事件的网络舆情的生命周期原理包括两层内容：一是群体性事件的网络舆情具有一定的生命周期，即任何群体性事件，都经历着从萌发到消亡的过程；二是群体性事件的网络舆情可以分为前后相继的各个阶段，其演进具有一定的规律性③。

---

① 史周青. 蝴蝶效应在网络传播过程中的成因与防范［C］. 中国传媒大学第二届全国新闻学与传播学博士生学术研讨会论文集，2008.
② 百度百科. 生命周期［EB/OL］. https: //baike.baidu.com/item/%E7%94%9F%E5%91%BD%E5%91%A8%E6%9C%9F/9878142?fr=aladdin.
③ 方付建. 突发事件网络舆情演变研究［D］. 华中科技大学论文，2011：63-89.

群体性事件的网络舆情的生命周期分为三个阶段：第一阶段为初始传播阶段，表现为群体性事件的网络舆情的诱因已存在，但因为能量不足或缺乏强力触发而尚未显现为群体性事件。第二阶段是迅速传播阶段，表现为网络能量快速集聚，出现意见领袖，关注程度大幅提升。网络舆情逐渐极化为突出观点，关注人数相对稳定，热度较为平衡。第三阶段是消退阶段，表现为关注程度开始降低，评论次数下降。不同阶段的网络舆情表现出的特点各不相同。本书将群体性事件的网络舆情看作一个完整的生命周期加以研究，并在群体性事件的网络舆情演变阶段具体阐述和概括后，构建了群体性事件的网络舆情初始形成、扩散、消退三阶段划分模式。

网络舆情作为主体对公共事务的认识，是由一系列片断事件和态度组成的集合，具有其自身的发展演变规律，而这种规律可以通过生命周期的阶段划分法来区分。从这种意义上来说，网络舆情是有生命周期的，既可以像其他具有生命的事物一样，经历从始到终、从起源到陨落消失的演变过程，也可以由其产生发展到衰退规律划分为若干阶段，对应生命周期的不同时期[1]。通过对近年来国内外典型舆情事件的梳理，我们可以看出网络舆情一般具有以下阶段的生命周期：

(1) 潜伏期：舆情意见的萌生

在潜伏期，由于引发网络事件的因素已经存在，如一些广受社会关注的社会矛盾或社会问题（腐败、拆迁、贫富差距等），社会公众和网民都已进行过一定的关注和探讨，但由于关注热点的不同，这些话题没有得到响应或者响应不强烈，导致舆情没有实现从"隐性"到"显性"的转化。这种由于舆情力量累积不够或缺乏强力触发点而致使舆情意见暂时被忽略的时期称为潜伏期，但因为已经存在类似的情绪导致舆情意见随时可以萌生或者爆发。

---

[1] 董坚峰. 面向公共危机预警的网络舆情分析研究 [D]. 武汉大学论文，2013：25-27.

(2) 成长期：舆情意见的汇集

当与网民关注的公共问题或者社会问题相吻合的公共事件发生时，这件事件就会成为导火索，将与该事件相关的隐性网络舆情显性化，从而推动网络舆情的产生，这一时期则为成长期。在这一时期，与事件相关的舆情不断会引起大量的网络传播和媒体报道，同时还会引发全社会的广泛参与，如"躲猫猫"、李刚之子撞人等舆情事件。由于这些事件往往与社会敏感点或者民众切身利益相关，网民在各种网络载体上进行热议和交谈，并在交流过程中大部分网民逐步形成一类具有强烈倾向的意见体，成为主导式舆情；剩下的"围观"网民在从众心理影响下也会逐步与此靠拢，最终各类舆情意见汇集成一种统一的舆论，形成强大的舆论场和舆情压力。

(3) 成熟期：主流舆情的形成

在这一时期，由于不断有关于事件"内幕真相"的信息被披露，网络舆情趋同化趋势愈加明显，并产生了具有强大影响力的舆情意见领袖和一些网络推手。在他们对舆情事件的推动下，舆情意见的研判更加容易，逐步形成主流舆情意见。而大众媒体（如电视、报纸等）的介入则进一步促进了主流舆情意见的形成和广泛认可，公众热议达到新的高潮，也为舆情事件的解决提供了良好的契机。

(4) 衰退期：舆情事件的解决

随着主流舆情的出现，社会多数公众的意见逐步趋向一致，强大的舆情压力迫使公共管理机构也会依靠这种网络主流意见来处理相关的舆情事件，直至事件的圆满解决，网民的知情权和潜在的心理正义感得以满足。与此同时，新的舆情事件又会出现在互联网上引发关注热潮，原有的网络舆情逐步淡出网民视线直至消亡。近年来发生的一系列网络舆情事件无不如此。一般来说，在网络舆情的生命周期中，其潜伏期时间不定（长短均有），但成长期和成熟期均比较短，往往经过几天的热议就进入衰退期了，但衰退期一般较长，尤其是在事件有往复的情况下更是如此（如富士康跳楼事件），这种时间规律也是由网民喜新厌旧的特性决定的。

2.5 沉默螺旋理论

"沉默的螺旋"(the Spiral of Silence)理论是 1974 年由德国社会学家诺埃勒诺依曼在其发表于《传播学刊》的一篇论文中首次提出的。该理论一经提出即获得了学界的广泛关注，同时也引发了不少争议与质疑，如沉默螺旋理论的假设前提是否合适、网络信息传播方式是否改变了沉默螺旋效应等，并获得了一定的修正与发展。对沉默的螺旋理论进行关注，有助于我们更好地把握舆情演进、共振、爆发的规律，对网络舆情是否能够代表或多大程度上代表真实的民意有全面的判断、精准的把握。只有"打捞"那些"沉没的声音"，才能掌握事实和真相。

2.5.1 沉默螺旋理论的内涵

诺依曼根据德国大选及一系列舆论调查后发现，与其他动物一样，人也会害怕孤立，基于人类本性，她提出了自己研究沉默螺旋理论的五个假设前提：第一，社会的发展使得个人依赖于社会，而背离社会的个人会产生孤独感；第二，个人对孤立的害怕往往使得个人常常感受到孤立；第三，害怕孤独的恐惧感受迫使个人要不断地观察、评估社会能够接受的观点究竟是什么，也就是从众的观点是什么；第四，对社会能够接受观点的评估必然会影响个人在公开场合的行为，尤其是在公开场合究竟要选择公开表达还是隐藏观点；第五，上述四个假设前提共同作用并形成、巩固和改变了公众观念。① 在 5 个假定基础上，她提出了 3 个命题：第一，个人对社会表达意见实质上是一个社会心理过程。由从众的人类本性出发，个人都会本能地努力避免孤立、寻求社会的支持与帮助……当个体

---

① 伊丽莎白·诺埃勒诺依曼. 大众观念理论：沉默螺旋的概念 [M]. 北京：中国社会科学出版社，2000.

发觉自己的观点与社会观点不一致而处于"少数"或"劣势"时，多数情况下会屈从于环境压力，从而变得"沉默"或者只是附和多数人的观点。第二，个人对社会意见的表达，以及个人屈从社会观点而变得"沉默"的扩散是一个螺旋式发展的传播过程。第三，大众传播过程中信息流动会营造"意见环境"进而会影响和制约舆论。[①] 其基本内涵就是：当人们表达自己的观点时，若自己的观点得到社会的肯定则会对其形成一种正向激励，从而会更进一步地鼓励其参与表达意见，并且有勇气传播自己的观点；而如果他发现自己的观点无人应和（甚至会受到群起围攻），即便他自己坚持该观点，也会选择沉默。沉默一方的增加会使得另一方声音更加强势，经过若干次的反复，会形塑社会只接受或只认可强势一方观点的"假象"，使得沉默的一方更加弱势，而强势一方则会把控了社会话语权，由此导致社会无法对公共事件或问题的客观、理性的讨论。[②]

2.5.2 沉默螺旋理论的演变

"沉默的螺旋"在演进过程中受到了大众传媒的深刻影响。因为个人信息有限，而为了感知与评价"意见气候"就必须依赖于媒体信息传播，因此媒体信息在形成"意见气候"上作用特殊。

（1）沉默螺旋演变中媒体信息的作用

在媒体环境下，媒体信息传播对"沉默"的扩散具有强大的影响力。第一，媒体尤其是传统媒体通过对公共议题的连续、大量报道，能够影响公众对某些公共议题的社会舆论，特别是媒体自身对公共议题的态度经常会影响一部分个体的意见表达，也就是那些与媒体意见不一致的个体有可能会选择沉默，进而会导致某种优势意见产生。第二，表达意见与"沉默"的扩散是此消彼长的关系，也体现出螺旋式的传播特点，"沉默"的扩散会导致表达意见的一方变得强势，反过来又产生更多的沉默者。

---

① 郭庆光.传播学教程［M］.北京：中国人民大学出版社，1999：97-98，219-220.
② 诺依曼，翁秀琪等译.民意——沉默螺旋的发现之旅［M］.台湾远流出版公司，1994.

随着沉默的扩散，社会舆论的形成更多是"意见环境"压力作用的结果，特别是民粹式的舆论一旦成为社会主流，就会大幅度压缩社会公众"理性讨论"的空间，由此也使得社会舆论表达的非理性，甚至严重偏离客观现实。

此外，当个人发现自己的观点与媒体支持的观点一致或接近时，就会大声地表达自己的观点，进而会促进与自己的观点一致的"意见环境"的形成；与此相反，当个人发现自己的观点与媒体支持的观点相反时，经常会形成"对社会孤立的恐惧"从而变得沉默，必然无法影响与自身观点一致的"意见环境"的形成。此外，现实中的公众与媒体也存在相互影响，公众会观察媒体的观点从而调整自己的观点，而媒体也会观察公众的观点从而调整自己的观点，当然，作为"意见领袖"的媒体常常扮演着舆论的强势引导者角色。

而在各类信息传播中，新闻信息传播影响最为明显与直接。首先新闻传播是社会舆论表达的重要工具。媒体尤其是传统媒体在新闻报道的选择上倾向于公共议题、热点问题与焦点问题或者突发重大问题，这种选择本身就体现了媒体的价值评判。而公众在面对个人问题或者公共议题时，也会倾向于通过媒体来表达自己的关注，从而借助于媒体的影响力来放大自己支持舆论的影响力。由此可知，媒体对新闻报道的选择必然也是社会大多数公众关注的问题，无形之中就形成了"多数意见"环境，而这种多数意见环境会使得居于劣势的少数人意见变得更加沉默，进而有可能会误导媒体更加偏向于所谓的多数人意见。其次，新闻传播是舆论导向的重要影响因素。公众对某一公共议题的态度、情绪、意见存在差异是常态，甚至会出现严重的对立，此时新闻传播的舆论导向功能就很重要，这也是媒体重要的社会职责。通过媒体新闻传播引导舆论通常是政党、政府常用且有效的手段。①

---

① 朱眠旭.网络交往环境下的个人态度与意见表达：沉默的螺旋理论之检视与修正[D].武汉大学博士论文，2012.

(2) 沉默螺旋与反沉默螺旋

由于网络舆情主体的匿名性，理论上网络舆情主体可以以一种身份转换到另外一种身份，从一个网络空间到另外一个网络空间，可以更自由、更大胆地表达个体的意见，而不必顾及其他人的观点和意见。事实上，匿名化的身份、碎片化的表述并不能掩盖网络舆情主体的骨子里的从众心理。而随着媒介环境的变化，有学者对该理论在网络时代网络媒体或空间中的适应性问题进行了考察得出结论，沉默的螺旋和反沉默的螺旋现象都会在网络中出现。从突发事件网络舆情演变看，沉默的螺旋或反沉默的螺旋在舆情运动中的作用也比较明显。如在舆情扩散中，某些意见领袖通过高频度的舆情行动会促成某个舆情的大范围散播，从而促动了舆情扩散中的逆反规律的出现；而在突发事件网络舆情形成中，舆情的政府、官员、体制、城管等行动表明了沉默的螺旋发挥了作用，由此导致支持或同情政府、官员、体制、城管等特定对象的声音无法呈现。群体影响力导致舆情表达接近真实和理性，对社会而言就是正向舆情；群体影响力导致舆情表达脱轨甚至扭曲，对社会而言是负向舆情。

(3) 沉默螺旋理论的争议

沉默螺旋理论一经提出后，即刻受到了学术界的广泛关注，同时也受到很多质疑，而质疑的焦点就在于沉默螺旋理论的前提假设。

① 个体感知意见气候的能力有多大

诺依曼提出的沉默螺旋理论的假设认为，个体能够感知"意见气候"。该结论源自诺依曼对选举过程的观察而得到的启发，但是她通过对"坐火车"的反复实验来检验个体感知"意见气候"的灵敏性，发现人本能地具有"准官能统计"的反应。

但是不少研究对此提出质疑，如个体对害怕孤立的恐惧具有多大强度才可能会影响其行为，而且由于个体理性是非常有限的，再加上个体认知的协调性不够，想准确评估"意见气候"是很难的；而根据"态度不确定性"理论，沉默螺旋只是对部分中坚分子有效。但是也有不少实证研究发现，沉默螺旋效应确实存在，如当年美国海军陆战队队员及其家属从冲绳搬到关岛,为此媒体访谈关岛选民对此事的看法时发现,公众对此事的支持度与媒体对此事的感知度二者高度正相关;同样地,记者对世界杯赛事的报道、意见、评论、风格等都显著地影响了公众对世界杯比赛结果的判断;通过对长三角农民工分层抽样问卷调查发现,长三角农民工手机使用中仍存在着"沉默的螺旋"现象,存在着一定的社会孤立压力与意见气候,在QQ群意见气候语境下,"迎合式"与"回避式"沉默的螺旋同时存在,但其在性别、年龄、社会地位认知以及QQ群类型、话题表达等方面有所差别。①

②场域或社会的不同影响其效果

诺依曼提出沉默螺旋理论的研究样本是1965年和1972年的两次德国大选,由德国观察得到的理论在其他文化传统、社会背景与媒体环境下其表现形式是否一致存在争议。根据经验观察,在多元主义国家中,沉默螺旋理论几乎不起作用,而集体主义色彩浓厚的国家沉默螺旋理论效果明显,墨西哥公众对意见气候的感知没有遵循少数服从多数的规则。而且个人是否沉默或公开与个人对孤立的恐惧没有直接关系,而是受到其他情境影响,如日本并未出现多数人影响少数人的现象。而对于"沉默螺旋"失去效果的原因,主要在于沉默螺旋理论其实也会受到国家政治制度、社会生态与文化差异的深刻影响;而且即使社会上的多数意见会对公众的意见表达形成强大压力,而技术性、程序性问题的存在也会使得沉默螺旋理论未必能真正地有效。

由此可知,场域与社会的不同是引致沉默螺旋在各地效果迥异的重要原因。

③"孤立的恐惧"不是沉默的唯一因素

"人由于害怕孤立而选择沉默"是诺依曼提出沉默螺旋理论一个重要的心理假设,但是,选择"沉默"其实是受到多种因素的影响,如害怕孤立、因为自己不了解而选择沉默、因为自己不感兴趣而选择沉默、因

---

① 宋红岩,曾静平.新媒体视域下"沉默的螺旋"理论的检视与研究[J].新闻与传播研究,2015(4).

为只选择那些自己感兴趣或对自己有利的而采取的选择性的沉默等。如："乐意的自我审查程度"越高则选择沉默的可能性越高；受教育程度越高者越积极发言，与媒体保持频繁关系的、拥有较大信息量的意见领袖更乐于发表意见；对新加坡同性恋婚姻合法化问题研究发现，对该问题的媒体关注程度、问题的显著程度与个人的意愿表达之间存在正相关关系，而个体对孤立的恐惧则与个人意愿表达存在负相关关系；而针对中国人研究的结论发现，个体沟通意愿的强弱、个体沟通能力的强弱、个体的面子感觉、个体的尴尬感觉等因素都是影响人们选择沉默的重要心理因素。[①]

沉默螺旋理论揭示的是群体内人的心理行为，固然其理论假设有一定局限性，而且部分实证分析结论并不支持该观点。但是，该理论所揭示的重视群体内人的心理活动与行为的思路仍具有很强的理论与现实意义。

（4）网络条件下的沉默螺旋效应

随着大众传播媒介影响力的衰落，传统的大众传播领域的"沉默的螺旋"现象已经有所减弱，传播生态和结构已经发生了很大变化，传统的大众传播媒介不再居于强势地位，"意见环境"的压力减弱。而正在如火如荼发展的网络信息传播使得网民拥有了一定的话语权，过往存在的"意见环境"压力明显降低，网民个人在网络空间发言变得更加真实与自由。

但是，在一个转型的社会中，社会的"碎片化"现象正在日益解构着传统社会的结构与观念，并逐渐形成了不同的利益群体、不同的"文化部落"，而这些利益群体、"文化部落"的理念存在一定的差异则其诉求也必然存在不同，由此也引致了整个社会群体存在着多种分类，且每个个体又因为自身的利益或兴趣诉求同时归属于多个利益群体，社会碎片化的分割状态日渐形成并在不断演化。传统媒体的强势影响力已经逐渐下降，新兴媒体的蓬勃发展，网络信息的剧增，网民观点的迥异乃至对立，

[①] 郭小安．舆论的寡头化铁律："沉默的螺旋"理论适用边界的再思考［J］．国际新闻界，2015（5）．

网络社会与现实社会的高度有机关联，是当代媒体传播的现实背景。[①] 而且，无论什么类型的社会，也无论社会经济发展水平如何，网络舆情中非理性因素始终存在，并有可能在某个节点激活或爆发，如中国香港近年来发生的不可思议的群体暴力活动就是因为集体行动淹没了个人特征、自我控制能力以及个人的社会责任感，做出种种宣泄式的冲动行为。[②] 在社会转型期，各种意识形态存在着博弈与冲撞，而在网络社会中采用的匿名实践，刺激了网民的网络意见表达，快速地剥离了传统媒体的中心功能，深刻地影响了沉默的螺旋理论的实践演进机制。

美国皮尤调研中心和罗格斯大学 2014 年共同发布了一份报告，旨在对网络上的沉默的螺旋理论进行评估。报告称，"推特"和"脸书"等社交媒体也许会遏制观点多样化并妨碍对公共事务的公开辩论，在特定情境下有可能限制人们自由表达观点，特别是在发现自己与身边的人或好友意见相左时。此外，经常使用社交媒体的人在线下不善于或不愿意表达意见。罗格斯大学基斯·汉普顿认为，政治参与与政治讨论二者之间存在差异，当前不少人在个体的意见表达上都显得更加谨慎与克制。此前许多人认为，网络空间可能不存在"沉默的螺旋"现象，由于网络舆情主体的匿名性，网络应该成为"微弱声音"的放大器。但现在看来事实恰恰相反——甚至从某种角度讲，网络还进一步强化了这种"沉默的螺旋"现象，因为它让网络上的人有趋同的选择偏好。

2.6 公共危机管理理论

2.6.1 危机定义

在西方国家的教科书中，通常把危机管理（Crisis Management）称

[①] 喻国明. 新闻与传播 [Z]. 2006（4），卷首语.
[②] 郭庆光. 传播学教程 [M]. 北京：中国人民大学出版社，1999：97-98，219-220.

为危机沟通管理（Crisis Communication Management），原因在于，加强信息的披露与公众的沟通，争取公众的谅解与支持是危机管理的基本对策。危机管理是专门的管理科学，它是为了应对突发的危机事件，抗拒突发的灾难事件，尽量使损害降至最低点而事先建立的防范、处理体系和应对的措施。后来随着工业化的推进，"危机"一词首先用于企业管理中。从18世纪至19世纪，"危机"一词逐渐被引入政治领域，表明政治体制或政府面临的紧急状态[①]。后来随着社会的发展，人们对危机有了进一步的认识，许多学者和组织机构从不同角度对危机进行了理解判断。危机的特征主要有以下八点：

(1) 突发性

危机事件是由一连串小事件逐渐发展而来的，但由于发生的时间、地点具有不可预见性，事物原有的发展格局突然被打乱，使人们既得利益丧失或可能丧失，而且超出了正常社会秩序和人们的心理惯性的运行，因此具有相当程度的突发性。

(2) 紧迫性

因为危机发生时的突发性特点，超出了正常社会秩序和人们的心理惯性的运行，当危机的进展造成的损失越来越大，对时间的把握很大程度上决定了危机事件的管理的有效性。从公共管理的角度看，一旦把一项突发性事件认定为危机事件，就意味着必须从正常的公共管理进入公共危机管理，快速做出危机决策，并克服时限和严重缺乏训练有素的人员、物资所导致的各种问题而实现决策目标。

(3) 高度不确定性

人们很难准确判断危机是否会发生、何时发生，而只能根据以往经验和规律做出预测。当危机发生时，新事物、新情况正在孕育或变化之中，而且导致危机事件的诱因又是比较复杂的，人们很难预测它的发生概率，经常会发生预测错误，这就造成了危机事件发生的不确定性。事态的进

---

① 向玉琼.论政府危机管理中的公共政策制定 [J].云南社会科学，2005 (2)．

程使博弈双方即时决策，效能成为一个关键性甚至是决定性的变量，不同的博弈决策结构、决策过程、决策路径可能导致差别极大的结局。

(4) 高度破坏性

危机的爆发会对一个社会系统的基本价值、根本利益和行为准则产生严重威胁，其影响的范围通常不仅仅涉及个人，而是具有群体性的特点。因此，危机会造成对社会系统的高度破坏性，导致资金、资产的流失，甚至人员伤亡，还会损坏组织形象及个人信誉等。

(5) 信息的不对称性

危机中，原有的沟通渠道会遭到破坏，信息无法有效地沟通，此外，危机中人们会因过度紧张对客观情况反映失真或夸大。错综复杂而又真伪并存的信息，对公共危机管理所需要的准确、有用的信息是非常不充分的。

(6) 资源严重缺乏

当危机发生后，社会资源不仅会遭到严重破坏，而且危机处理中对资源的需求量非常大，在危机中不但无法有效获取资金收入，并且还要动用积累资金应付危机，资金资源异常紧张。同时，训练有素的危机应对人员毕竟有限，而更多的人面对突发的危机会感到惊恐和压力。因此，危机中的各种资源会严重匮乏。

(7) 相互影响、交叉

各类公共危机事件之间又会相互影响、相互交叉。例如，地震、洪涝等自然灾害会衍生防疫问题；突发公共卫生事件会诱发社会治安问题。所有各类公共危机事件都会面临衍生新的灾害危机的严重后果。

(8) 双重性

危险与机会共存，一次危机若没能及时妥善地得到处理将造成更大损失，若得到及时妥当处理，可以转"危"为"机"。

2.6.2 危机管理的定义

什么是危机管理？如何有效应对危机？这是学术界更为关注的焦点问

题，学者们对此也有不同的理解和论述。目前对于危机管理的界定主要有以下几点：

（1）危机管理包含对危机事前、事中、事后所有方面的管理。有效的危机管理通常需要转移或缩减危机的来源、范围和影响，提高危机初始管理的地位，改进对危机冲击的反应管理，完善修复管理以便迅速有效地减轻危机造成的损害[①]。

（2）危机研究和管理的目的，就是要最大限度地降低人类社会悲剧的发生[②]。

（3）危机管理是指组织或个人通过危机监测、危机预控、危机决策和危机处理，达到避免、减少危机产生的危害，甚至将危机转化为机会的目的[③]。

（4）公共危机管理是一种有组织、有计划、持续动态的管理过程，政府针对潜在的或者当前的危机，在危机发展的不同阶段采取一系列的控制行动，以期有效地预防、处理和消除危机[④]。

（5）在有限信息、有限资源、有限时间的条件下，寻求危机事件"满意"的处理方案，迅速地从正常情况转换到紧急情况（从常态到非常态）的能力是公共危机管理的核心内容[⑤]。

（6）危机管理是指个人或组织为了预防危机的发生，减轻危机发生所造成的损害，尽早从危机中恢复过来，或者为了某种目的，在有控制的情况下让危机发生，针对危机和可能发生的危机采取的管理行为[⑥]。

（7）为应对危机情况（也称紧急情况）而采取的预先防范措施，事发时采取的应对行动，事后的各种善后措施及减少损害的行为，就是危机

[①] 罗伯特·希斯. 危机管理 [M]. 干成等译. 北京：中信出版社, 2001：18.
[②] 胡宁生. 中国政府形象战略 [M]. 北京：中共中央党校出版社, 1999：1159.
[③] 苏伟伦. 危机管理——现代企业实务管理手册 [M]. 北京：中国纺织出版社, 2000：1.
[④] 张成福. 构建全面整合的公共危机管理模式 [J]. 中国减灾, 2005（4）.
[⑤] 薛澜, 张强, 钟开斌. 危机管理 [M]. 北京：清华大学出版社, 2003：44.
[⑥] 朱德武. 危机管理：面对突发事件的抉择 [M]. 广州：广东经济出版社, 2002：19.

管理，或称紧急情况的处理①。

综上所述，公共危机管理的目标是最大限度地减少危机带来的损失，控制危机局面。其主要任务包括：①事前预防，预警预报；②处理事故，遏制事态；③挽回败局，控制局面；④协调关系，沟通信息；⑤总结经验，重塑形象。公共危机管理应该包括所有与公众打交道的部门，而不仅仅是公共危机管理人员。最好的公共危机管理就是防止和避免危机的发生。

2.6.3 危机管理特征

危机管理具有不同于一般公共管理的特征，具体表现为：

(1) 不确定性

所谓不确定性一般是指人们不可能或无法对问题进行客观分类的情形。在这种情况下，人们的行为在很大程度上依赖于对自己信念的信任度。危机管理的不确定性主要表现在四个方面，它们分别是：①管理对象的不确定性；②危机预测的不确定性；③危机预控的不确定性；④危机处理计划的不确定性②。

(2) 应急性

当公共危机事件突然发生时，政府、企业和个人陷入困境，所面临的公众压力处于极限状态，它们的公共关系亦处于应急状态。危机管理便是立足于应付突发的危机事件，通过有计划的专业处理系统将危机的损失降到最低。同时，成功的危机管理还能利用危机，使组织在危机之后树立更优秀的形象。危机管理的应急性主要表现在两个方面：①在爆发阶段，危机的危害时时刻刻都在增大，必须以极快的节奏和不同于平时的方式进行管理，即应急管理。②在紧急状态中进行危机管理，要克服由于时间紧急和形势危险而造成的心理压力；要在短暂的时间内迅速做出正确的决策；要紧张而有秩序地采取各种危机处理措施。

---

① 任生德，谢冰，王智猛，邹蓝. 危机处理手册 [M]. 北京：新世界出版社，2003：122.
② 平川. 危机管理 [M]. 北京：当代世界出版社，2005.

(3) 预防性

任何危机都可能带来一定的风险，而这种风险在一定程度上是可以评估和预测的。在危机管理过程中最重要的就是预防。应该说，危机管理的最佳境界就是避免危机发生，可见危机管理中应该把预防放在首位。预防性是有效危机管理战略最重要的特征，对危机管理成效的影响最大。

(4) 非常态性

从最广泛的意义上讲，危机管理包括对危机事前、事中、事后所有方面的管理，但重点在于如何有效防范和处置突发事件。由于应对突发事件需要政府采取与常态管理不同的紧急措施和程序，超出了常态管理的范畴，所以政府危机管理又是一种特殊的政府管理形态，即非常态管理。

(5) 非程序化

政府的行政管理活动大多由公共政策来推动，政府危机管理的核心就在于危机情境下的政策制定。危机管理主要依靠非程序化的政策制定，在信息有限、资源有限、时间紧迫的情况下对政策制定提出及时、正确、高效的要求。提高政府公共危机管理能力的必要性在于：不断突发的公共危机事件，如美国的"9·11"恐怖袭击事件、蔓延全球的SARS事件等已经成为社会管理生活中不可避免的重大挑战，公共危机管理也就成为各国和各地区各级政府都必须认真对待的重要问题，它甚至比任何常规管理都更加考验政府的治理结构和治理能力。对于中国而言，及时、有效、和平地处理各种类型的公共危机事件已经成为今后一定时期内我国各级政府必须高度重视的重大挑战，如何处理好公共危机事件将直接关系到政府在公民心目中的权威地位和良好形象，直接影响着我国政治稳定和经济社会的协调发展。

此外，研究表明，当一个国家或地区的人均GDP即国民生产总值处于500美元至3000美元的发展阶段时，往往对应着人口、资源、环境、效率、公平等问题并且成为社会矛盾的瓶颈约束最严重的时期，同时也是"经济容易失调、社会容易失序、心理容易失衡、社会伦理需要调整并重建"的关键时期。近年来我国接连不断地发生的突发性公共安全事故中已经验证了这条规律。虽然近年来我国的 GDP 连续保持 8% 的高速增长，但是每年因为公共安全问题而造成的 GDP 损失却高达 6%。因此，维护公共安全就成为当代政府的重要职责之一。评价一个政府的治理能力，不仅要看它在社会生活正常情况下的表现，更要看它在出现灾难和危机突发时的表现，即政府的公共危机管理水平[①]。

2.6.4 危机治理理论

第二次世界大战后，公共危机管理和政府应对公共危机能力建设越来越引起世界各国执政党和政府的高度重视。目前来看，国内外学术界对公共危机的认识可谓仁者见仁，智者见智，对于公共危机管理概念的界定与诠释尚未达成共识。在实践中最常见对公共危机管理的定义和理解就是特指政府部门的危机管理。从现代公共治理的角度来看，即使是有效地应对各种公共危机，也离不开公民大众的参与，而公民大众以各种非政府组织形式参与政府主导的公共危机管理过程应是现代公共危机治理的常态。公共危机治理的主体是包括政府、政党和其他非政府组织等在内的主要社会主体，公共危机治理的内容主要是涉及全社会公众利益的危机。权威的危机治理指挥系统是保证统一指挥和迅速采取行动的前提，直接关系到危机治理的成败。应对突发性公共危机事件，依靠政府单一的力量远远不够，仍需要充分发挥社会团体、社会组织、公众个人的积极作用，开发社会总资源，有效遏制危机事件，使社会尽快恢复到正常的状态。非政府组织是具有正式组织形式且不以营利为主要目的的社会组织；具有一定的自治性、志愿性、公益性或互益性，独立于政府的社会自治组织；具有社会服务、沟通协调、监督管理等基本功能，致力于各种社会问题的解决。非政府组织较好地融合了政府和市场机制的优点，在政府失灵与市场失灵的很多领域都发挥了重要作用，成为政府失灵和

---

① 张凯兰. 政府危机管理：发展趋势与现实任务 [J]. 攀登，2004（6）.

市场失灵的调节剂，是现代社会治理的重要组成部分。政府在确立危机意识、成本意识、主体意识与整体意识的同时，应进行有效的制度安排，把社会团体在危机治理中的重要作用显现在各种制度安排中，构建起政府与非政府组织的互动合作模式。在治理模式下，其根本追求是公共利益最大化，行为主体是多元的，而且各方的法律地位是平等的。治理的实质便是政治国家与市民社会之间的合作，是政府与非政府组织之间的合作，是公共机构与私人机构之间的合作。

科学技术在造福人类的同时，由于人们的掌握程度不够、失误、意外或人为故意，造成的技术灾害也与日俱增，而且由于技术灾害最难做到早期预警，预防和处置复杂程度更高，逐渐成为现代社会中常见的公共危机事件。各种各样的工程事故、交通事故、化学品泄漏、通讯网络事故、环境污染事件等日渐增多、防不胜防；生物技术灾难、核泄漏更是令人闻之色变；我国也不可能免于技术灾害，而且恐怖分子、违法犯罪分子也在利用现代科技手段从事危害社会活动，造成人为的事故灾难，社会危害性更大。现实表明：（1）事故灾难的发生频率和造成的损失，都已在我国四类公共危机事件中高居首位。（2）新出现的食物中毒、慢性污染、有害健康食品用品、病毒变异等突发公共卫生事件，都与技术因素有关，成为威胁生命健康的风险隐患。（3）在社会安全事件中，利用高新技术、先进工具和智能从事危害社会的活动不断增多，查处难度加大。

从组织变革、创新与发展的角度，当代组织理论界的大多数专家都认同的是："在一个急剧变革的时代，最好的解决之道不是重新设计组织章程，而是融化组织之间的僵化界限"，即进行组织之间的关系重构和结构优化。在现代社会，信息科学和网络技术的快速发展使得各个组织与个人具备了远距离共事和"分散地点工作"的能力。人们处于一个共同场，所以体现组织特性的必要性已经消失，制订传统组织的替代方案已经变得更为实际了。公共治理过程中由多元的治理主体所形成的网络协作系统在当今公共行政领域的研究中，也开始被越来越多的学者关注。为公民服务就意味着寻找跨越管理边界的方法，1924年1月英国新一届工党政府上台，推行政府改革，其中非常重要的一项内容提出了"协同政府"（通过整合原本独立社会组织，促进公共部门与私人部门、政府组织与非政府组织、政府部门内部、中央与地方政府之间的全面合作，实现政府所追求的共同目标）。从政府管理角度而言，公共危机的治理仍局限于被动式的应急管理。传统的官僚行政体制和指挥命令式的政府管理思想始终贯穿于应急管理过程中，虽然这种组织形式在效率、管制方面具有一定的优势，但是其应急效用提升的空间有限，无法满足当前日益复杂的公共危机管理需要。因而，公共危机治理不仅仅需要政府主导，更需要企业组织、社会团体和公民个人的积极参与和协同，在高效、合理的决策组织网络下形成制度性规范。而发源于商业银行的风险管理理论，在企业管理领域已经积累了很多规范成熟的实践和完整的理论体系，因此，有必要在公共危机治理中进行结合和更进一步的探索。

"社会燃烧理论"认为，社会系统从稳定有序到混乱无章，最终可能导致整个系统的崩溃、衰亡，即社会爆发重大突发性危机事件。其内在机理从发展的角度来看，本质是一个从量变到质变、系统逐渐被破坏的过程。只有当危机因素积聚，量变到一定程度，达到临界点时，即公共危机爆发，从而引起社会系统的失衡甚至崩溃。根据这一理论，公共危机是一个从社会风险到公共危机的动态过程，二者之间具有实践性因果关系，是一个动态的"连续体"。前者基于风险理论，后者基于危机治理理论。灾害（突发事件）只是风险转化为危机的"导火索"。因此，从危机的发展过程和进化途径来看，要实现公共危机的有效治理，必须树立全主体、全风险、全要素、全过程的危机治理理念。将风险管理、风险要素管理、应急管理和灾害管理整合进公共危机治理框架之中，形成闭环反馈动态循环的序列。将危机治理和风险社会这两大理论进行有机整合，从风险管理的视域出发，构建公共危机风险治理的静态分析框架和动态治理机制。虽然风险管理理论发源于企业经济管理，但其全面风险管理的观念、整体化风险理论、风险管理的框架等理论和企业风险管理的有效实践，为公共危机治理提供了良好的借鉴和全新的思路。

第一，理念上，实现从应急管理向公共危机治理的转变。根据整体化风险理论及风险管理框架的内容，公共危机治理体系，应该是一个以政府为主导，非政府组织、企业组织、公民个人制度化、协同、开放型组织网络。以公共危机预防和治理为目标，对公共危机进行整体性、全局性管理和控制，实现公共利益的最大化。第二，构建公共危机治理的动态化过程框架。公共危机的爆发不是空穴来风、无中生有的，而是一个量变到质变的过程，必须将风险管理、风险要素管理、应急管理和灾害管理整合，形成一个动态、循环的全过程、全要素的公共危机治理框架。其一是在形成危机条件下，管理主体的多元化、全主体，是一个包括政府、企业、第三部门等与媒体机构在内，且各个主体间协同合作，有序治理；其二是风险管理，管理的重点在于对风险的前期监测、评估和预防；其三是全要素的风险管理，包括风险要素的识别、评估、预防、控制、交流等；其四是风险的全过程动态管理；其五是引入公共危机风险治理的学习优化机制。通过制度设计、优化，确保在公共危机风险治理的整个过程中不断总结经验、持续学习。通过方法和经验的共享、交流，提高、优化危机治理过程的能力和效率，为应对更复杂的公共危机事件奠定良好的基础，做好充分的准备。第三，公共危机治理过程的执行思路。公共危机治理的执行思路首先在于调整各相关主体的关系，从法律和组织结构的角度，明确各个主体的权力与责任，以及各主体间的权责关系。在保障系统整体性、系统性功能稳定运转的前提下，针对不同的主体在组织体系中的位置和作用，设定相应的行政程序、行动规范。同时在组织、管理体系上，必须为各主体提供全程参与、相互协同的同一平台，从制度上体现并保障公共危机治理的多元参与。一方面，配套的法律规范仍需完善，还要注意各类法律、法规间的有效协调和衔接问题；另一方面，建立相应的政策框架，实现非政府组织、企业以及其他社会团体、公众参与公共危机治理的制度化，形成多主体协同参与的网络化制度结构和组织化的治理体系。

2.6.5 网络环境下的公共危机治理

网络环境下公共危机事件，是指由现实社会中的危机事件或公共危机事件引发，或者由网络社会中的危机因素引起，经由互联网平台及其移动终端的传播迅速成为网络舆论的焦点，在网上强大舆论与网下现实行动的互动作用下，在较短时间内对危机事件的相关者甚至整个社会产生重大影响的公共危机事件。它在中国文献中有时被冠名为"突发公共事件""互联网公共事件""网络公共事件"或"网络环境下公共事件"。网络环境下公共危机，是指在现实社会中由于自然灾害、社会运行机制失灵、外部因素等引起的，或者在网络社会由于网络曝光、网络围观、人肉搜索等因素引发的，经由互联网及其移动终端的广泛传播和网络舆论的助推下，形成可能危及公众生命安全、公共财产、生态环境、正常秩序和社会核心价值体系、正常行为准则的不确定性的公共危机事件。它在中国文献中有时被冠名为"公共危机""网络危机""政府网络危机"或"网上公共危机"等。虽然冠名不同，但其研究的内涵基本相同，都是研究现实问题或社会现象在网络社会中的反映和延伸。公共危机管理是指作为单一管理主体的政府组织在公共危机事件的生命周期中，为预防潜在危机的发生，降低公共危机的危害程度，依据《突发公共危机事件应急预案》对公共危机事件直接管理的活动。理论界一般把危机管理冠以"突发事件应对""应急管理"或"政府危机管理"等。公共危机治理是指在公共危机的开放系统中，多元治理主体（包括政府组织、非政府组织、企业组织、公众、融媒体、一般网民和网络舆论领袖等）基于共同的目标，利用数字技术和网络技术等信息技术手段，自觉对共同关注的潜在的危机或者各类公共危机采取协同联动的措施，以形成有序、稳定、高效的公共治理结构的可持续过程。也可以说，公共危机治理是政府运用治理理论对公共危机事件进行协同管理，它的根本目标是促进公共利益最大化和协同效应最大化。

网络环境下公共危机既具有传统社会公共危机的一般特征，比如公共性、突发性、紧迫性、危害性和不确定性等，也具有传统社会公共危机所不具备的网络新特征。这些新特征主要表现为以下几个方面：一是网络传播的多元性和即时性拓宽了公共危机的传播范围，提升了公共危机的传播速度，缩短了公共危机管理的反应时间，增强了公共危机的社会影响力。在传统社会，公共危机的传播渠道比较少并且相对固定，主要有报纸、广播和电视等传统媒体。这种"一对多"的传播机制导致公众只能被动地接收信息，不能主动参与到公共危机的传播和反馈之中。因此，公共危机传播的范围较小，社会影响力不大。然而，在融媒体时代，公共危机的传播路径不断增加，以微信、微博、（微）视频和客户端为代表的"三微一端"形成了新的网络舆论生态，成为公共危机传播的"加速器"，标志着中国互联网进入了便捷的"微传播"时代和"移动互联"时代。这种"多对多"的互动传播机制，一方面可以让公众快速地在互联网上曝光、传播、讨论和反馈公共危机事件，让一些"局域性"的危机事件迅速演化为"全域性"的公共危机事件，并使公共危机的演化过程更加复杂；另一方面，它更加凸显了公共危机的突发性和紧迫性，使政府组织在短时间内难以迅速做出正确的决策，难以查清公共危机事件的真相，难以应对网络舆情所产生的巨大影响力，从而增加了政府危机管理的难度。二是网络传播的开放性和互动性提高了公共危机事件的透明度和网络舆情的影响力，为政府的"网络问政"开辟新途径。伴随公共危机事件的频发，开放的互联网成为公共危机舆情的策源地。公众将网络和现实联结在一起，借助网络平台交流信息、参与讨论和表达观点，形成网络舆论的冲击波。这种交互式的网络舆论所形成的"辐射"效应对公共危机的消长起到推波助澜的作用，已经成为一支对公共危机事件有重要影响的网络力量，直接影响着公共危机事件的演化进程和公共危机的解决速度。在网络平台中，博客和微博发挥了重要的作用。从 2011 年"政务微博元年"至今，政府组织和公职人员纷纷开设博客和微博，将它作为了解社情民意的渠道、信息发布的平台、舆论引导的空间和为民服务的社区，改变了以往政府工作在网络上被"吐槽"的局面。近年来，在公共危机事件发生后，政务微博公开信息越来越迅速，成为发布权威信息的重要来源。

在 2014 年,"@昆明发布"和"@平安北京"等政务微博在暴恐、地震和公众人物吸毒等事件中及时发布信息,成为政务微博公开信息的典范。三是网络传播的"去中心化"和平等化弱化了传统"把关人"的角色,信息传播的真实性和权威性受到挑战,影响了公共危机的演化进程[①]。在传统社会,当公共危机发生时,传统媒体作为"把关人"通过控制信息源来筛选传播内容,掌控公共危机的话语权。在融媒体时代,由于网络传播的"去中心化"和平等性极大地弱化了"把关人"的角色。每个人都成为相对自由的"麦克风",他们既是信息的发布者,也是信息的接收者和传播者。传播方式也由传统的单向度传播变为多向度的互动传播,由高度集中的信息控制转向平等的信息分散。正是由于网络媒体缺少了传统媒体的过滤程序,网络信息的真实性和权威性遭受质疑,虚假消息泛滥。2011 年 3 月日本大地震导致核泄漏事故后,网上流传"核辐射污水污染中国海盐""食用碘盐可预防辐射"等谣言,中国随即爆发了一场突如其来的"抢盐潮",许多超市的食盐被抢购一空,在短时间内就形成一场公共危机事件。"抢盐"事件虽然是一个负面新闻,但是国内媒体积极发挥舆论引导作用,既发布政府的应对措施,又进行全方位辟谣。四天之后,"谣盐"来也匆匆,去也匆匆,各地又现"退盐潮"。

2.7 议程设置理论

"议程"是指把问题或事件依重要性程度进行排列的顺序。议程设置(Agenda-Setting),又称议题设置,该理论最早由美国学者沃特·李普曼(Walter Lippmann)提出,并由两位美国学者 M. E. 麦库姆斯(M.E.McCombs)和 D. L. 肖(D.L.Shaw)正式构建了"议程设置理论"。麦库姆斯和肖观察了美国 1968 年的总统选举,发现在选举期间媒体的报道与选民对态度、情绪、投票倾向存在高度对应的关系,1972 年两位学

---

① 武超群. 网络环境下公共危机治理研究 [D]. 中央财经大学论文, 2016.

者在《舆论季刊》上以此为研究对象发表了"大众传播的议程设置功能"(The Agenda-Setting Function of Mass Media)论文，在文中首次提出了"议程设置"理论，其中主要的观点就是：媒体报道的"大事"通常也是公众意识中的"大事"；公众对某一问题的重视程度与媒体的报道正相关。

2.7.1 议程设置理论的内涵

最早触及议程设置理论的学者沃特·李普曼认为，外在世界复杂且变化迅速，一般人无法通过自己直接地看、听和接触来认识它（即存在"伪环境"）；舆论通过各种渠道（如大众媒介、家庭、学校和社会等）的影响在人们头脑中累积对某个对象的印象、偏见和固定的成见（即形成了"刻板成见"），由此这种成见会"淹没"人们对"事件"进行描述和报道的"新视野"；由于普遍存在的"伪环境"，作为"局外人"的一般人难以从媒体渠道掌握真实世界情况，而作为介于一般人与外在世界之间的"局内人"（即专家）可以帮助"局外人"更加容易理解"无形的巨大的困难的环境"（即"局外人"与"局内人"）。[1] 其实，李普曼的观点是认为大众媒介可以无条件地、直接地改变受众。

首次明确说明"议程设置"内涵的美国纳德·科恩（Cohen）指出，媒体在引导读者应该怎样想（how to think）方面可能效果不好，但是媒体在引导读者应该想什么（what to think about）方面效果却出奇地好。[2] 科恩关注的是媒体的告知功能，并带有明显的经验主义的思维。

1972年美国传播学家麦库姆斯和肖第一次在检验的过程中论述了"议程设置"这个假设的基本思想。"议程设置"理论包括两个层面：一是外显的过程，即议题从媒介议程向公众议程的传播过程；二是内在过程，即新闻媒体对公众头脑中构成这些议题和对象时所起的作用。麦库姆斯和肖研究发现，经由媒体长时间的新闻报道，会影响公众对当天什么事

---

[1] 郭镇之. 大众传播的议程设置功能 [D]. 第五次全国传播学研讨会论文，1997.
[2] [美] 阿特休尔. 权力的媒介 [M]. 北京：华夏出版社，1989：224.

件最为重要的感知，进而让两位学者敏感地意识到，媒体与公众议程之间有着某种因果联系，也就是新闻报道的重要且优先的议题与公众感知的重要且优先的议题正相关。而体现新闻报道议题的重要性与优先性的标志主要包括新闻标题字号的大小、标题语言是否具有煽动性、新闻报道的篇幅、是否为媒体头版等，这些外部标志都是媒体对某些议题重要性与优先性的一种暗示。[①]

2.7.2 议程设置理论的特点

（1）议程设置理论仅仅关注认知效果

对媒体议程与公众议程之间关联的理解与检验，应该从认知、态度和行动三个层面来进行。认知效果指的是外部信息源会影响人们的知觉与记忆系统；态度效果指人们认知效果的变化会引起情感或情绪的变化；认知效果与态度效果的变化最终会通过人们的言行表现出来。"议程设置"理论主要研究人们感性认知上的效果，属于传播过程的初级阶段的效果。认知效果也仅仅是指影响"思考对象"的效果，即引导公众应该"想什么"进而引导公众的注意力；态度效果也就是指影响公众的"思考方式"，即引导公众应该"怎样想"进而影响公众观点。

（2）议程设置效果是长期宏观效果

议程设置理论关注的并非某一家媒体的某次报道或某几次报道的短期效果，而是作为整体的媒体较长期的系列报道所形成的长期的、综合的、宏观的社会效果，立足点是媒体的日常新闻报道和信息传播活动所产生的影响。

（3）议程设置理论暗示了媒体的公正与客观

曾经的媒体是社会信息传播的主体，客观、公正和全面是媒体的自我要求，也是社会的要求。而媒体在自身利益影响下，无法做到"有闻必

---

① [美] 施拉姆等. 传播学概论 [M]. 北京：新华出版社，1984：279.

录",而是按照媒体自身的利益要求进行一定的取舍,很难真正根据"公益性和公共性"原则来进行新闻报道。

在具体宣传时,媒体会依据宣传价值报道方针和媒介风格,从中选择自认为重要性强、时效性强、接近公众诉求的内容进行加工、整合,并迎合公众渴求"真实"的心理,采用最可能"真实"的方式进行新闻报道。①

2.7.3 议程设置理论的争议

议程设置理论对现实问题具有较强的解释能力,在大众传播研究领域具有重要地位,但是其也一直受到质疑。

(1) 重视媒体议程设置功能,忽视其行为效应

在针对媒体议程设置的研究中,早期的研究关注的是媒体安排议程与公众安排议程之间的联系,而且主要侧重于研究信息的告知而忽视其行为效果,而这些问题确实是议程设置理论无法回避的。如在政治选举中,若公众对某些议题重要性存在或大或小不同的认知,则公众认知对候选人的投票倾向、投票行为会有何种影响?进一步地,公众认知能在多大程度上影响政党在重要议题上的选择呢?会否为了迁就、迎合公众而故意疏忽事实上对公众利益尤其是长远利益更重要的公共议题呢?②

(2) 引入中介因素会影响议程设置理论的确定性

根据议程设置理论,在检验媒体议程设置与公众议题设置之间的关联性假设时,引入诸多中介因素,来说明媒体议程设定和公众议程设定之间并非简单一一对应关系,而是要经过一系列其他因素的作用与较长时间的发酵,其中的"一系列其他因素"包括社会类别、接触媒介时间的长短、对于某些问题原本的赞同程度、媒介使用的变化方式和接触媒介的频率等。而这些中介因素的引入引起了一些不认同该理论研究者的驳斥,

---

① 陈超.议程设置理论的全面解读 [D].河南大学硕士论文,2003.
② 梅尔文·德弗勒,桑德拉·鲍尔洛基奇.大众传播学诸论 [M].北京:新华出版社,1990:298.

如：媒体议程设定无法在短期内影响受众的看法，对于媒介的认知效果，陈旧的魔弹理论也不适用，而且大部分的有关议程设置的研究都是基于静态的设计。更有反驳者提出，除了媒体因素外，人们所具有的政治兴趣的程度、卷入政治事件的程度等也会直接影响受众的看法。

后来议程设置理论的继续研究发现，媒体在学习与告知方面的效果不会如想象般的直接，而是经常在与其他社会力量的协同与互动中发挥作用；中介因素的引入不是弱化而是丰富与具体化了议程设置理论。①

当然，对于议程设置理论的研究对象依旧存在一些"不确定"，如：①对媒体议程设置的研究，究竟应该以媒体对公众个体的直接影响为主，还是以媒体对公众人际关系的影响为主，或者应该重点关注媒体在公众个体议程设置与公众人际关系的演化机制；②媒体对公众个体议程的设置与媒体影响公共决策者进而影响公共决策是否存在根本性的区别，对政府的公共管理影响机制有无不同；③媒体的议程设置功能源起于媒体自身，还是公众个体或者是社会精英，二者在其间的作用如何界定与衡量。

2.7.4　议程设置理论的发展

随着传统媒体的日渐衰落、网络媒体日渐强大，2014 年 McCombs, Shaw 与 Weaver 提出，应该将议程设置理论包括的五大领域（议程设置的基本效果、属性议程设置、议程设置效果的心理学、媒体议程的来源、议程设置效果的后果②）、两个层面（议程设置效果；影响这些效果的偶然因素、媒体议程的来源以及第二层的议程设置效果③）扩展为七大领域（议程设置的基本效果；属性议程设置；网络议程设置；导向需求；议程设置效果；媒体议程的来源；议程融合）④、四个层面（议程设置效果；影响

---

① D. 麦克奎尔，S. 温德尔. 大众传播模式论 [M]. 祝建华译，上海：上海译文出版社，1987：86.
② Luo Y. Mapping Agenda-setting Research in China：Ameta-analysis Study [J]. Chinese Journal of Communication, 2013 (3)：269-285.
③ 朱瑞娟. 议程设置理论研究的新方向 [N]. 南京邮电大学学报（社会科学版），2015 (6).
④ Luo Y Mapping Agenda-setting Research in China：Ameta-analysis Study [J]. Chinese Journal of Communication, 2013 (3)：269-285.

这些效果的偶然因素、媒体议程的来源以及第二层的议程设置效果；网络议程设置；导向需求心理学)①，其中网络议程设置、导向需求、议程融合是三个被详细阐述的领域②。

(1) 网络议程设置

互联网的发展迫使议程设置研究关注传统媒体之外的信息传播渠道，特别是网络媒体的公众议程研究，同时议程设置理论也被应用到传统公共事务以外更多的内容研究。在网络媒体成为信息传播的主流平台的背景下，很多网络媒体门户网站为公民提供了公共议程讨论的平台，从信息总量上无疑是个体感兴趣的话题占了绝大部分，而真正关系公共事务的信息占比并不高。通过对网络媒体与公众就公共事务讨论的大数据可以发现彼此之间的关联，如 2012 年美国的总统选举③，以及在总统选举中日常议程设置上网络媒体信息量的占比④。

网络媒体的议程设置功能与过程已经颠覆了传统媒体时代下媒体和公众的关系。一方面公众关注的焦点话题会引致网络媒体信息量的暴涨，尤其是热门话题的新闻事件更会使得网络媒体信息量激增；另一方面传统媒体越来越多地采用网络媒体的信息来实现设置新闻事件议程与扩大影响力的目的。由此也就拓宽和重新定义了媒体的议程设置功能，在媒体议程设置中，通常都是先由新闻媒体引发公众关注进而触发公众议程，而公众议程一旦形成就会进一步触发媒体的议程设置功能，公众议程功能与媒体议程功能相互促进，并最终会触发政府决策议程。⑤

---

① 朱瑞娟.议程设置理论研究的新方向 [N].南京邮电大学学报（社会科学版），2015 (6).
② McCombs M. Researchf [J]. MassSHAW D. L., Weaver D. H.. New Directions in Agenda-setting Theory and Communication and Society, 2014 (6): 781-802.
③ Vargo C. and GuoPresidentialElection [J].L.. McCombs et al. Network Issue Agendas on Twitter during the 2012 U.S.Journal of Communication, 2014 (2): 296-316.
④ Eshbaugh-Soha M., Presidential Agenda-setting of Traditional and Nontraditional News Media [J]. Political Communication, 2015 (ahead-of-print): 1-20.
⑤ Meraz S., Using Time Series Analysis to Measure Intermedia Agenda Setting Influence in Traditional Media and Political Blog Networks [J]. Journalism and Mass Communication Quarterly, 2011 (1): 176-194; Meraz S. The fight for "how to think": Traditional Media, Social Networks, and Issue Interpretation [J]. Journalism, 2011 (1): 107-127.

(2) 导向需求

导向需求（Need for Orientation）于 1973 年在国家传播学会上正式提出。其基本出发点是，人们对周围世界天生地具有好奇心，也就是每个人都具有导向需求。随着个体经济境况的改善与受教育程度的增加，其对公共议题导向作用的关注以及通过媒体了解公共事务与媒体议程的需求也会相应增加。而导向需求的高低取决于不同的确定感以及二者之间的相关性：相关性较低则个体对导向的需求较低；相关性较高但是不确定感较低则会引致中等程度的导向需求；高相关性与不确定感较高同时相关性也较高则会引致较高的导向需求[①]。而关注可达性和适用性的导向议程设置效果的研究发现，积极地使用媒体信息的个体相较于被动地使用媒体信息的个体，其导向需求较高；高导向需求的个体（相关性较高而且不确定感较强）相对于中等导向需求的个体（不确定感较低而相关性较高）更倾向于使用党派媒体。由此可知，导向需求效果的识别与评价受到媒体的类型（如主流/垂直 VS 细分/水平）或是具体预测层面（如第一层或第二层）影响。

(3) 议程融合

网络信息的传播方式与信息量的爆发式增加，使得受众有了更多的选择机会，由此议程融合假设主要是基于受众而非媒体自身来传播效果，强调受众在"议程设置过程中的议程融合"。该假设也从个体对群体归宿感的依赖出发认为，若个体无法得到与其所依赖的群体的信息，会引起个体对群体的误判。为了保持个体与群体的一致性，个体会通过努力掌握该群体的信息来达到议程融合。[②] 其具体形成流程（如图 2-1 所示）为：某一信息源刺激个体通过网络媒体完成个体议程设置；个体之间相互传递信息完成个体间的议程设置；或通过网络媒体平台在一个或多个网络

---

① McCombs M.Research [J]. Mass E., Shaw D. L., Weaver D. H., New Communication and Society, 2014 (6)：781 Directions in Agenda-setting Theory and 802.
② 朱瑞娟.议程设置理论研究的新方向 [N]. 南京邮电大学学报（社会科学版），2015 (6).

社区上讨论，完成社群内部议程设置；众多媒体介入，完成众多媒体的议程设置；经由媒体与公众互动完成目标议题的公众议程设置；促成目标议程问题得到解决，完成社会政策的决策议程；公共政策决策对个体形成实质性影响；整个决策过程是开放的，是不断地演进的。[①] 值得注意的是，议程融合理论包含了议程设置理论，但是二者之间也存在一定差异，也就是议程融合理论关注多样性议程的选择与个人社区的寻找过程，而议程设置理论强调代表显著性的共享。

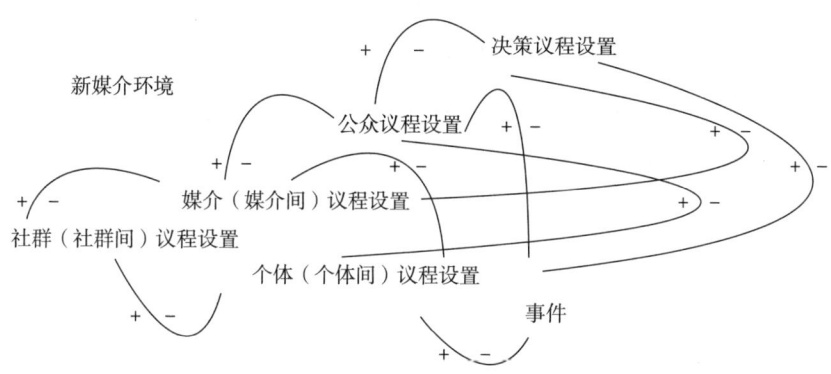

图 2-1　网络媒体环境下的议程融合形成图示

2.8　群体极化理论

群体极化理论主要说明个体成员的态度受到群体的鼓励后得以强化甚至更加极端的理论，而且由于网络社会的匿名性特点，群体极化现象在网络社会中出现的概率更高，极端的甚至会演化为对现实社会的严重风险。

2.8.1　群体极化理论的内涵

1961 年美国詹姆斯·斯托纳（James Stoner）提出了群体极化（Group

---

① 高宪春. 新媒介环境下议程设置理论研究新进路的分析［J］. 新闻与传播研究，2011（1）.

Polarization)。斯托纳当时称之为"风险转移"(Risky Shift)，其实证研究发现，在群体决策条件下，群体内部的相互讨论会影响个体的决策选择，并进而最终会在群体内部形成一个一致性的结论，但是群体内经过讨论后形成的最终结果通常比讨论前的个体决策更加具有冒险性。美国学者凯斯·桑斯坦（Cass Sunstein）认为，群体内部的成员在讨论前会有一定的偏向，但是经由商议后群体成员通常会向某一偏激的偏好继续移动，以致最后形成了极端的观点。

此外，网络舆情场域是个开放性的场域，对于网络舆情主体而言，志趣相投的人愿意而且能够借助网络进行有效沟通。与此同时，他们也就处于相对封闭的"圈"中，也就是说长时间将自己置身于一个特定的场域之中，慢慢相信别人所说的，渐渐强化了自己的立场，并且处于无意识当中。当这种集体无意识被激活时，个体意识就渐渐迷失了，不知不觉中被裹挟到某个运动进程当中。

网络的技术特质和文化特质决定了网络是群体极化的温床，群体极化倾向在网络空间发生比例远远高于现实生活空间。

2.8.2 群体极化理论的特征

群体极化理论揭示的是群体内部成员的态度倾向会明显影响其他人的态度倾向，在外部因素的刺激下有可能会引发群体的极端冒险言行。

（1）小部分人的态度倾向常常引导了群体的态度倾向

群体内成员一般而言都会具有某种类似或相同的生活背景或兴趣，虽然他们在对待外部具体对象的态度上存在差异，但是在群体内部某些有号召力的个体或者很弱势的个体会对群体内部其他成员的态度产生影响，于是在群体内部容易形成比个体更加极端或冒险的言论。由此，在某种特殊情境下形成的情绪一旦被激发，群体成员就有可能选择不再压抑或控制，从而导致矛盾更加激化并极有可能引发群体性极化事件。需要注意的是，群体性极化言行中的参与者中除小部分出于某种利益或尊严的诉求外，更多参与者只是借机发泄不满情绪或怨恨。

(2) 情绪化与非理性

在外部事件发生刺激下，群体成员的情绪在共鸣中逐步发酵并逐渐失控，其中一些极端主张的言行会逐渐处于支配地位并最终传染到群体内部的多数人甚至整体群体，此时群体内部会缺少理性、冷静的声音，或者即使有理性、冷静的声音也不会被群体接受甚至是被敌视，从而表现出非理性攻击和情绪化冲动，最终造成集体性情绪宣泄。

(3) 去个性化与匿名性

在群体内部非理性情绪逐渐占主导时，个体成员在行动时常常会抹去个性化色彩而藏匿在群体众多成员之中，由此隐匿在群体中的单独个体不易作为特定的个体而被辨认出来，会激发个体放纵或放弃自我约束力，从而在群体的匿名保护下，违反自己在社会情境中遵守的社会准则，做出非正常、非理性的行为，也就是个体在群体中通常会表现出个体单独时不会表现出来的行为。

(4) 突发性与演变迅速

在集群场境和从众心理作用下，群体成员情绪波动较大，其成员的非理性情绪常常被群体成员无限放大。而且，群体极化现象的出现常常非常突然且变化迅速，其发展趋势难以预估。特别是有些群体极化事件的当事人为了取得一定的新闻效应或者给政府施加压力，经常相互串联，导致参与群体极化事件的人数规模巨大。①

2.8.3　群体极化的演变

群体极化是群体成员在受到外部事件刺激后，激发其内在累积的不满情绪，经由极化场域作用，导致群体成员大部分或全部的情绪感染与极化。

---

① 张广利，孙静．群体极化的特征、根源及过程机制分析［N］．华东理工大学学报（社会科学版），2013（1）．

(1) 不满情绪被唤起

心理学研究显示,对于外部信息的接收会在直接条件式反应后,思考与过滤这些信息,并定义与理解这些信息,以采取后续回应性的行动。对于外部预期外的信息,会引起人们的道德愤怒,引致道德震撼,这是引发不满情绪的导火索。导火索事件的信息特别是有着与导火索事件性质类似的事件信息出现并被人们接收后,会激发隐藏在人们内心深处的记忆符号,触发其对过去所经历的不公平与矛盾做出共鸣、共振式的群体心理反应,并有可能做出消极的群体反应。[①] 导火索事件作为一种"符号"会刺激群体内在的不满,唤醒群体成员内心的、记忆深处的不满。

(2) 极化场域与信息极化

群体性事件中的当事人往往情绪非理性化,希望自身的言行能够得到社会更多的关注与共鸣,而其他旁观者或者基于从众心理,或者基于对过去不公平经历的条件式反应,或者出于对社会公平正义伦理的坚持等,对导火索事件做出迅速反应并快速聚集起来,从而组成了一个具有强大社会能量的极化场域。在此场域与情境下,在信息传播过程中,信息传播者会依据自己对事件的认知去理解有关信息,并进行符合自己需要的"加工"(包括可能会故意删除或增加部分自己认为的"不合理"的信息),从而增强有关信息的情节性、可读性,此即信息传播中的"削平"和"磨尖"现象。而信息接收者又会依据自己意愿对信息进行"再加工",使得此时的信息与初始信息已经相差甚远,甚至有些经过加工的信息已经严重失真,甚至完全成为了谣言[②]。即使如此,这样严重失真的信息甚至谣言仍会在人群中广为传播,并在一定条件下会产生群体性怨恨。

(3) 情绪感染与极化

人们的情感与情绪具有一定的传递性,在极化场域更容易产生相互感染,尤其是具有相同的情感体验的旁观者,很容易受到鼓励而加入群体

---

① 应星. 气场与群体性事件的发生机制:两个个案的比较 [J]. 社会学研究,2009 (6).
② 周晓红. 现代社会心理学名著精华 [M]. 南京:南京大学出版社,1992:250-254.

极化事件中。而失去个体自我意识的情绪会处于亢奋、激动状态中，并进一步影响其他人，彼此互动强化，最终形成了情绪极化现象。对于处于情绪极化状态的人群，更多是引入外力介入（如政府出面承诺解决问题或者暴力干预、第三方力量诱导等）才能逐渐消退这种非理性的情绪，直至回归理性的、冷静的情绪。①

2.8.4 群体极化的效应

群体极化是群体内部对某事件态度倾向的变化，如果是符合主流价值理念的无疑会有助于社会和谐与发展，反之会引发社会风险。

（1）群体极化具有一定的正向效应

当一种积极向上的观点在网络社群中得到极化无疑是有益的。比如现阶段，国家对于社会主义核心价值观的倡导、对于中华优秀传统文化弘扬的重视，如果能够赢得网民的理解、认同和接受，就有利于主流意识形态的建构，有利于更好地推动社会进步发展。

（2）群体极化具有较大的消极效应

群体极化理论揭示的态度极化多数指的是对社会不满意或怨气在群体内部酝酿、发酵后而产生的态度极化，"网络民意在群体极化的作用下只能走向一个个极端的意见群落，而很难产生融合了各种不同意见、代表多数人意志的集合意见"。② 可以想象和预期的是，一种不健康的、非理性的或者错误的观点得到极化后，对社会是一种离心的、分散的力量，影响网络社群的价值认同，甚至会引诱网民走向极端，最终也许会威胁到社会稳定和社会进步，并带来一定的社会凶险。这种社会凶险表现为：①网络暴力。大都由于怨恨情绪弥漫所引发，通过各种网络手段对特定的人或人群进行攻击、谩骂和侮辱，致使其权利受损。②操控舆情。即

---

① 张广利，孙静.群体极化的特征、根源及过程机制分析［N］.华东理工大学学报（社会科学版），2013（1）.
② 张燕.风险社会与网络传播［M］.北京：社会科学文献出版社，2014：245.

利益攸关方出于某种目的助推网络舆情发展、控制网络舆情方向，以达到"火中取栗"、谋取私利的目的。③现实破坏，群体极化从虚拟世界延伸到现实生活之中，直接诉诸行动。

群体极化如同硬币一样有两面，既有积极作用，也会带来消极影响。网络群体极化可以看成是网络生态系统的一种失衡，网络技术特征为潜在根源，现实社会矛盾为根本诱因，网络意见领袖为外在驱动力，可以尝试借鉴生态学原理，把握网络舆情演进中的关键种群和意见气候等，以引导网络舆情有序演进。

网络舆情层面的群体极化是网络下社会风险经由网络行为主体的交互行动发生的、具有较多网民参与、推动或转化的有一定影响的社会现象，是社会风险的重要催化剂。中国当下网络群体性事件的多发，在一定程度上体现了当下社会秩序的失范和无序，是内隐的社会风险外在的暴露。

chapter 3
第 3 章　网络舆情

3.1　核心概念

3.1.1　舆论与网络舆论

舆论是发源于中国传统政治文化的本土概念，因此我国研究界对这两个词的含义多从词源上追溯考证。所以首先是"舆"字，"舆"字在春秋末期出现，它本指车厢，转意为车。舆和人连用转化为造车的人，称为"舆人"。经赵梦溪（2016）考证，对"舆人"身份地位的描述，出现在《左传·昭公七年》中："天有十日，人有十等。故王臣公，公臣大夫，大夫臣士，士臣皂，皂臣舆，舆臣隶，隶臣僚，僚臣仆，仆臣台。马有圉，牛有牧，以待百事。"杜预注解为"给其贱役，从皂至牧"。因此"舆人"属于职位低微的吏卒。进入汉代，"舆人"的内涵逐渐宽泛。如《广雅》称"舆，多也"。东汉末，经学大师郑玄对《周礼》中的"舆司马"注"舆，众也"。舆"字早期带有的低微色彩被淡化，众、多之意进一步突出[1]。从这个意义上讲，舆论和舆情都属群众性范畴。

"舆论"一词最早的文献出处"设其傲狠，殊无入志，惧彼舆论之未畅者，并怀伊邑"。经邓绍根[2]（2016）查证，是王朗于 223 年 8 月在上奏给魏文帝曹丕的奏章《谏东征疏》中首次造词。223 年 8 月，曹魏大臣王朗借鉴当时已经流行的"舆人""舆人之诵"等词，为表达"舆人之论"，

---

[1] 赵梦溪. 舆情：概念的转型及其话语 [J]. 新闻记者，2016（8）：59-64.
[2] 邓绍根. "舆论"词源考证 [N]. 中国社会科学报，2016-04-07（003）.

而创造了"舆论"一词,用它来表达魏国民众对东吴孙权未能按约派遣儿子孙登到魏国王宫做侍者(人质)之事不满而发表的言论,具有"众人的议论"之义,引申为"民众的议论或言论"。倪琳(2014)通过对二十五史数据库考证发现,"舆论"一词在清史稿之前的史书中有所存在,但使用效率并不高,直到晚清时期以 1898 年现代中国思想史为转折点[①],随着社会对西方政治理念的容纳,使用更平民、更底层的"舆论"一词得到更广范围的适用,并逐渐成为现代中国人言论表达、意见评说的日常性名词。

网络传播在全球引起瞩目的同时,关于网络传播究竟是一种独立的传播媒体,还是只是一种仅供传统媒体利用的技术手段,一直争论不休。有人认为网络传播只是一种新的技术手段,它仅仅为诸多传统媒体的发展提供了技术上的支持,而它本身并不具备作为传媒的独特性质。也有人认为网络既是媒体,又不是媒体。[②]另外由于互联网已具备了相当的规模,并产生了相当的影响力,因此又出现了把互联网称为继报刊、广播、电视等传统大众传媒之后新兴的"第四媒体"的说法。这一说法在 1998 年 5 月联合国新闻委员会召开的年会上正式得到使用,联合国秘书长安南在会议上指出:"在加强传统的文字和声像传播手段的同时,应利用最先进的第四媒体——互联网。"[③]

3.1.2 网络舆论概念的定义

为了给网络舆论下个定义,首先要了解舆论的定义。罗马尼亚剧作家奥·巴琅格曾这样描述舆论:他是个奇怪的人物,你可以在任何时间、所有地方遇到他,他无所不知,无所不察,什么事情也休想逃过他的眼睛,什么人也骗不了他。舆论似乎有无数的眼睛、无数的耳朵、无数的唇舌,

---

① 倪琳. 舆论观念在现代中国的兴起与演变 [N]. 浙江传媒学院学报, 2014, 21 (3): 92-97.
② 刘宏. 网络启示:后传播时代的到来 [M]. 周鸿铎. 网络传播与知识经济 [M]. 北京:北京广播学院出版社, 2001.
③ 谢海光. 互联网与思想政治工作概论 [M]. 上海:复旦大学出版社, 2000.

他无时无刻不在包围着人们的思想和行为。

从以上的描述可以看出：舆论是一种极为丰富和复杂的人类精神现象。目前人们对舆论的定义不一而足，尚无定论。美国报业巨子、舆论学的奠基者——沃尔特·李普曼在其著作《舆论学》中写道：舆论基本上就是对一些事实从道义上加以解释和经过整理的一种看法。《辞海》对舆论一词的注释为：舆论就是"众人的议论，……现多指群众的言论"。联合国教科文组织的专题报告《多种声音一个世界》中给舆论下的定义："舆论是一种常常难以进行确切的科学分析的集体现象，它是同人的社会性紧紧联系在一起的。但是舆论既不是暂时无变化的，也不是从地理角度上构成一个整体的。"《简明不列颠百科全书》对舆论这样定义："舆论是社会上值得注意的相当数量的人对一个特定问题表示的个人意见、态度和信念的汇集。"南京大学出版的《新知识词典》认为："舆论是指国家、集团、个人对某一事端或社会意识倾向所出现的议论旋涡，是意识思潮的一致性与分歧性的反映。它有着对政治、道德、经济、社会、意识的潜在权威性与评判性。"山西人民出版社出版的《舆论学概论》认为：舆论，是有相当的影响力，是再现社会集合意识并对社会某一事态有影响力的多数人的倾向性意见。还有学者认为舆论的定义应该简明、易懂，舆论就是公众的意见或群众的言论。不难看出，以上的各种观点有的是从舆论的主体角度强调舆论主体的多数性；有的是从舆论对象角度强调舆论对象是公众关心的社会问题；有的是从舆论与其他社会意识的关系的角度进行了区分；有的是从舆论的功能的角度说明与社会变革和社会发展的关系。尽管存在分歧，但都是从某一个或几个侧面揭示舆论的本质。仔细分析不同的观点还是有相同的认识：

（1）舆论必须要有一个焦点。如果没有一个大家关注并争议的焦点，舆论就是无本之源，不可能产生。

（2）舆论应该是公众的意见。一个人或少数人的意见构成不了舆论。

（3）舆论是不断发展变化的。舆论都有一个形成、发展、衰变的过程，并且可以从一个地区、国家向另一个地区、国家流动。

（4）舆论是一种巨大的社会精神力量。如今年某些地区曾出现的市民抢购板蓝根和白醋的事件就可以体现出舆论的巨大社会精神力量。

由于舆论是一种极为丰富和复杂的人类精神现象，要想给舆论下一个十分科学并规范的定义是非常困难的。综合以上几种观点的意见，我们可以这样给舆论下个简单的定义：舆论就是公众对某一焦点所表现出的有一定影响力的、带倾向性的意见或言论。至此，我们也就可以给网络舆论下一个简单的定义。网络舆论就是在互联网上传播的公众对某一焦点所表现出的有一定影响力的、带倾向性的意见或言论。

3.1.3 舆情及相关概念

"舆情"一词可追溯至唐末，《旧唐书·崔慎由列传》（卷一七七）记载，唐昭宗李晔在乾宁四年（公元897年）的一封诏书云："朕采于群议，询彼舆情，有冀小康，遂登大用"。[1] 意为皇帝采纳群臣的意见，了解老百姓的看法，不仅有益于国家安康，更将对进谏者委以重用。因"舆情"最初使用源自官方，出现在中国古代皇帝布告臣民的专用文书中，且将"舆情"与"群议"两个词对用[2]，所以在早期的语境中，"舆情"泛指民情民意，是天子善治的重要体现[3]。对此，我国的研究者对舆情使用主体的看法具有共识，即"舆情"的主体在精英群体之外，指普通老百姓的看法，而不是统治阶层的意见。从唐至清，"舆情"的基本含义得以延续，没有明显的变化。随之产生的舆情观念，也成为民本思想的重要体现，指管理者从老百姓那里获悉民间的情况、顺应百姓意愿之意，这种内涵被广泛借鉴在现代社会的概念界定中，如广义的舆情就是指社情民意。

现代汉语词典对舆论的释义为"众人的议论"，对舆情的释义为"群众的看法、意见"。对于"舆论"和"舆情"的区别，可以从"论"和"情"

---

[1] 王晓晖主编.舆情信息汇集分析机制研究[M].北京：学习出版社，2006.
[2] 冯希莹，王来华.舆情概念辨析[J].社会工作（学术版），2011（5）：83-87.
[3] 赵梦溪.舆情：概念的转型及其话语[J].新闻记者，2016（8）：59-64.

上进行解读。"论"偏重显性、明确的意见表达,"舆情"则指向态度或情感层面,包含潜在的或者显性的舆论的意见和态度。不仅是公开的公众意见,也包括了尚未公开的公众意见。现代语境下,"舆情"变成现代社会治理观念的一部分。然而,研究者对舆情的确切概念仍存在分歧。一是表现在界定的范围上,最早如王来华将"舆情"定义为"民众的社会政治态度",丁柏铨、叶国平等人的界定是"意见、态度、情绪的集合",即范围涉及社会生活的各个方面,并不囿于社会政治态度的范畴。最宽泛的是张克生等人的界定,认为"舆情"是客观的社会情况与主观的民众意愿的综合,即社情民意。

"舆情""舆论"另外一个分歧,是表现在周期时间维度的纵向范围上。一部分人认为,舆情是人们的认知、态度、情感和行为倾向的原初表露,当舆情产生聚集时就可以向舆论转化。其他则认为,舆情是认知、态度、情感和行为倾向,及其后续影响力的集合。对于一个热点事件来说,从它出现,到发酵,到舆论热议的顶峰,到慢慢退热,最后停息,整个过程中关于事件的讨论信息都属于该事件的舆情。结合我国舆情概念的使用语境,可表明舆情具有一定的政治性,它的主体是民众即普通百姓,是党与政府为了解民众情感与意愿,进而对政策方针进行调整而服务的。总体而言,"舆情"的内涵更接近民情或民声。网络舆情是以互联网为载体,以某一事件为核心,是网民的情感、态度、意见、观点的表达、传播与互动及其社会影响力的集合。网络舆情是较多网民对于特定的社会问题、公共事件、意识形态、道德等所表现出来的情绪、理念、意见、态度等的总和。随着互联网的飞速发展,网络舆情形成速度非常快而且对社会影响的日益巨大,被称为"第四媒体"的网络媒体的影响力已经远远超越了传统媒体如报纸、广播、电视,也使得传统媒体的发展步入了寒冬以及艰难的调整期。网络舆情的表现方式变化很快,早期主要表现为新闻评论、BB论坛、跟帖与转帖等,后来主要表现为博客、微博,当前的QQ、微信、抖音又成为了主要表现形式。

我国首部舆情基础理论的专著是《舆情研究概论》,作者王来华对舆情进行了定义：舆情是指在一定的社会空间内，围绕中介性社会事项的发生、发展和变化，作为主体的民众对作为客体的国家管理者产生和持有的社会政治态度。如果把中间的一些定语省略，舆情就是民众的社会政治态度。王来华还对另外几个概念进行解释：所谓舆情空间，是指民众的社会政治态度形成、变化和发生作用的情景或环境，是多层的、结构化的和复杂多变的，是主体、客体和空间中具有的其他基本因素之间的多维或多元的"互动"(即相互的刺激、影响和制约)的情境；中介性社会事项，是国家管理者的权力运行结果，是舆情的直接刺激物，包括国家管理者制定和推行的法律规章制度、各类方针政策、工作措施，也包括影响民众利益及主客体利益关系变化的事件、任务，甚至还包括国家管理者的工作成就和存在的各种问题等。① 这个定义又被称为狭义舆情，因为它把民众的意愿限定在民众的社会政治态度方面，是相对缩小的范围。但在作者看来，它所包含的民众与国家管理者之间的利益关系的基本含义就变得更加突出。该定义定位在民众主体对国家管理者客体的社会政治态度，认为"中介性社会事项"是否是舆情的刺激物。2006年初发生的"虐猫事件"，最早通过网络曝光，引起了广大网民强烈的愤慨。显然，这一事件完全属于"个人行为"，它既刺激了民众舆情的产生，也是舆情所指向的客体。需要肯定的是，王来华对舆情的这一定义的重要意义在于，他为我们揭示了舆情的核心内容，即民众的社会政治态度②。张克生在其专著《国家决策：机制与舆情》中认为，舆情可以认为是国家决策主体在决策活动中必然涉及的、关乎民众利益的民众生活(民情)、社会生产(民力)、民众中蕴含的知识和治理(民智)等社会客观情况，以及民众在认知、情感和意志基础上，对社会客观情况以及国家决策产生的主观社会政治态度。简单地讲，就是社会客观情况与民众主观意愿，即社

---

① 王来华.舆情研究概论 [M].天津：天津社会科学院出版社，2003：32.
② 刘毅.网络舆情研究概论 [M].天津：天津人民出版社，2007：17.

情民意。[1] 从以上定义可以看出，作为民众社会政治态度的狭义舆情是该定义的核心内容。显然，这一定义注意到狭义舆情定义外延过狭的问题，将舆情扩展到社会客观情况与民众主观意愿，即社情民意。但是，通过对舆情一词的词源学分析，舆情的"情"字应该理解为情绪，而并非情况之意。舆情是民众的情绪、意愿、意见、态度，这是对舆情最基本的认识。所以面对狭义定义进行扩展的焦点应该是舆情客体，这也是该定义没有注意到的。

王建龙认为，社会舆情是一定时期、一定范围的群众对社会现实的主观反映，是群体性的思想、心理、情绪、意见和要求的综合表现，是社会发展状况的温度计和晴雨表。它源于社会现实，具有相对独立性，有自身产生、发展、传播、变化的规律。社会舆情一旦产生，就具有波状扩散的传播特性，具有同类群体叠加反复、快速扩散的传播特点。社会舆情的涨落变化与社会矛盾运动相对应，不同群体既因各不相同的矛盾产生不同的舆情，又因不同时期矛盾的转变交替导致不同舆情的消长。[2] 该定义较完整地交代了舆情的主体、客体，以及主要构成要素，并且对舆情产生和变动的规律性做出了简单的阐述。因此，有人借鉴了该定义，认为舆情是指处于不同历史阶段的社会群体对某些社会现实和现象的主观反映，是群体性的意识、思想、意见和要求等的综合表现。[3] 但是该定义与前几个定义都存在一个问题，就是没有指出舆情区别于舆论的一般特征。

3.1.4 网络舆论的特征

分析网络舆论特征应从网络舆论的共性和个性两个方面来分析。所谓共性是指与其他传统媒体舆论一样都具有的共同的特征；所谓个性是指具有与传统媒体舆论不同的特征。

---

[1] 张克生.国家决策：机制与舆情[M].天津：天津社会科学院出版社，2004：17.
[2] 王建龙.把握社会舆情[J].瞭望，2002（20）.
[3] 毕竟.试论高技术传播时代的舆情警报[J].新闻记者，2006（4）.

(一)网络舆论与传统传媒舆论的共性

网络舆论虽然是一种在新兴媒体上传播的舆论,但它也是舆论的一种形式,也应具有在传统媒体上传播的其他形式舆论所具有的共同的特征即共性。

(1) 意识性

舆论就其形式而言是主观的,因为人们对事物的看法中总是倾注了自己的情感、意志和认识等主观性的因素;但是舆论是对客观事实、客观现象和现实问题的态度和意见,是对社会存在的反映,有什么样的社会存在就有什么样的社会舆论,因而舆论具有意识性。

(2) 历史性

舆论总是要受社会经济制度的制约,被社会生产方式所决定。处于不同社会地位的人们有着不同的思想和观念,有着不同的政治主张和政治倾向。任何形式的舆论都不可能是超时代、超社会的,网络舆论也是具体的、历史的,因而具有社会历史性。

(3) 评价性

舆论的评价性也可以说是舆论的方向性或倾向性。"舆论总是对于有争论性的问题而发的。无争论、无倾向性就不可能成为舆论。"[1] 舆论的评价性,是舆论的一个基本而又重要的属性和特征。舆论的各种职能,如监督、咨询、调节等功能,都是源于它的评价性。

(4) 公开性和传播性

舆论的公开性是舆论的又一个重要特征。舆论作为对社会问题的评价和判断,必须是以公开的方式表达的。没有一种舆论不是公开的,不存在"潜伏"的舆论。如果有意见而憋在肚子里不说,那至多是一种"腹议",或者说是一种社会情绪,构不成舆论。如果仅在熟人或家庭、朋友间隐蔽地传递,不吸引和影响广大公众也构不成舆论。舆论的形成和社会作用的发挥都是依赖于舆论的公开性和传播性而得以实现的。舆论之

---

[1] 甘惜分.新闻学原理[M].北京:中国人民大学出版社,1981:54.

所以具有重大的影响力,在很大程度上正是靠它的公开性。

(5) 自发性

政治、经济、法律、哲学等各种社会意识都是在长期的社会历史发展过程中经过思想家、理论家精心加工、整理出来的。舆论则是在公众中自发产生的。舆论的这种自发产生、自发传播和自发接受的特点是其他任何社会意识所不具有的。官方或组织的自上而下的"有意制造"的舆论其实也是对舆论的自发性特征的利用,并没有改变舆论的这一特征。自上而下的舆论表面上看来是有组织、有计划的、自觉的形式,但能否为大众所接受,最终却仍然要依赖舆论的本身的力量自发地发生作用。

(二) 网络舆论的个性

互联网,这一新兴的媒体之所以能抢占传统媒体的地盘,主要因为与传统媒体相比具有明显的优势:①信息的海量、专门性和快捷性;②信息传播的同时性、个人化和交互性;③声音、画面、文字的一体性。但是第四媒体也存在一些不足:缺乏严谨性、深刻性、权威性,没有"把关人",因而网络舆论又具有与广播、报刊、电视等舆论不同的特征。

(1) 丰富性

网络舆论的丰富性是指网络舆论内容无所不包、无所不及,庸俗化和灰色的舆论随处可见。如果说近现代工业文明带来全世界范围内的环境污染问题,那么当代的网络文明也在产生着无数的信息垃圾,而且正日益演变成信息污染。人类社会在尚未摆脱原有环境污染的困扰下,现在又不得不面临信息污染的挑战。网络是个自由发挥的空间,互联网内容包罗万象,各种文化类型、思想意识、价值观念、生活准则、道德规范都可以找到立足之地,由于缺乏相应的管理机制和措施,加上网络信息的海量,共享性和快捷性等原因,一些无用的、过时的、粗糙的、调侃的、反动的、色情的、迷信的、暴力的信息充斥互联网,以至于网络舆论内容五花八门、异常丰富。

(2) 复杂性

网络舆论的复杂性是指网络舆论混乱、无序、权威性、导向性不够,自觉舆论淹没在自发舆论的汪洋大海中。舆论根据其形式是自发还是自觉的、是有组织的还是没组织的，可以分为自发舆论和自觉舆论两大类。传统的广播、报刊杂志、电视电影媒体传播信息要受一定的国家、政党或社会组织的控制，现行法律也明确规定了相应的审查和控制方式，因而是以自觉舆论为主。互联网是个信息的海洋，要对网络发布或传输的信息完全进行监控是不可能的，同时又缺乏相应的法律依据，所以网络舆论主要以自发舆论为主，虽然网络上也有政党、社会组织的自觉舆论，但相对于大海般浩瀚的自发舆论来说，自觉舆论只能算得上大海中的一朵小浪花。

(3) 多元性

网络舆论的多元性是指网络舆论的意识形态呈多元化，西方渗透无处不在。每个国家、地区和民族，在其历史发展过程中，由于其自然条件、经济发展水平和政治制度等方面存在着差异，因而形成了各具特色的政治制度和意识形态。世界上存在着对立的社会政治制度和意识形态。成功的意识形态能够起到让人们认同现行社会政治制度，维护社会和国家稳定的作用。过去，由于地理位置的自然屏障作用，交通和通信技术相对落后，传统媒体的"把关人"的存在，恶意的政治信息难以入侵。随着网络传播媒体的发展，数字化的信息网络可以把任何信息转化为二进制的数字语言，从地球任何一个地方无限量地向另一个地方传输。当年西方传教士传播西方文明必须进行长途的艰苦跋涉，如今被直抵桌面的计算机网络取而代之。因为互联网四通八达，天然地域屏障已不复存在，互联网希望控制别人言论又不太现实，于是网络舆论的意识形态呈现多元化，西方意识形态政治制度、文化思想的渗透无处不在。

(4) 冲突性

网络舆论的冲突性是指网络舆论的伦理相对主义强化和伦理基础准则的冲突。网络是个虚拟的公共空间，网民上网具有私密性，网民在网上说什么，做什么都可以随心所欲，在网上似乎没有警察，没有监督、没有制约，这就造成了"网络社会"伦理相对主义强化（"你想什么就是什么"或"怎么样都行")。伦理基础准则有一定的地域性,但互联网却是全球范围内共享的,这就造成了在互联网上不同地域间的伦理基础准则相互冲突。譬如在某些国家和地区,道德上允许色情服务,在网上提供色情服务和信息无可非议,而在另外的国家和地区,道德上不允许色情服务,在网上提供色情服务和信息是要受到强烈的谴责和反对的。另外,因特网的跨地域、跨国界的性质同政府权力的管辖范围(地理上)疆界的矛盾,使得一些在实体世界属于违反法规而会受到制裁的行为,一旦移到网络空间,由谁充当制裁主体以及如何制裁搞不清楚。以上这些原因造成了网络舆论的伦理相对主义强化和伦理基础准则的冲突。

(5) 难控性

网络舆论的难控性是指在网络媒体上要对舆论进行控制是比较困难的。对于传统大众传播媒体的舆论控制并不难实施。各国政府通过规定大众传播体制,制定有关法律、法规和政策,分配传播资源,对创办新媒体审核登记,限制或禁止某些信息内容的传播等来规范大众传播。所以说对传统新闻媒介来说,由于"把关人"的存在,舆论的控制是不难做到的。然而互联网是高度开放的空间,出于资源共享的需要,传播的多个信息出口都不受新闻出版部门审批。在网络上匿名发送邮件、参加BBS讨论都相当容易,电子邮件也极易被人截取、更改和伪造。网络媒体的开放性,理论上使每一个人都成为"新闻发布者"。对于数量庞大的因特网用户,对舆论生成阶段以及传播的控制是很难把握的,不可能在"信息高速公路"上检查每一言论,更不可能对其做出全面的评价,这就使得网络舆论控制变得复杂和难以操作。网络舆论的难控性是网络舆论个性中最重要的一个特征。网络舆论的其他特征,如丰富性、复杂性、多元性、冲突性等都是由难控性派生出来的。

3.1.5 网络舆情的概念界定

综上分析,舆情是由个人以及各种社会群体构成的公众,在一定的立式阶段和社会空间内,对自己关心或与自身利益紧密相关的各种公共事务所持有的多种情绪、意愿、态度和意见交错的总和。这个定义有以下几个特点：

（1）定义中"以个人以及各种社会群体构成的公众"作为舆情主体，既突出了舆情是一种个人的心理反应过程，也说明它的产生和变化受到群体心理的影响。

（2）舆情的客体是公共事务，包括了社会事情、社会热点问题、社会冲突、社会活动，也包括公众人物的所言所行等，这些不仅是所谓的国家管理者权力运行的直接结果。只有公众关心的或与自身利益紧密相关的公共事务，才能激发舆情的产生。它不仅是舆情的具体指向，也是舆情产生的刺激源。

（3）舆情的本体是多种情绪、意愿、态度和意见交错的总和。这一界定表明，舆情往往呈现出错综复杂的状态，多种不同的情绪、意愿、态度和意见常常交织在一起，互相碰撞和影响。

（4）舆情的产生和变化是在具体的时空中进行的。除了舆情以外，"舆情信息"这一概念近年来也被频繁使用，人们对其含义的理解同样较为含混。在日常生活、学习和工作中，虽然我们经常引用"信息"这个概念，但是对它的确切含义并不清楚。综观人们对信息的认识历史，可以发现信息概念不下百种。钟义信在《信息与科学原理》中对各种观点进行了归纳分析后，提出了他对信息的认识。他认为，"本体论层次"上定义的信息是最广义的信息，它可以被认为是事物存在的方式和运动状态的表现形式。这里的"事物"泛指存在于人类社会、思维活动和自然界中一切可能的对象。"存在方式"指事物的内部结构和外部联系。"运动"泛指一切意义上的变化，包括机械的、物理的、化学的、生物的、思维的和社会的活动。"运动状态"则是指事物在时间和空间上变化所展示的特征、态势和规律。由于与中间的一切事物都有其特定的存在方式和运动状态，因而一切事物都在不断地产生信息，而且是不同的信息。①

---

① 钟义信.信息与科学原理[M].北京：北京邮电大学出版社，1996.

如果考虑到信息的产生、认识、获取和利用离不开主体——人，并且必须从主体的立场来定义信息，那么，"本体论层次"的信息定义就转化为"认识论层次"的信息定义。在认识论层次上，我们可以将信息定义为：主体所感知或表述的事物存在的方式和运动状态。这里，主体所感知的是外部世界向主体输入的信息。显然，在引入了"主体"这个约束条件后，信息定义的范围变窄了。[①]

结合以上对"信息"的理解，舆情信息应该是属于认识论范围的信息，它是通过物质载体记录和表达的，能够反映公众情绪、意愿、态度或意见的语言、符号、数据、消息，也包括那些以非记录形式存在的口头言论、表情、行为举止等，它经过产生、传递、交流，通过分析应用于决策活动。显然，舆情作为一种情绪、意愿、态度和意见是不能被直接测度的。通过对舆情信息的收集和分析，可以挖掘和推论其中所含舆情的内容、指向和强度，达到服务决策活动的目的。[②]

通过对"舆情"和"舆情信息"的分析，"网络舆情"的概念也就清楚了许多。首先，"网络"即互联网，网络舆情就是通过互联网这个载体表达和传播的各种不同声音、态度、意见交错的总和。而"网络舆情信息"则是民众在互联网上发布和传播的能够反映民众舆情的文字、图像、音频、视频等，往往是以文字形式为主。"网络舆情"也是源于现实，只是人们将表达和传播舆情的场所或渠道拓展到了互联网上。由于互联网的一些传播特性，使得网络舆情在表达和传播的过程中呈现出一些区别于现实舆情的特点。

3.2 网络舆情的要素特征

网络舆情主体是指发起、参与、形成舆情活动的人，即网民是网络

[①] 刘毅. 网络舆情研究概论［M］. 天津：天津人民出版社，2007：53.
[②] 刘毅. 网络舆情研究概论［M］. 天津：天津人民出版社，2007：53.

舆情的主体。"网民"的概念最初源于米切尔·霍本（Michael Hauben），他认为网民是一群具有社区意识的、彼此之间发生行为联系的网络使用者，而这里的社区并非以一般意义上的地理区域来划分。而新闻学研究者则认为，网民指网络信息的传播者与接收者，其发布和传播信息的方式主要有BBS论坛、电子邮件、网上聊天等。社会学研究者认为，那些被社区所接受并获得社区授予的合法"居民"资格（如获得有合法效力的账户名与电子邮件）的网络参与者就是网民①。而中国互联网络信息中心（CNNIC）则提出了一个简洁的概念，网民即互联网网民，也就是每周使用互联网时间不少于1小时的中国公民，包括使用互联网的个人或群体。根据本文研究的目的与内容，笔者认为，网络舆情主体就是借助于互联网工具，就某一社会热点或者突发事件发表自己的评论性意见，进而影响社会舆论的网民。

（1）网络舆情主体的类型

参与网络讨论或发表意见的网民，出发点各异，也具有不同的特点，对网络舆情主体的分类也较多②。本书根据网民对网络舆情议题的作用可以分为开创者、促进者、控制者、分析者。

①网络舆情的开创者主要是通过原创发起舆情议题，或者对舆情事件发表独到见解，从而推动舆情发展。

②网络舆情的促进者主要是通过支持开创者或者积极参与讨论，从而推进舆情议题演进。

③网络舆情的控制者一般会保持相对沉默，不会有过激语言，但是他们的"注意力"会对网络舆情的议题产生很大的促动效果。

④网络舆情的分析者则通常会利用数据、图片、视频等证据来验证"真相"，分析舆情事件背后的东西，从而在事实上会推动网络舆情的演

---

① 匡文波. 网民分析 [M]. 北京：北京大学出版社，2003：1.
② 如根据网民需要可以分为：发表真知灼见而满足自身的成就感"自我实现型"、想了解现实社会真实状态的"监测环境型"、探索事件真相的"追问溯源型"、纯粹的"恶作剧型"等；根据主体之间权利关系可以分为：意见领袖、意见领袖的追随者、意见领袖的反对者以及沉默者。

进。[①]

(2) 网络舆情主体的特征

网络社会的舆情主体是现实社会的舆情主体的一部分,其网络言行与后者既有一定的关联性,也存在较大的差异性。

①网络舆情主体与现实社会舆情主体的交叉和重构。现实社会中的居民可以被归类为不同的阶级、阶层和社会团体、利益集团等,如工人、农民、学生,流动人口、固定人口,大学生、高中生、小学生等。而且每一个群体都是可以同时属于几个不同的类群组织,这些组织可能是有组织的,也可能是松散的,甚至只是一种概念上的组织。每个不同的阶级、阶层、社会团体或利益集团,都存在不同的利益诉求,以及诉求自身利益的方式。网络社会主体即网民也是现实社会中的成员,他们也是按照不同的兴趣爱好、利益诉求、价值理念、共同背景而被配置在不同的网络社区,并由此形成各自的规模不一、影响范围与能力各异的网络社区。每个网络社区的"居民"就是网络社会的"新群体",而网络社会中的舆情就包括了"新社会群体"的态度、意愿、倾向、情绪等。这些网络社会群体成员同时兼具网络社会与现实社会成员的双重身份。事实上,由于现实社会中存在的种种障碍以及文化、意识形态的影响,现实社会中网络主体的情绪、意愿、不满足、愤怒等常常无法正常表达,而网络社会正好为其提供了对现实社会的重构的机会[②]。

此外,网络社会的舆情主体一般会小于现实社会的舆情主体规模,因为中国的数据统计显示,截至2015年12月末,网民数占各省人口总数的比重最高的北京也只有76.5%,而最低的云南省只有37.4%;而且网民月收入在3001~5000元的群体占比较高,达到23.4%,月收入在2001~3000元的为18.4%,而2015年相对于2014年月收入在3000元以

[①] 王晓磊. 网络舆情主体特征及其影响分析 [D]. 辽宁大学硕士论文, 2011.
[②] 毕宏音. 网民的网络舆情主体特征研究 [J]. 广西社会科学, 2008 (7).

上的网民人群提高了 5.4%。① 数据显示，现实社会中社会地位较高、收入水平较高、学历较高的居民与网络社会的舆情主体存在一定重叠。同时，现实社会的舆情主体由于各种压力而经常无法直接表达自己的意见时，很可能会转而进入网络社会重构自己的网络舆情主体身份与形象，利用网络社会的虚拟性来表达自己在现实社会中无法表达的意见。由此可知，网络舆情只能代表一部分现实社会中的民意。

②网络舆情主体借助网络媒体来表达舆情。网民舆情主体对舆情的表达虽然也依靠文字、图像、视频乃至行为来表达，但是他们与现实社会主体的舆情表达存在最大的差异就是，通过互联网来表达自己的意见与观点。其利用互联网的载体形式则有论坛 BBS（如天涯杂谈、凯迪猫眼看人、新浪杂谈等）、新闻跟帖、QQ、微博、微信等，不但节省了纸张的使用，而且能够实现公开、双向的即时互动，甚至有些舆情还会延伸至现实社会，引起现实社会主体的反应。如云南发生的"躲猫猫事件"、陕西"表哥事件"、哈尔滨"天价鱼事件"等，并引起了主流媒体的关注乃至官方的回应与行动。网民在表达舆情时为了便捷快速地交流，经常会创造出很多网络特有的缩略词汇或者带有特定含义的词汇，如"打酱油""不明觉厉""斑竹"等，而且这种造词运动一直在持续并已经对现实语言产生了深刻影响。截至 2015 年底，中国网民中使用即时通信的达到 6.24 亿人，占网民使用率的 90.7%；使用搜索引擎的达到 5.66 亿人，占网民使用率的 82.3%；浏览网络新闻的达到 5.64 亿人，占网民使用率的 82.0%；使用电子邮件的达到 2.58 亿人，占网民使用率的 37.6%；使用论坛 BBS 的，达到 1.19 亿人，占网民使用率的 17.3%。② 随着互联网使用的便捷性与安全性增加，以及其对现实社会影响力的扩张，越来越多的现实社会主体使用互联网来表达个体对公共事务的情绪、意见和态度，也进而推动了网络社会的发展与意见的扩张。而且在网络环境下，现实社会中的

---

① 数据来源：中国互联网络发展状况统计报告，2016 年 1 月。
② 数据来源：中国互联网络发展状况统计报告，2016 年 1 月。

主体失去了其自己身份上的各种标签，无论阶层差异、贫富差异、职业差异、教育背景差异等，都可以平等的身份匿名地在网络中发表自己的意见，获取与传播信息。正是因为网络社会中信息无障碍地流动，激励了网络社会主体可以畅所欲言，丰富与繁荣了网络社会的信息。进一步地，网络社会中传播主体之间的平等也使得过去存在的政府与网民之间的信息不对称性得到极大改善，政府与媒体垄断话语权的时代彻底消失。

③网络舆情主体因社会舆情议题而聚合与互动。处于快速变革时期的现实社会每天都会发生很多性质、类型不同的个体事件或者公共事件。其中有一些事件会触动网民敏感的神经，如教育、医疗、养老、社会管理、社会道德、收入差距等民生问题，经常会引发众多网友的围观与评论，如深圳的孙志刚案件、哈尔滨天价鱼事件等。而一些社会知名人士如官员、学者、明星等网络社会达人，经常会拥有众多粉丝，经由他们加持的网络舆情会得到更多人的关注与围观。而QQ、微博、微信等微内容信息的便捷快播也在技术上推动了网络舆情的升温。一旦网络信息得到众多网民的关注，能够迅速引发信息的裂变，不但在网络空间中爆发开来，也会引起传统媒体如报纸、电视的关注。其中，网络舆情主体充分利用了网络社会中信息发布的无障碍、网络技术开发的可扩展性，从而使得网络舆情主体掌控了网络话语权。掌控了网络话语权的网络舆情主体可以控制网络舆情的演进，推动舆论发展。现实数据也证实了网络舆情在舆情演进中的重要性，如2009年有23起是由网络首先爆料的重大社会事件，约占全部事件的30%。[①]

3.2.1 网络舆情场域

"场域"源于物理学中关于"场"的形象概念，后来被引入人文学科和社会学科并引发极大关注和借鉴。法国社会学家皮埃尔·布迪厄认为，

---

① 2010年社会蓝皮书——中国社会形势分析与预测［M］.北京：社会科学文献出版社，2009：246-252.

场是以各种社会关系连接起来的、表现形式多样的社会场合和社会领域，它是在各种位置之间存在的客观关系的一个网络或一个构型。场的概念也被广泛应用于媒介和舆论研究中，喻国明提出了"舆论场"概念，认为舆论场包含若干相互刺激因素，从而使许多人在相互影响与作用后能够达成"共同意见"的时间与空间环境。

近年来，为实现网络舆情的全方位分析，对网络舆情主客观特征的交叉分析和整合揭示，不少研究者将"场"的概念引入，开启了整合定性与定量、部分与整体、微观与宏观研究的新视角。作为一个物理学中的概念，最早是由传播学角度引入。1978 年，德国学者 G. Maletzke 便提出大众传播场模式去探索传播者、受传者、信息、媒介四者发生的变化对传播效果带来的影响。我国研究者将"场"论引入时，多使用"舆论"一词。首次进行概念定义的是聂德民（2013），他认为网络舆论场是网络空间和社会所特有的一个时空环境，与现实社会场交互作用，是现实社会的释放场和监控场，场内充满了权利与资本的争夺。余秀才（2010）从场理论的构成角度出发，在西方学者相关理论基础上，认为网络舆论场由新媒介场、心理场和社会场交汇而成[①]。黄微等（2016）从场的形成机理角度，将心理学格式塔心理学派中的"心物场"概念内涵嫁接至网络舆论场，认为客观社会环境与主观心理环境所蕴含的力以网络环境为媒介互相作用，三场耦合形成了网络舆情场[②]。

网络舆情首先产生于客观环境中，是社会环境矛盾与问题的显现，经民众自身的认知经历与情感倾向的内化，并触发一定网络行为，借助于网络载体得到扩散。网络舆情场的形成是受众体面对信息体刺激的应激反应过程，是受众体对客观现实的认知与再认知过程。社会事项的尖锐程度影响着网络舆情场的形成规模，反之网络舆情场的不断发酵也必然

[①] 余秀才. 网络舆论场的构成及其研究方法探析——试述西方学者的"场"论对中国网络舆论场研究带来的启示 [N]. 现代传播（中国传媒大学学报），2010（5）：120-123.
[②] 黄微，高俊峰，滕广青. 网络舆情场形成与极性演化机理研究 [J]. 情报理论与实践，2016，39（12）：19-24.

会影响舆情事项的演变方向[①]。主观的"心理场"和客观的"社会物质场"通过"信息"完成交互,这个信息即网络舆情信息。网络舆情信息是指通过对网络舆情进行汇集和分析而采集到的信息[②]。它是网络舆情的本体,是公民社会政治态度在网络空间的表达传播,具体外在表征为新闻、发帖、回复、评论等,以网络言论与网络行为两种形态存在[③]。网络舆情的分析与治理的关键环节在于对网络泛在的舆情信息进行精准分析[④]。

从系统思维来看,网络舆情具有复杂系统很多特征:

一是数量庞大。当前,我国的网民总数已超过6.5亿人,他们活跃在不同的舆情场域,其结构的复杂性难以描述。网络舆情场域海量网民及其复杂关系是构成复杂网络的基础条件。

二是网络社群。基于门户新闻网站、社交网络尤其是"两微一端"所形成的粉丝群、朋友圈等共同建构了纷繁芜杂的网络舆情子系统,这些子系统随机分布、复杂链接、无限关联。

三是耗散结构。网络舆情系统是在与外界不断进行信息和意见交换的开放过程中实现的。在同外部的联系和沟通中、信息流的输入和输出中,从无序走向有序。

四是动态性。网络舆情的主体、载体、议题、烈度、动力、空间在持续的变化中,使得网络舆情系统极其具有动态感。对于开放的网络舆情系统而言,公众对某一事件、话题的情绪、态度和意见不仅是多元的,而且在群体极化的作用下很容易分化,进而形成不同的"阵营""派别"和"圈子",总是处于此消彼长、不断变化动态演进当中。

五是不确定性。在网络舆情的演进过程中,网络舆情的路径和态势无

[①] 黄微,高俊峰,滕广青.网络舆情场形成与极性演化机理研究[J].情报理论与实践,2016,39(12):19-24.
[②] 曾润喜.网络舆情信息资源共享研究[J].情报杂志,2009,28(8):187-191.
[③] 黄微,高俊峰,滕广青.网络舆情场形成与极性演化机理研究[J].情报理论与实践,2016,39(12):19-24.
[④] 宋先智,黄微,高俊峰.网络舆情场中信息受众观点测度的机理及路径分析[J].图书情报工作,2018,62(2):100-107.

法预测、无法把关、无法控制。偶然因素会带来很大影响，某一参数达到混沌区的临界值往往发生突变，随时发生"蝴蝶效应"。

六是自组织。网络舆情系统无法实现中央控制，虽然有各级各类舆情监管部门，但实际上都无法实现对整个网络舆情的发展变化的控制。虽然有多重力量在进行引导，但还是无法掌控舆论的进程和走向。

网络舆情的主体特征、网络舆情的载体变迁、网络舆情的外部环境变化共同构成了复杂性网络舆情场域，而且网络舆情系统呈现越来越复杂的态势。复杂性不同于线性、均衡、简单还原的传统范式，这既是网络技术发展巨大所带来的一贯不确定性，也使得网络舆情的演进充满更多的风险和变数。

3.2.2 网络舆情的要素特征

从概念上可以看出，网络舆情有三大基本要素：网络为载体，事件为核心，广大网民为主体。网络舆情主体是网民，此主体既包括个人也包括社会组织，但延续中国古代的舆情使用语境，不包括官方运营者。网络舆情的引发就本质而言是现实社会矛盾在网络社会的再现，这是网络舆情产生的根本原因。因此，网络舆情的客体与传统舆情相似，都是人们感兴趣或涉及其切身利益的政府公共事务及其他社会公共事务[①]。

（1）互联网载体

从现阶段的发展趋势上看，网络舆情已经在舆情的基础上产生了很多新的外延，具有了鲜明的技术烙印。随着我国互联网宽带接入端口数量的增加、高速率宽带接入能力的提高，互联网普及率也呈快速发展的趋势。特别是近年来，移动电话基站净增数率创新高，通信基础设施快速完善，移动用户数量也快速增长。网络通信技术带来哪些变化，信息的传播就打破了哪些限制。通信网络的强即时性、信息的海量性且多媒体

---

① 李超民，何宛怿. 网络舆情与网络舆论的内涵阐释、演化机理及应对方法［J］. 晋阳学刊，2018（2）：81-89，110.

化、高度开放与互联等特性，使得信息传播的效率极高。

1999年，《人民日报》上一篇文章"你上网了吗？"，列举了网络媒体的十大特性，即速度快、容量大、范围广、可检索、可复制、多媒体、超文本、交互性、导航性、可靠性。这些特性，许多和传统媒体是相同的。其中，可复制、可检索、超文本和可交互是互联网媒体作为新一代的媒体，真正属于自己的特性。互联网媒体家族，依次经历了电子邮件、门户网站、BBS论坛、个人主页、QQ群、博客、微博、手机等移动终端和APP，到近年来的微信朋友圈、公众号、移动直播等阶段，互联网媒体从BBS论坛起步迅速成长，特别是微博、朋友圈、直播等平台，将群体传播和大众传播发挥到极致。通信技术导致传播形态的变化，交互属性却贯穿始终，这个最本质、带有基因性质的特性，使得互联网代替单一输入型的报纸、广播、电视台，成为媒体传播形式的最高地，信息传播的世道"变了"。

互联网引起的变革，在网络舆情方面主要表现为信息本体的变化。网络信息的即时性、海量性、多媒体性、互动性等多种特性，对传统舆情的生成模式、组织结构、传播路径等受到了互联网的强烈冲击和挑战。互联网及其引发的信息革命，不仅深刻改变了人类的生产生活方式，还重新建构了我们的社会形态和交往权力关系。近些年风靡的自媒体和社会化网络，更是消除了限制公众表达的阻碍，促进了公共话语权的迁移，改变了传统话语权的非对称关系，导致新旧媒体交互影响、官民舆论对峙博弈、舆论表达多元复杂成为当下中国舆论格局的典型写照[1]。人际关系的组织动员结构或被网络社会的互动模式所代替，不仅话语权极度分散，民意也得到极大释放，这使得网络舆情的模式和表现形态呈现新的范式。

（2）匿名言论直接性强

目前互联网对网民获取虚拟社区的"身份"很多都不需要实名制，而

---

[1] 葛自发，王保华. 从博弈走向共鸣：自媒体时代的网络舆论治理［N］. 现代传播（中国传媒大学学报），2017，39（8）：140-144.

是由申请者虚拟身份,由此匿名的好处就是在有关论坛、QQ 等网络空间表达意见时能够自由、真实,畅所欲言,也就会能够真实地表达社会舆情。时常地,一些在网络上价值、理念、意见不一致的网民还会将论战延伸到现实社会中,并引起媒体与网民的围观。

(3) 舆情的突发性强

现实社会中的热点事件或者突发的民生事件,经过网络发酵后,再加上网民个体价值偏向与情绪化的影响,网民会很快地集中发表意见与评论,很容易很快就席卷网络社会与现实社会,甚至会影响到政府。特别是,网络社会与现实社会的互动,更加强化了突发事件的舆情爆发力,如江西宜黄拆迁案就是典型的案件之一。

(4) 舆情议题广泛

网络舆情讨论的主题很广泛,包括政治、经济、文化、军事、外交以及民生等,但是民生问题如教育、医疗、养老、反腐败等是议题的主体。事实上,网络舆情的议题很多时候都是随机产生的,有的甚至是网民随意地将自身的不愉快经历写出来并通过网络信息传播来吐槽,抒发自己的不满,一旦受到网民关注后,很容易引发全国性的网民关注的议题,如 2016 年哈尔滨"天价鱼"事件就是由被强制欺骗的消费者表达不满而最终引起的全国性轰动事件。有数据显示,对于网络舆情的围观网民,其职业、阶层是十分广泛的,几乎是分布于社会各阶层与各个领域。

(5) 网民互动热烈

互联网上的网民都会按照自己的兴趣进入各自的"社区",在各社区内部,网民们经常会找到共同的谈话焦点,通过吐槽、发表评论、转发信息而相互交流,在一些互联网社区中,网民参与意识很强烈,彼此会共同讨论、争论或者针锋相对。确实地,在网民的讨论中不乏一些真知灼见,有些评论意见甚至不输专业人士的观点与建议。

(6) 信息精度较差

互联网上的社区是虚拟的,网民的情绪、素质、环境各有差异,有些网民会将自己进入的社区当作自己的"家",所发信息纯粹是发泄情绪,由此难免保证网民传播信息的真实性。更极端地，甚至会出现一些庸俗、灰色乃至反动的言论，尤其是一些具有类似经历的网民很容易产生共鸣效应，进而可能会引发有害舆论，具有很强的煽动性和破坏性。①

3.2.3 网络舆情功能

网络社会的一个最重要结构性特征是网络舆情的建构，网络舆情迥异于传统意义上的舆情，就当下中国风险社会语境而言，我们有必要正视并重估网络舆情的现实价值和功能。当下的中国是世界最大的发展中国家，也是世界最大的转型中社会，我们正面临着从引进来到走出去的转型，从传统社会向现代社会的转型，从文化自卑向文化自信的转型等。其间，网络舆情可以呈现其积极的历史价值，即把网络舆情视为制衡机制、预警机制、协商机制和抚慰机制的存在。

（1）网络舆情是一种制衡机制

网络舆情承载了不同社会阶层、不同利益主体的诉求、表达和关切。不可否认，网络舆情容易引发社会冲突。社会冲突现象存在于人类社会始终，不过冲突不一定就是不好的事情，也许这就是社会富有活力的标志。美国社会学家刘易斯·科塞认为，源于人们信仰、价值观的差异，并通过资源配置、地位获取、权力分配上的斗争表现出来，其中对现有制度安排不满和失望的一部分人有着更大的冲突动机。但是如果这些冲突是在社会基本价值观框架内运行，则不但无害反而可能有益。社会冲突是一个社会中重要的平衡机制。社会冲突可以让社会与群体自行整合；社会冲突可以让社会与群体趋于稳定；社会冲突可以促进新的社会和群体生成；社会冲突可以激发新的文化范式生成。

英国哲学家霍布斯曾说过，人类崇拜权力并对其进行永恒的追求，除非死亡否则不会停止。②孟德斯鸠曾提出："要防止滥用权力，就必须以

---

① 姜胜洪.试论网上舆情的传播途径、特点及其现状 [J].社科纵横，2008（1）.
② 霍布斯·利维坦 [M].北京：商务印书馆，1986：72.

权力制约权力。"① 在中国的形象比喻是:"将老虎关进笼子里",使其不得施展淫威、引发恐慌乃至祸害社会。不管是洛克、孟德斯鸠、霍布斯等西方学者提出的权力制衡思想,还是马克思提出的只有人民监督才能实现对权力的有效制约的观点,要义都在于权力只有受到制约,才能合法性行使。"让权力运行在阳光下"借助网络舆情得以更好地实现。网络舆情监督的出现,有力推进了中国社会的政治民主、信息公开,对预防和惩治腐败产生了积极作用。

(2) 网络舆情是一种预警机制

大众传播媒体具有环境监视的功能,网络舆情也可以监视环境。借助网络舆情可以发现社会热点和焦点问题进行及时引导和干预,防止事态扩大;借助网络舆情可以发现苗头性、倾向性的集群行动并进行及时处置,避免社会震荡。网络舆情作为一种预警机制,同"地质灾害预警""气象预警"等自然类的预警相对应,是一种社会类的预警。在政府和商业的网络舆情监测系统里,预警一般都是很重要的子模块。网络舆情的预警功能借助网络舆情事件激活。2003年3月17日晚上,刚到广州打工的湖北某高校毕业生孙志刚因为没有随身携带暂住证和身份证,被警察送至广州市"三无"人员(即无身份证、无暂住证、无用工证明的外来人员)收容遣送中转站。第二天,孙志刚就被送往另外一家收容人员救治站。此间孙志刚受到工作人员和同类人员的殴打和折磨并不治身亡。由于孙志刚不仅不是流浪汉而且还是刚出校门的大学生,孙志刚事件经媒体曝光后,震动整个中国社会,引发高层领导关注和反思。孙志刚事件暴露出了中国城乡二元结构对立、公民自由迁徙权、违宪审查机制等问题,在网络上引发了对收容遣送制度的大讨论,最后国务院出台了新的《城市生活无着的流浪乞讨人员救助管理办法》,体现了对人格尊严的尊重、对公民权利的保障。

从风险社会的视角看,网络舆情的环境监视功能,最主要的作用是可

---

① 孟德斯鸠. 论法的精神 [M]. 北京:商务印书馆,1986.

以通过其实现对社会风险的有效监测、管理和控制，进而让政府和民众更好地感知风险和规避风险，避免社会动荡和社会危机。

(3) 网络舆情是一种协商机制

网络社会的崛起，为公民社会思想的传播和扩散提供了更加便捷的通道。公民权利保护、公共权力监督、公共道德伸张和公共秩序维护等都是网络舆情的重要内容。以维护个人正当权益、追求公平正义等为诉求的网络舆情事件频发。互联网成为实践"公民社会"理想新场域，部分学者将其视作自己的价值追求。网络为社会公众开辟了空前自由和广阔的舆论空间，网络舆情给社情民意的多元表达和释放提供了出口，提供了社会公众获得参与管理、表达意见、参与监督的重要场域。

网络舆情进入决策过程。决策学家西蒙认为，没有足够有效的信息支持，就不会产生最优化抉择。计算机及相关技术有助于人类决策的理性化。网络舆情主体的匿名性，让公众能够言为心声，有一说一，有二说二，不藏着掖着；网络舆情本体的多元性，让决策者能够收集到广泛而全面的信息，从而逃脱决策的"理性"局限。网络舆情可以进入决策过程，为决策提供参考，但我们还要提防片面的、不真实的舆情所带来的错误决策。

网络舆情助力协商民主。协商民主是20世纪90年代兴起的民主理论，突出商议在政治生活中的重要地位，协商包括相关利益主体进行充分的对话、商谈、辩论等形式多样的沟通活动，是一个意见的充分交换过程。协商既是民主决策的重要基础，也是民主生活的生动实践，更有利于增强政治合法性和社会凝聚力。网络舆情的传播构筑了公民之间、公民与组织之间、公民与政府之间参与政治沟通的网络新通道，让协商式民主在中国能够更好地进行推进。

(4) 网络舆情是一种抚慰机制

网络舆情是一种特殊的交往形式，各种社会关系、各种心理因素都交织、投射到这个系统。网络舆情具有双向功能，可以激化矛盾也可以化解矛盾；可以摧毁形象也可以建构形象；可以导致心理失衡也可以抚慰情绪,这都有赖于对网络舆情的正视和利用、管控和引导。

从心理学的角度来看,一个人的情绪在受到压抑后不会无端消失,有时候会产生累积效应,压抑得越厉害,反弹得越强烈,最终也许会走向崩溃的境地。20世纪60年代,美国社会学家L.A.科塞提出"安全阀"理论。他根据锅炉里过量的蒸汽通过安全阀适时排出就不会发生爆炸的原理,得出敌对的情绪通过适当的途径进行发泄和转移,就不会招致冲突的结论。"安全阀"理论有利于维持社会稳定,有利于促进社会协调发展和良性运行。

伴随科技进步,社会发展、工作和生活的节奏加快,个体的压力感、紧张感、疏离感、孤独感和恐慌感不断加大,网络为人们提供了一个尽情宣泄的空间。社会代偿机制不健全,特别是弱势群体、草根阶层的话语权在现实社会生活中难以得到有效实现,网络就承载着社会安全阀的功能。生活中的不如意、社会上的不公平、政治上的不满意都可以通过发帖子、写博文、写评论等方式找到出口,甚至引发共鸣和回馈,实现释放紧张情绪、消除恐慌心理、缓解焦虑感无力感的减压效果。网民在这里"互掐""骂娘""撒野""低俗""恶搞""吐槽"等,应该能够为一个富于包容性的健全社会所接受。虚拟空间的发泄性代偿总比现实的社会冲突代价低得多。[①]从这个意义上讲,网络舆情可以有效遏制弱势群体、草根阶层由不满情绪直接走上街头抗议或者诉诸具体行动。

基于网络舆情的积极意义和实际功用,善待、善用、善管网络舆情,因势利导,为我所用,有可能将其转化为后发优势的重要内容之一。所谓"后发优势",也常常被称作"落后得益""落后的优势""落后的有利性"等。在总结德国、意大利等国经济追赶成功经验的基础后,美国经济学家格申克龙于1962年创立了后发优势理论,是指后发国家在经济追赶、社会转型时所具备的特殊有利条件。后发优势涉及的主要是时间维度。如果我们能够建构良好的网络舆情生态,并发挥网络舆情的制衡机

---

① http://alpaper.people.com.cnlrmltJhtml/2009-08/01/content—313943.html.

制、预警机制、协商机制和抚慰机制功能，基于风险社会视角，实现对网络舆情的有效治理，网络舆情不仅能够消解中国社会发展的各种风险，而且可以成为推动社会发展的重要因素。

3.3 新媒体网络舆情

新浪发布的《2017未来媒体趋势报告》指出，手机应用、新内容时代、全平台挑战已成为未来新媒体趋势[1]。在新媒体环境下，网民纷纷使用手机、iPad 等移动工具端进行信息的共享和传播，用户舆情传播行为发生了深刻的变化。与传统媒体相比，新媒体环境下的网络舆情具有传播速度快、覆盖面广、监管更为困难等特点[2]。因而，新媒体环境下的网络舆情研究成为当前网络舆情监管和舆情引导的重要议题[3]。国内外学者近几年针对新媒体环境下网络舆情进行了相关研究。Heo[4] 等对新媒体环境下公民的政务舆情进行了研究，结果表明多数公民充分利用新媒体参与政治话题的解读。Steenkamp[5] 等对网民使用新媒体参与网络舆情传播的行为进行了分析，发现虽然网民纷纷使用新媒体分享社会事务信息，但相关舆情管理机构却没有充分利用新媒体优势进行舆情引导。Whitman Cobb[6] 利用大数据工具来帮助衡量公众舆论，并分析了两种可

---

[1] 新浪新闻. 2017 未来媒体趋势报告［EB/OL］. [2017-01-17]. http：//weibo.com/ttarticle/p/show?id=2309614035496501245898.
[2] 王晰巍，赵丹，张长亮等. 基于社会网络的新媒体网络舆情信息传播研究——以反腐倡廉话题为例［J］. 情报杂志, 2016, 35（3）：102-110.
[3] Keelan J, Pavri V, Balakrishnan R, et al. An analysis of the Human Papilloma Virus vaccine debate on MySpace blogs［J］. Vaccine, 2010, 28（6）：1535-1540.
[4] Heo Y C, Park J Y, Kim J Y, et al. The emerging viewertariat in South Korea：The Seoul mayoral TV debate on Twitter, Facebook, and blogs［J］. Telematics and Informatics, 2016, 33（2）：570-583.
[5] Steenkamp M, Hyde-Clarke N. The use of Facebook for political commentary in South Africa[J]. Telematics and Informatics, 2014, 31（1）：91-97.
[6] Whitman Cobb W N. Trending now：Using big data to examine public opinion of space policy[J]. Space Policy, 2015, 32：11-16.

供公众舆情分析的新媒体工具。Merino[①] 从新媒体的传播媒介和科学评价工具角度对社会网络在舆情传播中的作用进行了研究,指出理论界应深入展开新媒体网络舆情研究。国内学者邓滢等[②] 以雾霾天气为例,基于社会涟漪效应的风险放大理论,对新媒体环境下的网络舆情风险特征进行了研究。魏超[③] 对新媒体环境下网络舆情传播模式的变化进行了分析,并指出新媒体技术发展给网络舆情信息工作带来的挑战。胡婷婷[④] 针对新媒体环境下网络舆情的新特点进行了分析,提出应从舆情主体、客体两个方面进行新媒体环境下的舆情应对和引导。从现有国内外研究成果来看,目前国内外学者围绕新媒体环境下网络舆情的研究成果正逐渐增多。

3.3.1 新媒体通信网络

新媒体是相对于电视、电影、报刊、广播等传统媒体而言的依托数字技术、互联网技术、移动通信技术以及电脑、手机、数字电视等终端,向受众提供信息服务的传播形态和媒体形态。严格来说,新媒体应该称为数字化媒体。新媒体种类很多,主要有博客、搜索引擎、手机短信、虚拟社区、门户网站、网络游戏、移动电视、数字电影、触摸媒体等,其中包括新的媒体形式、新的媒体硬件、新的媒体软件和新的信息服务方式。较之于传统媒体,新媒体的主要特点在于消解传统媒体(电视、广播、报纸、通信)之间的边界,消解国家与国家之间、社群之间、产业之间边界,消解信息发送者与接收者之间的边界。交互性与即时性、海量性与共享性、多媒体与超文本、个性化与社群化是新媒体的主要特征。

随着移动互联网、物联网、社交网络等技术应用普及,全球范围内

---

① Merino G S. The social web: A new communication medium and scientific evaluation tool [J]. PhysicaMedica, 2016, 32 (3): 185.
② 邓滢,汪明. 网络新媒体时代的舆情风险特征——以雾霾天气的社会涟漪效应为例 [J]. 中国软科学, 2014 (8): 61-69.
③ 魏超. 新媒体技术发展对网络舆情信息工作的影响研究 [J]. 图书情报工作, 2014, 58 (1): 30-34, 71.
④ 胡婷婷. 新媒体环境下的网络谣言应对与舆情引导 [J]. 现代情报, 2015, 35 (10): 23-26.

数据量迅猛增长,一个大规模生产、分享和应用的大数据时代正在开启。中国互联网络信息中心发布的第 41 次《中国互联网络发展状况统计报告》显示,截至 2017 年 12 月底,我国网民规模达 7.72 亿,普及率达到 55.8%,手机网民规模达 7.53 亿[1],网民大众化、网络移动化、手机智能化、人人传播、多向传播、海量传播,报纸、广播、电视、网站、手机,以及微博、微信、QQ、客户端、直播平台、知识问答平台等新媒体,形成了全民化、全天候、全世界、全屏化、全息化的全媒体舆论生态[2]。以微博、微信、微视频和客户端("三微一端")为代表的新媒体传播平台,正在成为互联网上社会舆论生成与传播的主要载体与渠道,其社会作用既有积极的一面,也有消极的社会影响:新媒体对社会的风清气正、政治的透明高效等具有积极的促进作用;同时,由于网络评论门槛低,网友素质参差不齐,网上评论的隐蔽性容易激发人的极端情绪。新媒体环境下每天不断产生的热点舆论信息达到了大数据的水平。这给政府网络舆情治理造成了极大困难,如何深刻理解舆情背后的民意好恶与取舍,相关部门如何把握舆情的脉动与态势,对推动社会经济和谐发展至关重要[3]。

3.3.2 新媒体互联网应用

人民网舆情检测室 2015 年的数据显示,我国网民总体规模达 6.68 亿人,网民成为了传播的主体;信息技术的发展催生了一系列互联网产品,微博、微信、手机客户端使用率逐年上升,使各种终端信息交流平台日新月异。例如:90% 以上的手机用户使用了微信 APP,超 50% 的微信用户平均每天打开微信 10 次左右,到 2015 年上半年,我国的微博用户总量达 2.04 亿人;传播内容及信息容量以爆炸式出现在各大网络平台,任

---

[1] 中国互联网络信息中心. 第 41 次《中国互联网络发展状况统计报告》[EB/OL]. [2018-01-31]. http://www.cnnic.net.cn/gywm/xwzx/rdxw/201801/t20180131_70188.html.
[2] 周延勇. 说破——全媒体时代危机管理[M]. 成都:西南财经大学出版社,2017.
[3] 人民网安徽频道舆情监测研究中心. 2015 年上半年度安徽舆情分析报告[EB/OL]. [2015-07-16]. http://yuqing.people.com.cn/n/2015/0716/c364391-27313937.html.

何人可以在任何地点获取所需信息，2015年上半年，我国人均上网时间是阅读书报的4.3倍，当代国人信息获取正在朝着"读手机时代"发展①。

近年来，国外的网络舆情相关研究多从政治、公众舆论以及媒体传播角度进行。学者Garrett提出互联网是政治抗争的辅助工具，将互联网对政治的影响划分为3类进行分析②；学者Jennings提出公众舆论与政府决策的关注存在着长期的均衡状态③；Chorley学者提出社交媒体对于捕捉公众舆论话题具有重要影响作用④；Beam和Hutchens等学者通过收集61年的相关数据，分析了美国在线新闻类型与政治知识结构的正向相关关系⑤；N.Anstead和B.O'Loughlin学者运用多种方法研究社交媒体和公众舆论之间的联系，提出社交媒体正在等同于民意政治记者的观点⑥。目前，随着泛在媒体环境的形成，国内学者关于网络舆情的研究在广度上和深度上都在逐年增长。于波等提出在泛在媒体环境下，利用Wiki技术实现对网络的合理控制⑦；张一文等从舆情预警角度，建立了舆情的危机预警指标体系⑧；兰月新等从舆情传播角度，分析了舆情影响因素，提出

---

① 人民网. 2015年互联网舆情分析报告 [EB/OL]. [2017-01-06]. http：//yuqing.people.com.cn/.
② GARRETTR, KELLY. Portest in an Information Society：A Review of Literature on Social Movements and New ICTs [J]. Information Communication & Society, 2006, 9 (2)：202-224.
③ JENNINGS W, JOHN P. The Dynamics of Political Attention：Public Opinion and the Queen's Speech in the United Kingdom [J]. American Journal of Political Science, 2009, 53 (4)：838-854.
④ CHORLEY M J, MOTTERSHEAD G. Are you talking to me [J]. Journalism Practice, 2016, 54 (9)：204-205.
⑤ BEAM M A, HUTCHENS M J, Hmielowski J D. Clicking vs. sharing：The relationship between online news behaviors and political knowledge [J]. Computers in Human Behavior, 2016 (59)：215-220.
⑥ ANSTEAD N, O'LOUGHLINin B. Social Media Analy sisand Public Opinion：The 2010 UK General Election [J]. Journal of Computer -Mediated Communication, 2015, 20 (2)：204-220.
⑦ 陈波, 于泠, 刘君婷, 褚为民. 泛在媒体环境下的网络舆情传播控制模型 [J]. 系统工程理论与实践, 2011, 31 (11)：41-50.
⑧ 张一文, 齐佳音. 非常规突发事件网络舆情指标体系建立初探 [N]. 北京邮电大学学报, 2010, 12 (4)：6-15.

分阶段应对网络舆情①；丁菊铃等探讨了网络舆情的形成机制②；相丽玲等人从舆情演化角度，提出建立相关治理机制③。总体来说，学者们已从不同角度进行了研究，表现为理论研究较多，定量分析较少，缺乏有针对性的政府治理网络舆情的研究。因此，从政府角度出发，研究政府治理网络舆情的能力具有较强的理论意义和实践意义。媒体是网络舆情传播的介质，随着新媒体的发展，网络媒体对于网络舆情的传播发挥着重要作用。2015年舆情统计数据显示，报刊、网络新闻、论坛、博客、微博、微信六大类媒介的检索量权重最高的为微信，权重值占到0.1647；其次是微博和博客，权重分别占到0.1409和0.0954；较低的是论坛，权重值为0.0752。由此可见，"两微一端"（微博、微信、移动客户端）逐渐成为现代中国人了解新闻时事的第一信息源，特别是拥有月活跃用户6.5亿人以上的微信成为社会舆论的新引擎④。

3.3.3 新媒体环境下网络舆情的研究成果

鉴于实践与研究的迭代性，本章参照近几年国内一些学者对网络舆情的研究⑤，认为网络舆情是以事件为核心，以网络为工具进行表达、传播、互动及产生影响的一定规模的网民情感、态度、意见、观点的集合。国内关于网络舆情治理的研究起步较早，而结合网络媒体对网络舆情治理进行研究可以追溯到2007年前后。2010年以后"新媒体"一词出现并逐渐成为舆情界的热点，国内的专家学者开始关注新媒体环境下网络舆情治理的研究。李阳⑥综合新媒体的传播模式特点，利用米特洛夫提出的

---

① 兰月新，曾润喜.突发事件网络舆情传播规律与预警阶段研究［J］.情报杂志，2013，32（5）：16-19.
② 丁菊铃，勒中坚.网络舆情危机事件形成因素［J］.情报杂志，2011（30）：6-9.
③ 相丽玲，王晴.信息公开背景下网络舆情危机演化特征及治理机制研究［J］.情报科学，2014，32（4）：26-30.
④ 洪亮石等.泛在媒体环境下政府网络舆情治理能力提升研究［J］.情报探索，2017（6）.
⑤ 臧运蕾.网络舆情视角下非常规突发事件应急管理机制研究［N］.延边党校学报，2016，32（5）：86-88.
⑥ 李阳.危机管理模式下新媒体网络舆情治理路径研究［J］.社会科学辑刊，2015（4）：49-53.

危机管理五阶段模型,从危机预防和危机处理两方面建立起面向网络舆情发展全过程的治理框架。洪亮等[①]则通过实证研究方法提出应从监测技术、预警指标、信息公开、法律体系等方面提升政府在泛媒体环境下的网络舆情治理能力。此外还有部分学者研究新媒体环境下网络舆情传播机制与路径,希望通过分析网络舆情越加复杂的演化路径降低网络舆情治理的难度[②]。国外在该领域主要形成了两个研究热点,一是如何利用社交媒体对舆情进行治理,二是讨论舆情分析处理技术。A.Linke 等介绍了"社交媒体治理"的概念,并从整体上分析了组织的社交媒体沟通的战略结构[③]。He W 等提出一个大型社交媒体数据的知识管理框架,以帮助组织整合大数据技术和知识管理系统来存储、分享和利用其社交媒体数据[④]。V. Diamantopoulou 等提出了政府机构社交媒体开发框架,可以将政策内容自动发布到多个社交媒体,然后使用这些社交媒体的应用程序接口检索和处理与公民的交互,该框架使政府机构能够在短时间内以较低的成本与更广泛、更异质的受众进行交流,增加公众参与决策过程,收集公民有用的知识、观点和意见[⑤]。A.Weichsel braun 等提出了一种应用在 Web 智能平台上、构建能够情境化和进行意见挖掘的大型语义知识库的新方法[⑥]。R.Y. Dougnon 等提出了一种算法命名为 PGPI(部分轮廓推断算法),

---

[①] 洪亮,石立艳,孙永波.泛在媒体环境下政府网络舆情治理能力提升研究 [J].情报探索,2017(6):20-26.
[②] 王晰巍,赵丹,张长亮,相甍甍.基于社会网络的新媒体网络舆情信息传播研究——以反腐倡廉话题为例 [J] 情报杂志,2016, 35(3):102-110.
[③] LINKE A, ZE R FASS A. Social media governance : regulatory frameworks for successful online communications [J]. Journal of Communication Management, 2013, 17(3):270-286.
[④] HE W, WANG F K, AKULA V. Managing extracted knowledge from big social media data for business decision making [J]. Journal of Knowledge Management, 2017, 21(2):275-294.
[⑤] DIAMANTOPOULOU V, LOUKIS E N, SPILIOTOPOULOU L, et al. A framework for advanced social media exploitation in gov-ernment for crowdsourcing [J]. Transforming Government People Process & Policy, 2014, 8(4):545-568.
[⑥] WEICHSEL B R AUN AGINDL S, SCHA R L A. Enriching se-mantic knowledge bases for opinion mining in big data applications [J]. Knowledge-Based Systems, 2014, 69(1):78-85.

可以更准确地对用户进行画像[①]。F.Hemmatian 等对比现有的社交媒体中意见挖掘和情感分析方法的优缺点并提出了适当的意见挖掘框架[②]。总体来看，虽然目前国内外关于新媒体环境下网络舆情治理的研究角度丰富，研究成果颇多，但是鲜有学者从情报能力的角度结合大数据对舆情治理大数据能力进行系统探讨。

大数据时代的到来，对社会各界各行业产生了深刻而巨大的影响。而大数据远不止"数据爆炸"那么简单，它已被引申为一种通过数据解决问题的方法，即通过对其收集、整理、分析、挖掘而从中获取所需价值的信息处理能力[③]。因此，国内外开始对大数据能力进行研究，但目前系统且权威性的理论研究成果较少，且多从企业、政府以及健康医疗机构等角度分析不同主体大数据能力的内涵、维度以及影响因素等。朱艳菊认为政府大数据能力是政府为保证决策科学和运行高效而对数据的获取、处理和应用的能力[④]。谢卫红等基于动态能力理论认为大数据能力是企业整合内外部大数据资源，通过深度分析，预测、适应外部环境变化的能力，并将大数据能力划分为资源整合能力、深度分析能力和实时洞察与预测能力[⑤]。Wang Y 等则将卫生保健中的大数据能力划分为追踪能力、非结构化数据分析能力、护理模式的分析能力、决策支持能力以及预测能力[⑥]。对于大数据能力的影响因素，研究认为大数据发展规划、组织制度、大数据平台、大数据思维以及大数据人才是影响大数据能力建设的重要

[①] DOUGNON R Y, FOU R NIE R -VIGE R P, NKAMBOU R . In-ferring user profiles in online social networks using a partial so-cial graph [M] / /Advances in Artificial Intelligence. Springer International Publishing，2015：84-99.
[②] HEMMATIAN F, SOH R ABI M K. A survey on classification techniques for opinion mining and sentiment analysis [J]. Artificial Intelligence Review，2017（1）：1-51.
[③] 程刚，李敏.企业大数据能力培育机制研究[J].现代情报，2014，34（3）：7-11.
[④] 朱艳菊.政府大数据能力建设研究[J].电子政务，2016（7）：123-129.
[⑤] 谢卫红，刘高，王田绘.大数据能力内涵、维度及其与集团管控关系研究[J].科技管理研究，2016，36（14）：170-177.
[⑥] WANG Y, KUNG L, TING C, et al. Beyond a technical per-spective：understanding big data capabilities in health care [J]. Social Science Electronic Publishing，2014：3044-3053.

因素①。

程刚等认为，大数据是一种重要的信息资源，主要包括大数据基础资源、大数据人力资源、大数据技术资源②。因此，广义上的大数据能力应该是指，在以数据是重要资源的大数据思维指导下，有效整合数据资源、技术资源和人才资源等基础上，并在一定组织机制的支持下合理、有效地对大数据进行收集、分析、挖掘以实现一定价值和达成一定目标的动态能力。具体应用到网络舆情的治理中，即为相关机构或部门主动有效协调和利用各种大数据资源，在一定机制的推动下对网络舆情数据进行收集、挖掘、分析从而实现监测、预警、引导、控制并达到应急管理目的的能力。因而，本章借鉴信息资源理论并结合大数据能力的影响因素认为大数据能力的外延应包括思维意识、处理技术、人才资源、管理体系。当然，大数据能力的外延并不是一成不变的，正如大数据能力是一种动态能力，具体到不同的运用情景中，应结合实际情况对大数据能力的外延进行探讨。

3.3.4 新媒体网络舆情的要素特征

大数据具有 4 个特征，即数量大、速度快、多样性突出、价值密度低。网络舆情自诞生以来一直都存在着多样性的特征，即包含有结构化、非结构化和半结构化多种数据形式。而新媒体的出现和发展不仅使网络舆情的数据量急剧膨胀、传播速度不断加快，而且其价值密度呈现出更加明确的"稀疏性"。新媒体环境下网络舆情的大数据特征突出③。

（1）社交 + 自媒体形成新兴网络舆论场，信息量最大化。以微信为例，微信首先是一种自媒体，微信社交功能反映着用户现实社交的关系，它加强了用户之间的联系。信息在这些用户形成的封闭圈子里流动，带

---

① 程刚，李敏. 企业大数据能力培育机制研究 [J]. 现代情报，2014，34（3）：7-11.
② 程刚，李敏. 企业大数据能力培育机制研究 [J]. 现代情报，2014，34（3）：7-11.
③ 孟小峰，慈祥. 大数据管理：概念、技术与挑战 [J]. 计算机研究与发展，2013，50（1）：146-169.

有一定的私密性。微信公众号的出现使得信息传播突破了"熟人社交"的模式，营造了新公共空间，社交+自媒体的应用软件越来越多，这种新媒体形态改变了舆论场权重配比，舆情互动的广度和深度呈几何级增长，熟人圈子和自媒体平台里的交叉分享传播可以瞬时产生大量新信息[1]，大数据环境下网络舆情的海量性特征由于新兴舆论场而呈现爆发式的倍增态势，舆情信息量达到了历史上的最大化[2]。

(2) 网络媒体去中心化，传播扩散迅速。在新媒体兴起并且发展势头猛烈的情况下，信息传播的环境呈现出多元、开放的特征。传统的以主流媒体为单一核心节点的模式不复存在，多信源传播模式取而代之，且各信源之间可相互作用。如果把这些信源描绘成一个个节点并连接起来，最终呈现出的是"处处皆中心"的分布式网络传播结构。在这张传播网络中，每个节点都是具有极强传播功能的中心，而节点与节点间彼此自由连接，它们之间的影响会通过网络形成非线性因果关系。这种去中心化实现了人们对热点信息获取的累积效应和多向反馈，使得舆情信息的传播面更广、传播速度更加迅速，爆炸性传播与时效性的特点更加突出，负面影响因"蝴蝶效应"与"坏事疯传法则"使事态放大，舆情抓取、分析和引导也更加困难。

(3) 对抗性话语明显增多，舆论价值密度降低，人人都有麦克风。在新媒体环境下尤其是自媒体的出现，每一个人获得平等自由的话语权和传播权，使得网络乱象层出不穷，网络舆论常常显现出难以控制的局面，"众生哗然"成为新兴舆论的代名词，与此同时，在漫无边际的舆情海洋中以负面情绪为主的交互信息和反馈信息所占比重不断增高[3]，对抗性话

---

[1] 黄微，李瑞，孟佳林. 大数据环境下多媒体网络舆情传播要素及运行机理研究 [J]. 图书情报工作，2015，59 (21)：38-44，62.
[2] 路璐. 如何强化主流新媒体的舆论引导能力 [EB/OL]. [2017-09-07]. https：//www.sogou.com/link?url = 6IqLFeTuIyi5w4OV21 R PPpr7vknIhT38QHNPAY3T R Fr R a R ntL7de-BMDHY_1F8j2DxXx83cq7eut5pUc3zy0dg.
[3] 黄微，李瑞，孟佳林. 大数据环境下多媒体网络舆情传播要素及运行机理研究 [J]. 图书情报工作，2015，59 (21)：38-44，62.

语不断涌现。大量情绪化的评论和对抗性话语使得舆情信息价值密度不断降低,"稀疏性"在舆情信息量最大化的情况下更加凸显。如何在低价值密度的海量舆情信息中引导千万个零散的个体回归正当性认同是政府舆论治理的终极目标。

3.3.5　新媒体网络舆情治理对大数据能力的现实需求

通过分析,我们发现新媒体环境下的网络舆情具有大数据的明显特征,说明舆情治理离不开大数据,新媒体环境下网络舆情的治理呼唤着大数据能力的建设[①]。

(1) 舆情治理呼唤大数据思维

新媒体改变了舆论生态,传播无序化、实时动态增长以及价值密度低等特点使网络舆情信息工作越发难以进行,政府信息把关能力被削弱,网络舆情应对越发复杂。新形势需要新思路,新媒体环境下的网络舆情治理呼唤大数据思维,然而目前我国政府在网络舆情治理的认知上尚未充分认识到数据的重要性。虽然大数据已在各行各业成为一种重要资源,但是在政府舆情应对工作中大数据尚未作为一种决策支持的重要资源而被重视。相关部门和应对人员还没有充分意识到新媒体环境下的网络舆情已经逐渐变为一种"大数据",必须在数据处理的基础上对网络舆情进行分析并做出决策,采取行动。"大概重于精确、因果关系重于相关关系、预防重于预测"的政府舆情治理的习惯性思维亟须扭转[②]。

(2) 舆情数据处理需要大数据技术

①舆情数据处理规模增大。新媒体时代,舆情数据生成速度极快,同时移动终端上的知识信息聚合应用在不断增多。为了对网络舆情进行监控所需要采集、处理的数据规模在不断扩大[③]。只有进行全媒体舆情描绘,

---

[①] 魏超. 新媒体技术发展对网络舆情信息工作的影响研究 [J]. 图书情报工作, 2014, 58 (1): 30-34, 71.
[②] 朱艳菊. 政府大数据能力建设研究 [J]. 电子政务, 2016 (7): 123-129.
[③] 徐敏. 大数据环境下情报学在网络舆情研究中的作用 [J]. 图书情报研究, 2016, 9 (2): 12-18, 52.

才能真正找到舆情的出发点和第一来源。全媒体舆情描绘相当于对整个网络空间进行监控，要处理的数据规模已是人类无法想象。

②实时挖掘和分析面临严峻挑战。对网络数据的分析挖掘实时性越高，对网络舆情的动态掌握就越及时与准确。然而面对网络数据的高增长性和时效性，分析和挖掘的效率成为网络舆情分析的巨大挑战。而新媒体环境下的网络舆情大数据动态更新，传统数据管理和处理模式已不再适用。数据采集和数据分析同步进行必须借助大数据技术。

③非结构化数据跨平台处理成为难点。新媒体环境下的网络舆情呈现出载体泛化的特点，大量的结构化、半结构化和非结构化舆情数据在不同媒体平台中非线性传播，如何对不同类型、领域的新媒体进行融合，分析挖掘其上流传的大量异构数据成为了舆情分析的难点。

④信息深度挖掘难度增强。新媒体环境下的网络舆情的价值密度很低，为了从海量数据中得到准确的舆情信息，就要进行更深入的挖掘和分析。然而新媒体环境下舆情信息分析的复杂度和难度均有所增强：一方面网络语言灵活多变，技术的发展速度跟不上社会话语变迁的复杂性；另一方面，微信、QQ等社交软件信息交流具有私密性、隐蔽性、相对独立性，这使得舆情监测室和相关监测部门很难获得用户发布的各种信息。

（3）网络舆情工作离不开大数据人才

网络舆情监测预警、引导、控制与应急管理等一系列工作均离不开大数据人才的支撑。大数据人才是网络舆情大数据处理活动中最活跃，也是最重要的要素。大数据人才指具有大数据思维，掌握着大数据最新技术的复合型创新人才。近两年随着大数据战略的确立，大数据人才需求急剧增加，我国大数据人才缺口达到了百万，大数据人才培养已经变得越来越迫切。目前我国大数据人才培养体系主要是高等教育和社会培训。2016年2月，教育部公布新增"数据科学与大数据技术"专业，标志着我国大数据人才高等教育培养体系正式起步，北京大学、对外经济贸易大学、中南大学成为首次获批高校；次年，32所高校获批；而到2018年3月，获批增设该专业的高校达到了250所，充分说明大数据产业的发展速度之快与人才十分短缺的矛盾①。无论从时间还是经验来看，大数据人才的高等教育尚处于起步阶段。虽然当前社会培训机构较多，也为社会各行各业输送了一大批大数据人才，但其人才培养存在方向严重偏移的问题，如只根据就业岗位进行碎片化培训②。所以总体来看，统一规范的大数据人才培养体系有待形成和完善。

(4) 网络舆情应对大数据应急管理体系

目前，国家网络安全建设已提上日程并发展迅速，形成了以国家互联网应急中心为核心协调机构的互联网安全事件应急处置体系。但是我国还没有一个完善的网络舆情应急管理体系。新媒体环境下的网络舆情数据规模庞大，遍布全网，且应对复杂。想要对全媒体舆情进行描绘、监控、预警、引导与应急响应，就必须要建立起相应的大数据应急管理体系，当前，国内应对网络舆情的管理体系存在以下问题：

①在组织体制方面，缺乏专门组织机构，组织架构不完善，组织职能不明确。还没有设立独立的网络舆情应急部门，更没有明确的组织体系，舆情应急处置过程往往存在多部委交叉执行的情况。这样的组织体制容易导致责任落实不清、任务划分不明等问题，使政府在突发事件网络舆情应对中效率低下。

②在管理机制方面，一方面我国尚未建立起对应网络舆情治理流程的应急管理机制；另一方面在网络舆情的具体管理流程中政府各部门之间长期缺乏协调，政府与社会组织、公民之间缺乏有效的合作与沟通机制③。而这种新媒体环境下的信息闭塞和沟通困难很容易造成舆情应急管理不善。

③在法律法规方面，网络舆情应急管理法制尚不健全，网络舆情治

---

① 高校新增本科专业 2311 个，这个专业成最大热门！[EB/OL]. [2018-03-24]. https：//mp.weixin.qq.com/s/UB8Nd5O7YytxkWCDDCj_sw.
② 首个《中国大数据人才培养体系标准》正式发布 [EB/OL]. [2017-11-20]. https：//mp.weixin.qq.com/s/vuHWJqoxWH3MJC88UE53-g.
③ 巨乃岐，宋海龙. 加强应对突发事件网络舆情的组织机制建设 [J]. 电子世界，2013 (1)：164-165.

理领域尚存在许多立法空白。由于网络舆情应急管理关系到政府、企业、公民多个主体，牵涉到言论权利、数据使用等多个敏感主题，这些领域有许多亟待解决的法律问题，同时缺少大数据安全相关立法。不完善的应急管理法制十分不利于网络舆情应急管理体系的建立以及管理工作的规范化、制度化与常态化[①]。

3.3.6 新媒体网络舆情治理大数据建设思路

舆情治理的大数据能力包括思维、技术、人才以及管理体系。因此，大数据能力建设具体应从大数据舆情治理思维、大数据舆情处理技术、大数据人才培养体系和大数据舆情应急管理体系4个方面进行。

（1）强化以数据分析为依据的决策意识。以往的网络舆情的治理思路是忽视舆情信息收集、挖掘、分析的前期数据处理工作，凭借个人主观判断和工作经验调动组织内外部资源对舆论进行删除、压制并进行官方引导。这种缺少数据支撑的决策思维往往使舆情治理"隔靴搔痒"，舆论引导效果也是"南辕北辙"。大数据思维就是要放弃因果关系，专注信息间的相关关系，通过数据来捕捉现在和预测未来，并做出决策。政府部门以及舆情工作者需要在"数据为王"的时代下充分重视大数据的价值，学会用数据进行分析并做出决策，强化以数据分析为依据的决策意识。

（2）树立数据利用的安全保护观念。数据安全是大数据发展的底线。政府或相关机构在对舆情数据进行处理分析时免不了要经历数据的获取、流通、共享以及公开等过程。而在我国大数据安全保护体系尚未建立和大数据安全法规尚未完善的情况下，如果没有妥善保护拥有的数据资源，极有可能造成公民个人隐私信息泄露、国家机密被窃取的问题和危机。因此，一方面与大数据服务有关的企业应加强行业自律；另一方面政府部门应加强数据利用的安全保护意识，并将保护大数据安全的意识贯彻

---

① 肖文涛，许小美. 新媒体时代的网络舆论现状与引导对策[J]. 行政论坛，2012，19（6）：79-84.

在制定政策法规，加强内部管理、创新安全管理的体制机制上，特别要注意对掌控大数据人员的监督管理①。

（3）多方合作、积极互动的引导思维。习近平总书记十分强调党的舆论战线要适应新媒体环境下的舆论格局的变化，"把握好网上舆论引导的时、效、度"。"时"需要利用大数据分析技术对网络舆情进行监测预警，但是"度"和"效"方面则需要政府部门加强对新媒体环境的学习，认识网络舆情出现的新媒体大数据特征，了解用户移动化、社交化的媒体消费习惯。网络舆情的大数据特征在新媒体环境中得到加强，其高增长和多变性使得政府单打独斗的引导方式已不再适用。官方需要转变观念，养成多方合作、积极互动的网络舆情引导思维。既要在宏观上做好与主流网络媒体的合作与沟通，建设好新媒体上的政务号；也要在微观上利用好网民中的"意见领袖"，培养自己的"意见领袖"并建立新媒体"意见领袖"联盟。只有多方合作，才有可能真正做到全网引导。

（4）运用大数据舆情处理技术。大数据能力包括运用好大数据舆情处理技术，它主要应用在舆情的监测预警上，是对网络舆情进行有效引导的前提和支撑。运用好大数据分析技术能使网络舆情分析更为全面，由片面化分析转向立体化分析，单一化分析转向全局化分析，静态化分析转向动态性分析。通过利用大数据技术收集、解构海量信息，对其关联性进行深度挖掘，并实现量化管理，最终能准确发掘热点话题、用户特征、情感倾向，找到舆情生成传播的规律与轨迹。

①数据采集与抽取技术。数据分析的第一步是对相关数据源进行采集。对采集来的数据首先进行数据清洗，去除噪声，然后进行实体与关系提取，经过关联和聚合处理后采用元数据进行存储。目前较为典型的网络舆情数据采集技术主要有 5 种：网站定向采集技术、网络垂直搜索

---

① 构建"技术安全＋管理安全"大数据安全生态［EB/OL］．[2018-04-12]．https：//mp. weixin. qq. com/s /0n6ptixrQLT2DU R j7keKdQ．

技术、网络爬虫技术、需求配置采集技术和动态网、深度网采集技术[①]。

②热点挖掘分析技术。热点主题和话题的挖掘是舆情处理分析的一个重要环节，主要针对"三微一端"新媒体上的结构化文本信息。热点挖掘分析技术有两个步骤：一是主题特征提取技术，利用信息抽取技术、分词技术以及文本形式化技术等对舆情信息进行特征识别与特征匹配；二是热点识别技术，在对舆情数据进行主题特征提取的基础上，通过聚类算法将主题集压缩成一个个热门话题集，或通过分类算法根据主题集的特征对主题进行分类，得到与监测主题相关的舆情信息。此外还可以从统计学角度利用之前分词处理的结果对舆情语料进行话题词频统计。在发现热点之后，利用灰度预测、小波变换、朴素贝叶斯算法、时间序列分析等技术对热点进行跟踪，预测舆情发展趋势。

③用户分析处理技术。中国工程院院士李国杰认为，数据背后是网络，网络背后是人，研究网络数据，实际上是研究人组成的社会网络[②]。因此"人"是舆情分析的一个重要元素。对人的分析包括情感倾向分析以及用户角色判定。首先是利用聚类算法对媒体平台上用户所发表的评论等文本信息进行处理，对得到的语句进行分词，然后对比事先建立的语料库中的关键词计算语句的情感倾向，从而得到网民对某一热点话题的情感倾向。网络舆情传播过程中用户角色可以分为意见领袖、网络推手、网络水军、从众用户、热衷用户和漠然用户。大数据技术就是通过对特定用户的全网信息收集、集成、计算、分析形成全息用户画像，也可以根据热点话题绘制舆情传播社会关系网络，建立邻接矩阵，通过分析节点的度指标和级数指标定位用户角色[③]。

④可视化技术。数据分析十分重要，但相比较于复杂的数据处理过

---

① 易臣何. 突发事件网络舆情的演化规律与政府监控［D］. 湘潭大学论文，2014.
② 朱天，张诚. 概念、形态、影响：当下中国互联网媒介平台上的圈子传播现象解析［N］. 四川大学学报：哲学社会科学版，2014（6）：71-80.
③ 黎红友，陈宇. 自媒体时代网络舆情生成和传播机制研究——基于大数据社会网络分析视角［J］. 当代传播，2016（1）：24-25.

程，用户更关心结果的展示以及结果是否便于理解。如果数据分析的结果不能被用户很好地接受和利用，将会出现舆情应急失误乃至引发群体性事件的极端现象。因此引入可视化技术具有重要意义。相较于文本，大数据分析的结果以形象的图表展示出来将更有助于相关人员理解，常见的可视化技术有标签云、历史流、空间信息流等，可以根据具体的应用需要选择合适的可视化技术①。

（5）发展大数据人才培养体系。建设大数据人才培养体系，需要设置针对方向的合理的课程体系。大数据人才掌握着丰富的数据分析工具和方法，是一种具有先进的大数据思维和实践创新能力的复合型人才，其知识体系应该具有综合性和交叉性，涵盖计算机、数学、统计、图情、新闻传播、外语和经济管理等多门学科。如对外经济贸易大学先按大数据处理流程将课程划分为六大模块，然后按知识技能的层次和递进关系，对形成的课程进行学期排序，同时根据学科门类归属将课程划分为多个类别，最终经过校内外专家评审形成了逻辑清晰、结构完整的课程体系②。

---

① 孟小峰，慈祥. 大数据管理：概念、技术与挑战［J］. 计算机研究与发展，2013，50（1）：146-169.
② 对外经济贸易大学大数据人才培养和专业建设探索［EB/OL］. [2017-10-24]. https：//mp. weixin. qq. com/s /fSccBGi R ohXSD-WuwPVQQ.

第 4 章 网络舆情与社会风险

4.1 网络舆情的周期

网络社会是带有一定虚拟性的社会,特别是在实行网络实名制之前,网络舆情的表达表现得更加直接,而这也是推动网络舆情发展的重要因素之一。在虚拟空间中也会使得一些现实社会的网民重构自己的言行规范,因为在网络社会中其受到的社会压力尤其是熟人社会的压力要小很多甚至没有压力。网络舆情有其形成发展的规律,大体而言包括潜伏期、酝酿期、爆发期、成熟期和消退期五个时期,而且不同时期的网络舆情的影响范围、演变规律和作用机理存在着差异(见图 4-1)。

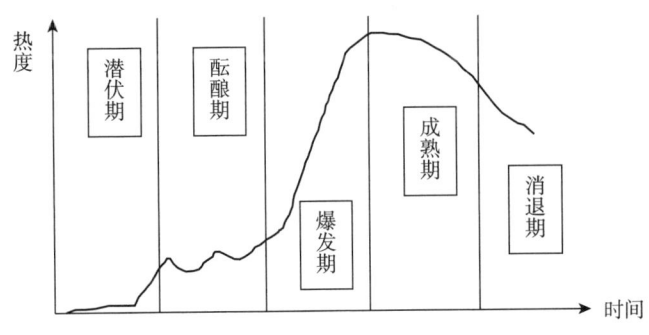

图 4-1 网络舆情突发事件的生命周期

4.1.1 潜伏期

任何事情的形成都是必然与偶然的结合。网络舆情处于潜伏期时,更多是在网络社会中的个别或小部分社区传播,网络关注度并不高。而且,由于网络观点分散、多样，有时候甚至并未引起网民的关注，当然也不会引起政府的关注，此时期网络舆情的影响范围和影响力都非常有限，也是控制舆情的最佳时机。

4.1.2 酝酿期

如果前期引致网络舆情的现实社会中的事件或问题出现进一步变化，或者一些网民开始关注到舆情本身，并有意识地进行推送，或者信息本身具有一定的新奇性，此时网络舆情就会进入变异期，网络舆情能量开始聚集，但是依旧处于不够稳定阶段。

4.1.3 爆发期

在酝酿期网络信息开始聚集后，网民对事件或问题关注度逐渐升温，网络能量开始快速聚集，并被网络大量转发、推送以及对信息进行再加工。进一步地，网络信息也逐渐地被主流媒体关注，引发了现实社会居民的关注与围观，如果政府未能妥善处置好此时期的网络舆情，极有可能在一夜之间就爆发成为重大的社会群体事件，随之而来的就是网络信息的传播变得更加无序、失真。由此，网络舆情就变异为网络舆情危机。

4.1.4 成熟期

在网络舆情危机后，网络舆情的传播者、参与者的热度开始下降，使得网络舆情处于一种稳定状态，由此，网络舆情的新传播强度也开始降低；而且通常在网络舆情爆发期时，政府一般都会做出回应，事实上也会有利于网络舆情的降温，进而网络舆情进入了成熟期。但是此时期的网络舆情仍有再次突然爆发的可能性。

4.1.5 消退期

成熟期的网络舆情开始降温，民众关注的力度逐渐减弱，有关的信息传播强度也在降低，由此网络舆情的热度逐渐消退，危机警情得以消散。

综合前述分析可知，在网络舆情的不同发展阶段，网络舆情的演进路径存在差异，而这种演进路径的差异对网民与政府的评判与决策影响重大。由此，应该根据不同发展阶段的舆情演变规律来采取针对性的措施[①]。

4.2　网络舆情对社会管理的影响

网络舆情从其事件性质本身而言，分为积极的网络舆情与消极的网络舆情。积极的网络舆情无疑会有助于提升社会主流价值理念与正能量的传播，宣泄与消解社会不满的情绪，如 2010 年北京流浪歌手"旭日阳刚"组合演唱的《春天里》视频引起了如潮的网络评议，传播都是同情与深深的感动。消极的网络舆情会激发或者放大网民心中的不满情绪，严重的会引发社会危机，而且这也是网络舆情的主要表现形式。2011 年 7 月的"温州动车相撞事故"因为官方反应不够灵敏引起网络谣言满天飞，导致全社会的不满[②]。网络舆情对社会管理的影响主要在于公众话语权增强、有利于公众表达利益诉求、促进公众意识的变化。

4.2.1　网络舆情增强了公众话语权

中国强政府的传统模式导致社会信息主要由社会精英阶层掌控，公共决策业主根据精英集团的意志来决定。互联网技术扩展了网络用户信息共享性的可能空间，任何社会成员或组织都可以就自己的利益借助互联网平台向政府表达自己的利益诉求，而且网络群体的压力往往形成了巨大的社会压力，使得弱势群体的利益诉求得到社会尤其是政府更多的关注。特别是在中国转型期还存在规模较大的弱势群体，其利益被忽视的

---

① 谢科范，赵提，陈刚，蔡文静. 网络舆情突发事件的生命周期原理及集群决策研究［N］. 武汉理工大学学报（社会科学版），2010（8）.
② 浙江宁波落魄街头的流浪汉"犀利哥"也引发了全社会的关注，虽然有恶搞成分但是总体上仍是表达一种同情心理。

程度较为严重，其利益表达渠道往往不够顺畅，网络信息的传播明显增强了其话语权，使得一些弱势群体得到社会的关爱。如湖北钟祥市一个 90 多岁的老人没有其他经济来源，只能依靠自己的劳动来养活 60 多岁智障女的消息一经发布，马上引起了网友的极大关注，受到当地政府的关注，并得以妥善解决。

4.2.2 网络舆情是公众表达利益诉求的窗口

政府管理层级都是纵向安排的，基层信息的上达需要经过层层筛选，由此必然会有一部分公众利益表达在逐级传递过程中被"过滤""异化"，而网络平台的出现则可以有效地避免被"过滤""异化"，并可以直接地、便捷地、低成本地表达自己的利益诉求。通过互联网表达利益诉求，有助于经由开放、自由地讨论以及双方的即时互动来凝聚公众的利益共识，并选择理性的利益表达方式，避免以前经常出现的集体示威、游行等极端表达方式。尤其是在政府意识到网络舆情的巨大影响力后，对网络舆情予以高度关注，并尽可能地在网络舆情爆发前解决网民关注的实际问题与困难，这也为公众与政府的互动提供了新平台。同时，通过网络来发泄自己对某些问题的不满，能够得到志同道合的网民的理解与回应，这也是疏解网民心理压力的有效渠道。

4.2.3 网络舆情促进公众意识的变化

基于互联网而兴起的网络社会，以及网络社会中网络舆情的演进已经深刻地改变了我们当前的社会，如公民参政议政意识的强化。公众参政议政意识的强化，增加了他们通过互联网表达自己对经济、民生、政治、外交、教育等问题看法的积极性，有些甚至提出了很好的建议对策，对社会管理的民主化有积极意义。同时，互联网引致的虚拟的"公共话语空间"也有助于解决中国社会中长期存在的政府领域与私人领域沟通不足的问题。在虚拟的公共话语空间中，利益一致的公众与政府展开"辩论"与"探讨"，促进双方对公共事务管理的协调与理解，进而有助于促进中国社会决策体制由集权化向大众化转变。

4.3 网络舆情对公共政策的影响机制

虚拟社会中存在的网络舆情一旦爆发，就会影响现实社会的公共政策，从而发挥自身的影响力；进一步地，网络舆情对公共政策的实际影响成果又会强化网络舆情的集中度、风险累积度，如此循环往复。

4.3.1 发现政策问题

公共政策的决策是以问题为导向的，发现问题、分析问题是公共政策决策的起点。网络舆情有助于问题被发现、被分析，即有助于为问题设置议程。

（1）发现问题。西方国家的公共政策是不同政治力量通过相互博弈、互投赞成票等方式而进入政府决策体系中的，而中国的公共政策决策与西方国家明显不同，主要由政府或者党组织发现并认定的，存在"内部输入"或者"体制内输入"特点。这种决策模式的优点是决策效率很高，不足在于对民意的了解与真实民意有一定落差，而网络舆情恰好起到了补足上述决策模式的作用。通过网络讨论，能够形成某些特定利益群体的明显诉求，甚至包括了详细的政策对策，有助于政府发现问题并将一些确实急需、符合多数群体利益诉求的问题纳入决策范畴，补充完善了公共政策问题的来源，更好地体现公共政策的公共利益代表性。

（2）促进解决信息不对称问题。集权式决策与"精英决策"是我国政府决策的主要模式，掌握了绝对掌握信息的政府依旧面临着信息不对称困境，从而其公共决策在自身偏好与信息约束双重限制下，无法尽善尽美。极端地，一些基层政府为了满足自己的"政绩"诉求，故意"过滤"、隐瞒或者虚报某些信息，从而干扰了决策部门对公共政策问题的判断，进而引致"政府决策难，民众满意少"的困境。网络信息传播特性打破了政府与公众信息不对称的局面，而公众的主动参与也改善了传统公共政策体制中决策信息来源及信息传导偏差的弊病，能够缓解政府决策面临的信息不对称问题。

4.3.2 促成政策方案形成

公共政策的决策与效果评价受到社会成员的意识形态、社会经济状态等多种因素综合影响，而且随着时空变化而变化。政府对公共政策的供给与公众对公共政策的需求由于信息不对称，常常会出现偏误。传统媒体在政府与公众意见沟通方面发挥过积极作用，但是网络媒体的出现已经凸显了传统媒体的滞后，网络媒体的双向、及时、平等的互动有助于政府发现、聆听、整理、因应公众的需求，从而在公共政策的决策上能够最大限度地听取公众意见，将公众偏好或者急需的方案纳入政府的决策议程，既能提高公共决策的科学性，也能提高公共决策的效率性。同时，也有助于形成政府与公众之间的良性互动氛围。

4.3.3 影响政府决策偏好

政府的公共决策主体无法完全做到中性，其决策总会有一定的价值取向与偏好，而且在不同阶段政府也会出现不同偏好。在政府资源约束条件下，政府只能选择一些自认为重要或者偏好的方案或项目进行优先供给决策。此外，政府体制内的信息传递也会有意无意地传递主要决策者偏好的信息，由此使得主要决策者偏好的方案或项目会优先进入决策议程。而网络舆情的出现与演变，有助于将公众关注议题纳入政府优先决策体系。尤其是对那些公众意见与政府偏好一致的，或政府确实有所疏忽的，网络舆情的效果显现会非常明显。即使对那些政府无意暂时解决的或解决难度很大的，在网络舆情的压力下也经常会影响或改变政府的决策。

4.3.4 监督政府政策实施

新公共管理运动的兴起使得服务政府、透明政府、受监督政府与可问责政府的理念渗透深入人心，传统治理模式受到了公众的强烈批评，尤其在网络社会中网络舆情充当了对政府的强力监督，即使有些信息也许不够真实或者是谣言，但是对政府产生了很大的压力。在网络舆情的影响下，政府的决策应该尽可能地做到公开、透明，避免公共决策中的"暗箱操作"，让政府内部监督与外部监督能够真正落实，并能有效地究责。而网络舆情也有利于监督信息传输渠道的畅通，避免政府体制内的人为因素所引起的信息传递流程中出现失真。同时，网络舆情也是监督政府、监督腐败的重要工具与手段，随时随地可能出现的网络信息对政府形成了无形的监督压力。

4.3.5　评估政府公共政策效果

公共政策效果评估已经成了当前政府决策的应有之义，而且公共政策效果评估也是后续政府公共决策的重要参照依据。政府公共决策的评估包括三个层面，即政府公共决策的数量效果、政府公共决策的成本与收益对比效果、政府公共决策的公众满意度效果。随着公共决策信息透明度的提高，公众对政府公共决策的关注度也在提高；网络舆情为公众评估政府政策效果提供了良好的信息传输途径，从而能更好地从政府内部、政府外部两个角度来评估；可以在公共决策之前进行评估，也可以在公共决策之后进行评估；评估效果也可以被更广泛地让公众知情，进而促进政府后续公共决策的优化[①]。

4.3.6　网络舆情影响公共政策的机制

（1）网络舆情会引致网民的关注，进而引起现实社会与政府的反应，并促进问题的最终解决。同时，在网络舆情演变过程中也会引起价值理念的碰撞与融合，形成社会关注的舆论压力。网络舆情的现实事件或问

---

① 刘杰. 网络民意及其对公共政策影响研究［D］. 天津师范大学硕士论文，2012.

题或者来源于某些公共政策的失当，或者源于某些个体或群体自身利益受到损害，在通过其他渠道无法得到政府的积极回应或者社会重视时，网络舆情就发挥了信息传播与扩散的功能。而上述情况的出现根源在于现实社会政府治理中存在的偏误、个体禀赋与意愿的差异以及社会价值观的变化，导致政府治理与公众需求总是存在缺口，而社会与政府的反应常常是引发网络舆情的关键激发点，极端的甚至会出现"人肉搜索"这种不合法但符合网民诉求的行为。更重要的是，政府反应的迟缓或者傲慢会激发很多原本与此事无关的旁观者的加入与围观，引发更高强度的网络舆情。一旦形成了群体性事件的网络舆情就会对政府构成强大的压力。

（2）对相关主体产生影响。政府的决策体系中除了最强势的政府官员外，民意代表、媒体等都是接近决策核心的群体。网络舆情是虚拟社会的信息传播，只有在网络舆情影响到了现实社会中的公众，并通过各类政府体制内、体制外的信息传播触动政府体制内的决策者时，才能真正对现实社会主体产生影响。而一旦网络舆情影响到了现实社会的相关主体如传统媒体、政府官员、民意代表等，就会对公共决策产生影响，促进现实问题的解决。

（3）形塑共同价值理念。网民对于公共问题或者某些个体与群体的关注，其实质就是对自身的价值理念进行判断，而在网络舆情形成、演变、激发的过程中，网民对一些问题或事件的看法就代表着网民的价值理念，如公平、扶助弱者、反歧视、均贫富等。而网民随着网络舆情的发展，其价值取向也会相互受到影响并有可能逐渐趋向一致，这也就是网民价值理念的形塑过程。

4.4 网络舆情是社会风险的重要变量

综前所述可知，网络舆情和社会风险在同一时空呈现、交织，彼此互为表里和因果。通过对网络舆情演变及其现实表现的分析，不难发现网络舆情是一把"双刃剑",既可能加剧风险,成为一种"软风险";也可能消解社会风险,成为一种"软实力"。换言之,网络舆情是加剧或消解社会风险的重要变量。

4.4.1 网络社会动员过程

曼纽尔·卡斯特指出:社会在冲突中变迁并由政治支配。既然互联网正在人们活动的各个领域成为一种基本通信和组织媒介,很明显它将在社会运动和政治进程中得到越来越多的应用。互联网正在成为各类组织开展活动、招募成员、实施计划的重要依托工具[1],而且网络化已经成了一种新的组织动员、公共决策的形式[2]。斯坦福大学社会学教授马克·格兰诺维特早年一篇论文《集体行为的阈值》揭示了"社会不稳定原理",即集体行为可能非常敏锐地依赖于个体的行为,往往只需要有第一个人参与,由于"集体意识"被这个人的行动激活,迅速卷入,最终成为社会骚乱之源。网络社会动员是指在网络上针对特定议题进行组织和宣传,最终在线上或线下形成集群行为的过程。网络社会动员具有进入门槛低、参与主体隐匿性、网上网下互动性强等特征。网络社会动员有规律可循,其议题常常与利益、态度、立场、情绪等有关联。议题的合法性、议题的指向性和议题的广泛传播性是网络社会动员成功的重要保障。

在移动互联时代,网络舆情更加私密化、隐蔽化在某种程度上进一步增强了网络的社会动员力量。在移动互联时代,信息交流"圈子化",信息获取"在地化",信息消费"订制化"。在移动互联时代,"把关"的难度进一步加大,熟人圈子的"病毒式传播"和"隐蔽式传播"让网络的社会动员功能进一步凸显。

(1)网络动员中的"标签"法则。在网络社会动员中,充分利用"刻板印象"的社会心理原理,有意无意地给某一个人、某一件事贴上某一

---

[1] [美]曼纽尔·卡斯特.网络星河[M].郑波,武炜译,北京:社会科学文献出版社,2007:150.
[2] [美]曼纽尔·卡斯特.认同的力量[M].曹荣湘泽,北京:社会科学文献出版社,2006:159.

类"标签",激发网络受众的共振心理,导致某种情绪的集中爆发。"标签"是一种身份识别利器,尤其是在转型社会中,对弱者的同情,对强者的怨恨,是一种思维定式,甚至已经积淀成为一种文化心理认知框架。第一,"官员"标签。官员掌握着社会上资源的配置权,官员与公众之间似乎存在一道无形的隔膜并形成了公众对官员的刻板印象。涉"官员"的舆情容易成为舆情热点,围观"官员"、起哄"官员"、嘲讽"官员"成为一种习以为常的网络乱象。官员在网络上出场最不被待见,往往是"老鼠过街、人人喊打"。第二,"富人"标签。个体天赋的差异使得总社会成员之间贫富差异无法完全消除,尤其是在经济、社会转型时期,制度的不规范与漏洞很容易导致一部分通过非法或便捷途径获得大量的物质财富,由此就会引致很多的贫困人口存在一种"仇富"心态,一旦某些富裕群体言行不符合社会道德规范,更加激发了贫困人口的仇富情绪,而网络就是他们最佳的宣泄地方。第三,"腐败"标签。制度无法穷尽一切未知的规则,而且制度只能调节一切显性的行为,而掌握着资源配置权的官员或公共部门的管理者,也是经济人,使得腐败问题在任何国家都会一定程度地存在。显然,在欠发达国家或者转型国家,腐败的严重程度要远远地高于发达国家。而且腐败也是刺激社会底层群体乃至全社会的有效导火索,经常会引致大量的围观、评论或者抗议,对现实社会的治理构成了现实的压力。

(2) 网络动员中的"移情"法则。在特定的社会情境下,网络动员遵循的常常不是理性的逻辑路径,而是情感的逻辑路径,即通过实现网民情感的共鸣和情绪的共振,发出共同的"愤怒"和"悲悯",收到很好的网络动员效果。尽管更多时候是不明真相的围观者被怀有某种目的、某种诉求的个体或团队操纵或利用了。情感是西方社会运动研究的关键变量,情感诉求在某种意义上是当下网络动员中最常见、最有效的手段,往往成为进行成功网络动员的优先选项。网络动员中的移情法则具体表现为虚构情境唤醒情感、细节渲染煽动情感、代入手法激活情感等。

4.4.2 网络舆情加剧社会风险的多向度观察

网络舆情发挥制衡、预警、协商和抚慰的功能是其正向价值，有助于现代社会建构。此外，网络舆情可能引致群体性事件、消解政府公信力、重塑社会意识形态、影响国家文化安全、挑战国家政治安全等，这些都会加剧社会风险。

（1）引致群体性事件。群体性事件，是指个人、团体或组织在其利益受到侵害、要求得不到满足、权利得不到伸张时，一定数量人群（一般指两个以上），以聚会、游行、上访甚至暴力等较为激烈方式表达诉求，形成冲突或对峙并产生一定社会影响的集体活动。网络群体性事件是诸多群体性事件中的一种，是基于网络而发生的集群行为。怀特研究表明，互联网提供了一种便利条件，使相同目的的人集结起来，令分散的敌意更加明确[1]。群体性事件借助网络得以发生，通过网络表达声援，通过网络进行线下集结，通过网络酿成群体性事件。随着经济、社会的发展，公众表达意见、维护自身权利、参与政治进程的诉求日益强烈。由于社会公众能够宣泄情绪的渠道和场域的现实局限性，网络不经意间成为公众利益表达和诉求的主渠道和主场域。有关的统计数据也显示，近些年发生的社会群体性事件背后都与网络社会动员有着密切的联系；而且群体性事件的发生和发展也出现了一些新的特点，由消极转向积极，由经济转向政治，由个人转向社会等。网络为群体性事件的诱发提供了便利，这也是网络时代群体性事件在地域上、数量上和规模上呈现愈演愈烈之势的原因。网络舆情信息传播速度快、势能大、范围广、影响深，难以实施有效控制。在群体心理的影响下，网络中所传播的舆情信息会发生变化，有可能形成一边倒的狂热，催生一呼百应的气场，产生了所谓的"回音室效应"。

（2）消解政府公信力。法国哲学家德里达创立的解构主义目的在于试

---

[1] [美] 迈尔斯.社会心理学 [M].侯玉波，乐国安，张智勇等译，北京：人民邮电出版社，2006：224.

图打破现有的秩序，进而创造他们认为更合理的秩序。网络舆情全球性、开放性、复杂性、去中心化、匿名和实名交织等特质决定了网络舆情可以成为现代社会一种强大而隐秘的解构力量。政府在网络舆情处置和应对过程中的不专业乃至拙劣的表现一而再、再而三地吞噬了政府的公信力。政府公信力是政府的合法性来源，是各种法律、法规得以行使的基本保证，是确保社会稳定的重要杠杆，是在政府的执政实践中所积累起来的正资产，主要体现在政府的权威性、信誉度及其在公众心中的影响力。一个负责任、成功、高效的政府必然致力于追求良好的公信力。政府的公信力不足还会导致政府合法化危机，进而遭遇执政危机。负面网络舆情对政府公信力的影响越来越大，可以从多个维度消解政府公信力，使得政府的社会治理能力和社会控制能力下降，导致政府的公信力危机，一个没有公信力的政府势必面临着更大的溃败风险。网络舆情强化了"塔西佗陷阱"效应。古罗马政论家塔西佗认为，一个不受人民欢迎的政府，无论其政策好坏与否都会得罪人民。"塔西佗陷阱"作为西方政治学的一个重要假说可理解为：当政府失去公信力时，不论说真话还是假话，做好事还是坏事，都会被认为说假话，做坏事。网络舆情应对中的信息不公开影响政府公信力。政府的信息公开透明是现代政治的基本要求，然而公众的知情权常常被政府选择性忽略掉了。舆情危机发生后，面对民众的诉求和追问，某些政府部门迟迟不公开信息，或者有选择性地公开信息，民众对政府公开的信息也将信将疑，将政府置于尴尬的境地。

(3) 重塑社会意识形态。话语与权力的结合实际上构成了话语霸权。网络社会重新分配了社会风险，也重新确立了话语权力。传播学者麦奎尔认为，在传播是基本权力、权力必须平等与多元的前提下，更应该保障与尊重弱者参与媒体运作的权力。在网络社会里，民众的话语权得到了彻底伸张，并且通过网络舆情在一定程度上重塑了社会意识形态。网络舆情是凝聚社会共识的"黏合剂"。公民的想法、意见和建议，公共知识分子的政治主张、时局建言、文化思潮借助网络沟通、互动、汇聚，最终达成一致，变成了某种主张、学说和观点。

网络社会之前，社会意识形态主要通过大众传播媒介进行和完成，在某些传统上偏好封闭管理制度的国家中通过内循环构建的意识形态在传统社会中是非常有效的。而网络的发展尤其是新媒体的飞速发展，传统的意识形态在不断的解构之中，而新的意识形态建构起来十分不易。由此，网络社会中新旧两种意识形态的控制和反控制、较量与反较量、渗透与反渗透会持续进行，一旦掌控、引导出现偏误就有可能引发严重的政治问题。

意识形态是一国政治安全的精神支柱。某种意识形态的式微隐喻某种政治即将崩盘。史蒂文·莱文认为，正式的意识形态是政府制定社会经济发展目标与行动计划的指导，多数以文字或图像形式存在并被公众广泛认知。非正式的意识形态是由一个社会的价值观、道德、宗教、习俗等组成的一系列制度约束，其涵盖范围要远远大于正式的意识形态，而且对社会公众的影响更加深远与持久；在一定条件下也会对正式的意识形态产生影响[1]。而且，非正式意识形态会与正式意识形态之间存在相互制约、相互促进的关系。通常地，非正式意识形态的演变会早于正式意识形态，并最终引起正式意识形态的变迁。网络空间正好为各种不同类型、不同形态的意识形态较量提供了天然的重要场域。

（4）影响国家文化安全。文化安全一般是指主权国家的文化领域受到威胁或者处于危险情境当中。一方面指主权国家文化现状不受外部侵扰，保有相对独立性；另一方面是指个体没有恐惧、害怕、担忧的文化心态和心理。随着网络舆情在全球的无国界传播，如何保持本国的文化相对独特性，是所有的国家间面临的重要问题，尤其是广大发展中国家。与传统媒体受到地理位置与范围的影响不同，网络媒体突破了地域限制，从而网络媒体对人类的影响也在加速度扩展。其中，网络文化传播是网络传播的重要内容之一，发达国家的文化通过网络对欠发达国家文化构成了巨大的冲击，在一定程度上冲击了人们固有的价值观和世界观，让

---

[1] 李小华. 中国安全观分析（1982—2007）[M]. 上海：上海人民出版社，2008：240-243.

人思想混乱、无所适从。通过网络传播，西方世界观和价值观大肆入侵。西方的技术优势和语言优势使得网络信息都是从经济发展国家、强势文化国家流向欠发达国家、弱势文化国家。进一步地，控制了网络信息输出的国家就控制了文化输出的制高点，在某种程度上也就控制了意识形态的话语权。如果说麦当劳充当了美国饮食文化、资本文化向全球扩张的急先锋，那么也可以说网络也有可能充当美国文化向全球渗透的急先锋。美国掌握着国际互联网的控制权，把持着国际互联网的 13 台域名根服务器。2004—2009 年，美国通过操控互联网服务器，先后瘫痪了利比亚、古巴、朝鲜、叙利亚、苏丹和伊朗 6 国的互联网服务。

（5）挑战国家政治安全。国家政治安全是一个国家独立自主发展的重要保障，受到一个国家的经济、社会、文化、宗教、意识形态等多种因素影响。虽然国家安全似乎与普通民众的生活并无直接关联，但确实非常重要的，因为没有了国家安全，民众个体利益将失去依存。可是，不争的事实是网络舆情成功地吸引了社会公众对某些具体事件的关注，以及国际上所谓民主、自由、人权等普世价值的影响，使得大量的网民更加忽视或者漠视国家主权意识与国家安全问题。树立国家理念与国家安全理念是一个国家政府的重要职责，通过网络平台传播政府的国家理念与国家安全理念也是必然而合理的。

第一，网络对国家安全的冲击。网络对国家安全的冲击是多方面的，如直接作用于政治安全的组成部分，削弱国家主权、危害意识形态安全等，或者指国家安全的其他组成部分，从而间接地影响国家政治安全。而且在网络社会中，个人的自由与权力得到极大的尊重，而民族与国家的理念被彻底弱化，让传统的国家民族认同土崩瓦解。

第二，网络舆情导致国家主权的相对化。传统的国家权力遭遇重大挑战而迅速削弱。就对内主权而言，网络的开放性架构制约了国家对网络空间强力管制的效果，主要原因就在于网络社会的匿名性隐藏了个体在群体中的特征，导致国家管控能力减弱。就对外主权而言，网络的流动性特质催生了"地球村"，在虚无缥缈的世界主义口号下，网民对主权国家的网络管理活动进行了针对性"对抗",部分地削弱了主权国家的管制能力。此外,诸如NGO等非国家行为组织借助于网络获得了快速发展,其社会影响力明显放大,非国家行为主体代替了国家行为主体行使权力。例如,反全球化运动实际上没有一个常设的专门组织,但该运动却真实存在并可以在短时间内快速聚集,然后又遁于无形,如反全球化的人士调集舆论对抗各国政府的能力充分证实了他们已经在网络时代成为国际事务的行为体之一。正如曼纽尔·卡斯特指出的,前苏联的衰落和解体与信息革命的发展密切关联,也显示出在处理向信息时代的过渡上国家主义的无能为力[①]。正如阿尔文·托夫勒预言的,信息与权力、政治密切相关,而且在信息时代前述关系会更加深入[②]。

在网络时代,主权国家完全独立自主地处理国内事务和涉及本国的国际事务的权利在不断削减或渐趋弱化,只能行使一种相对意义上的主权。传统安全观念中军事政治安全的比重开始下降,政治安全的内涵不断得以拓展。网络舆情给所有的主权国家撕开了一道口子,就像随着二氧化碳的堆积,地球上空出现的臭氧层带来全球天气变暖一样,所有的主权国家都无法逃避其所带来的影响。尤其是对那些转型国家、经济发展较落后国家,面临着重大的政治安全、主权安全的挑战,如西亚、北非近年来出现的颜色革命,网络社会信息传播在其中起到了巨大而且可见的作用。

4.5　中国的网络舆情和社会风险

中国互联网发展极为迅速,网民数量已经成为世界第一,网民通过网络传播信息非常活跃。网络在为公众带来极大方便的同时,也存在着引致较大社会风险的可能。

---

① [美] 曼纽尔·卡斯特.千年终结 [M].夏铸九等译.北京:社会科学文献出版社,2003:2-3.
② [美] 阿尔文·托夫勒.预测与前提:托夫勒著作选 [M].沈阳:辽宁科学技术出版社,1982:9.

4.5.1 网络舆情的中国式生态

互联网技术的快速发展与社会经济的飞速进步,导致有更多的人能够使用,也愿意使用互联网,而互联网使用中的便捷、有用性、低成本等特点又引致了更多的人使用互联网。使用互联网人数的增加极大地提高了中国网络活动水平,并对中国公众的生活与观念产生了根本性的变革。

中国互联网信息中心数据显示,截至 2017 年 12 月末,我国网民规模达 7.72 亿人,全年共计新增网民 4074 万人。互联网普及率为 55.8%,较 2016 年底提升了 2.6 个百分点(见图 4-2)。截至 2017 年 12 月末,我国网民使用手机上网的比例达 97.5%,较 2016 年底提升了 2.4 个百分点,网民手机上网比例继续攀升;网民以 10~39 岁群体为主。网民结构中学生群体规模最大,低龄(19 岁以下)、学生群体的占比分别为 22.9%、25.4%。2017 年网络娱乐类应用用户规模持续高速增长,强烈的市场需求、政策的鼓励引导、企业的资源支持共同推动网络文化娱乐产业进入全面繁荣期。

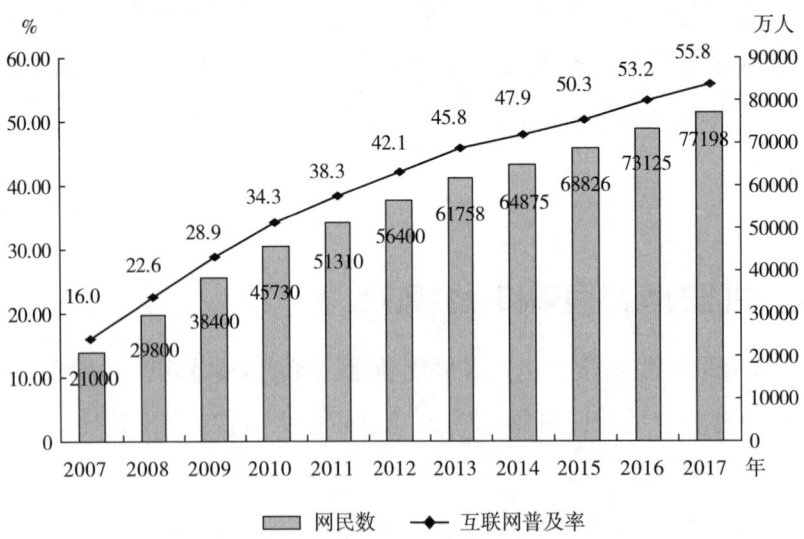

数据来源:CNNIC 中国互联网络发展状况统计调查(2017.12)。

图 4-2 中国网民规模和互联网普及率

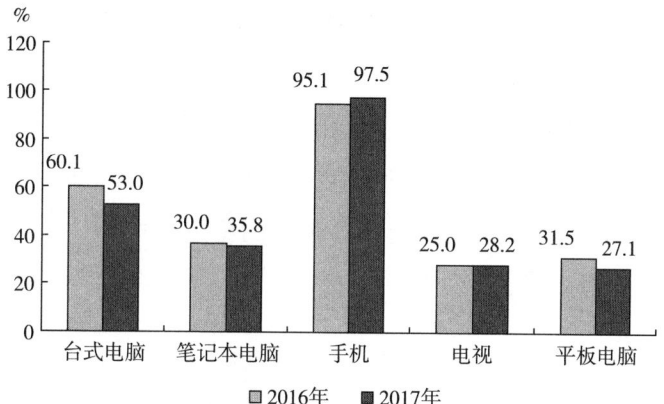

数据来源：CNNIC 中国互联网络发展状况统计调查（2017.12）。

图 4-3　互联网介入设备使用情况

在网民中，手机网民规模持续递增。中国互联网信息中心的数据显示，截至 2017 年 12 月末，我国手机网民规模达 7.53 亿人，较 2016 年底增加 5734 万人；网民中使用手机上网人群的占比由 2016 年的 95.1% 提升至 97.5%（见图 4-3）。移动互联网技术的发展激发了各类移动互联网应用更快发展，涵盖了娱乐沟通、信息查询、商务交易、网络金融、教育、医疗、交通等公共服务，移动互联网塑造了全新的社会生活形态（见图 4-4）。

数据来源：CNNIC 中国互联网络发展状况统计调查（2017.12）。

图 4-4　中国手机网民规模及其占网民比例

截至 2017 年 12 月底，我国城镇地区互联网普及使用率为 71.0%，规模为 5.63 亿人；农村地区互联网普及率为 35.4%，规模为 2.09 亿人。与此同时，不同地区互联网应用的使用率也存在明显差异，如使用门槛较高的互联网理财、旅行预定及明显区域化的外卖、网约车、共享单车等的应用，城镇地区使用率更突出，各种应用使用率均超过农村地区 20 个百分点以上（见图 4-5）。

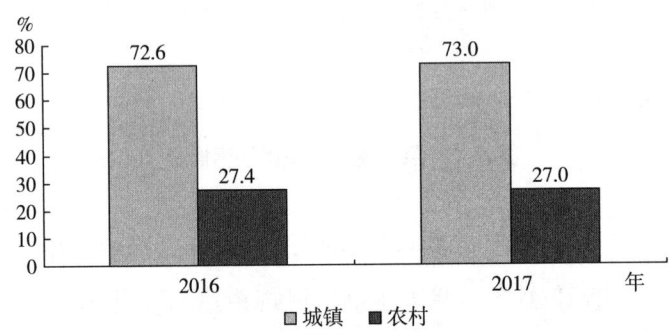

数据来源：CNNIC 中国互联网络发展状况统计调查（2017.12）。

图 4-5 中国网民城乡结构

由于各地经济发展水平存在差异，2016 年各省市区之间的互联网普及率参差不齐，数字鸿沟现象依然存在（见表 4-1）。

表 4-1 2016 年内地各省网民规模及互联网普及率

单位：万人，%

省份	网民数	2016.12 互联网普及率	网民规模增速	省份	网民数	2016.12 互联网普及率	网民规模增速
北京	1690	77.8	2.6	重庆	1556	51.6	7.6
上海	1791	74.1	1.0	湖北	3009	51.4	10.5
广东	8024	74.0	72.4	吉林	1402	50.9	6.7
福建	2678	69.7	1.1	宁夏	339	50.7	3.7
浙江	3632	65.6	1.0	黑龙江	1835	48.1	7.5
天津	999	64.6	4.5	西藏	149	46.1	5.5
辽宁	2741	62.6	0.4	广西	2213	46.1	8.8

续表

省份	网民数	2016.12 互联网普及率	网民规模增速	省份	网民数	2016.12 互联网普及率	网民规模增速
江苏	4513	56.6	2.2	江西	2035	44.6	15.7
山西	2035	55.5	3.0	湖南	3013	44.4	12.2
新疆	1296	54.9	2.7	安徽	2721	44.3	13.6
青海	320	54.5	0.8	四川	3575	43.6	9.7
河北	3956	53.3	6.0	河南	4110	43.4	11.0
山东	5207	52.9	8.7	贵州	1524	43.2	13.2
陕西	1989	52.4	5.5	甘肃	1101	42.4	9.6
内蒙古	1311	52.2	4.1	云南	1892	39.9	7.4
海南	470	51.6	0.9	全国	42652	53.2	6.2

数据来源：中国互联网信息中心（CNNIC），中国互联网络发展状况统计报告，2017年12月.

进一步地，由中国互联网信息中心的数据发现，2017年中国网民的年龄分布中，我国网民中10~39岁群体占整体的73.0%，其中20~29岁的网民占比达30.0%，10~19岁的占比为19.6%，30~39岁的占比为23.5%（见图4-6）。

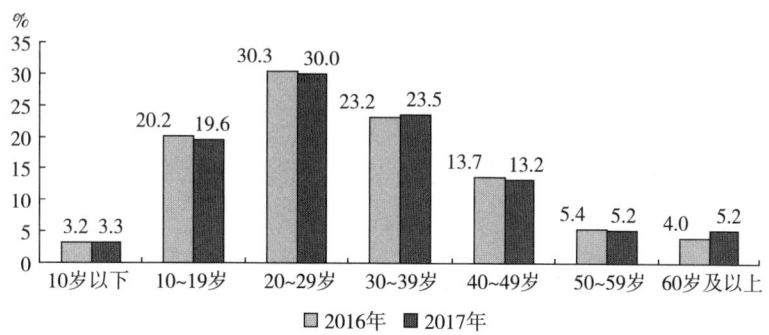

数据来源：CNNIC 中国互联网络发展状况统计调查（2017.12）。

图 4-6 中国网民年龄结构

从网民的受教育程度来看，2017年底接受过中等教育的群体规模最大，初中学历的占到37.9%，高中/中专/技校学历的占到25.4%，其中，初中学历网民占比较2016年底增加0.6个百分点（见图4-7）。

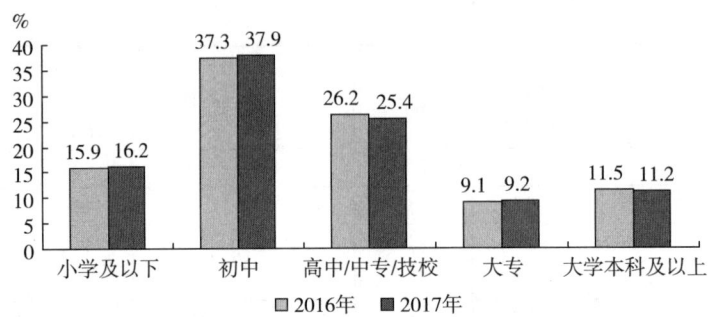

数据来源：CNNIC 中国互联网络发展状况统计调查（2017.12）。

图 4-7 中国网民学历结构

从网民职业结构看，2017 年底学生群体占比最大为 25.4%，自由职业者占比位居第二为 21.3%，第三位的是企业/公司的管理人员和一般职员，占比为 14.6%，而且这三类人群的占比相对稳定（见图 4-8）。

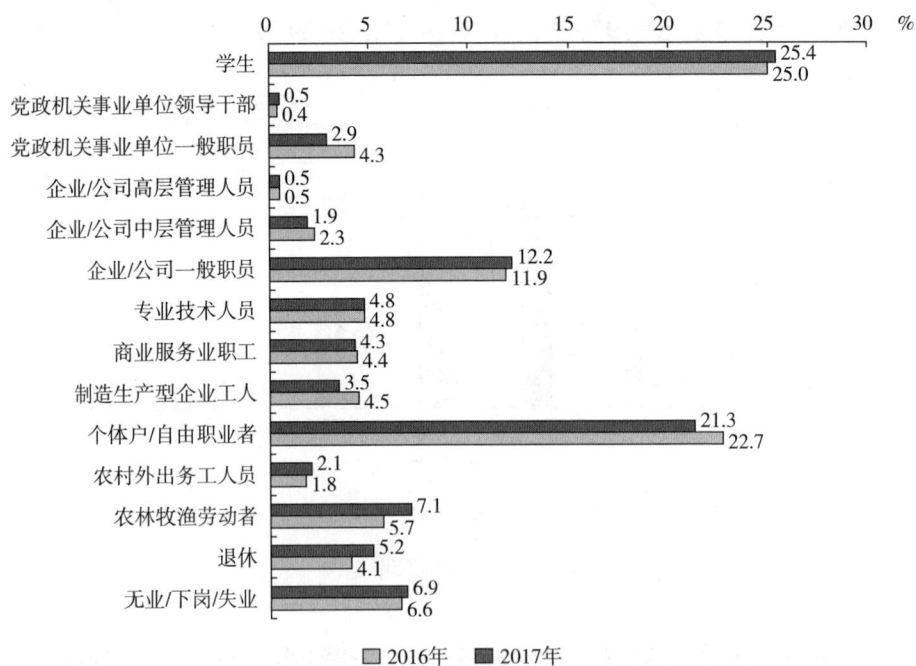

数据来源：CNNIC 中国互联网络发展状况统计调查（2017.12）。

图 4-8 中国网民职业结构

从网民的收入结构看，2017年底月收入3001~5000元的群体占比最高为22.4%，月收入2001~3000元的群体占比为16.6%；相比于2016年底，月收入5000元以上的网民人群占比增加了3.7%（见图4-9）。

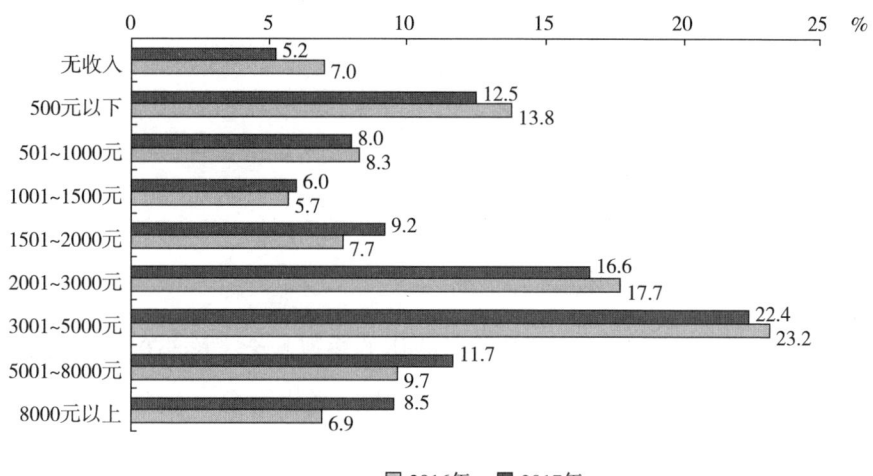

数据来源：CNNIC 中国互联网络发展状况统计调查（2017.12）。

图4-9 中国网民收入结构

网民规模的增长与个人互联网应用的快速发展，更加强化了互联网对网民生活方式的影响，即网民对互联网的依赖程度进一步加深（见表4-2），网络新闻和社交应用的网络用户规模都呈增长态势（见表4-3）。

表4-2 2017年中国网民各类互联网应用的使用率

单位：万人，%

应用	2017.12		2016.12		
	用户规模	网民使用率	用户规模	网民使用率	年增长率
即时通讯	72023	93.3	66628	91.5	8.1
搜索引擎	63956	82.8	60238	82.4	6.2
网络新闻	64689	83.8	61390	84.0	5.4
网络视频	57892	75.0	54455	74.5	6.3
微博	31601	40.9	27143	37.1	16.4
网络直播	42209	54.7	34431	47.1	22.6

表 4-3　2017 年中国网民各类手机互联网应用的使用率

单位：万人，%

应用	2017.12		2016.12		
	用户规模	网民使用率	用户规模	网民使用率	年增长率
手机即时通讯	69359	0.922	63797	0.918	0.087
手机网络新闻	61959	0.823	57126	0.822	0.085
手机搜索	62398	0.829	57511	0.827	0.085
手机网络视频	54857	0.729	49987	0.719	0.097
手机微博	28634	0.38	24086	0.346	0.189

4.5.2　中国网络舆情的现状

伴随中国互联网的发展以及网民队伍的快速壮大，网络舆情日渐显示其巨大影响力，并对中国社会的生活方式、文化教育、社会管理乃至政治意识都产生了即时的、潜在的影响。

4.5.3　中国网络舆情的现实背景

受到中国转型期深刻背景的影响，制度的转轨仍在完善中，收入差距因个体禀赋差异而尚未得到有效调整，再加上中国网民结构中年轻网民较多、中等教育程度的网民较多、最活跃的网民收入多受中等收入水平等因素影响，导致中国网络舆情的现实背景有着明显的中国烙印。

（1）中国年轻网民的非理性化、极端化、情绪化较多。这种负面情绪蔓延开来，使舆论指向官员、指向政府、指向权威、指向专家，指向现实社会中"有头有脸"的势力，指向体制内的一切人和事。此外，互联网上言论有明显的民粹化、泛政治化和泛道德化取向。所谓的民粹化，就是以草根自居，以底层人群代言人自居，民粹化的背面就是反精英化。所谓泛政治化是指无论大事小事，很容易向政治上靠，容易上纲上线。所谓泛道德化，将个体的行为推及一个群体，官员、学者往往被妖魔化、脸谱化。围观改变中国，网络围观成为一道特殊的社会景观，这些导致网络舆情的爆点、燃点很低。互联网上很活跃的往往是体制外的群体，社会精英群体在互联网上更多的是只看不说。

（2）意识形态领域存在"左""右"对峙。自法国大革命以来，"左"和"右"一直是人们用来描述意识形态中截然对立的两种政治价值体系，也被经常用来划分政治现实中持相反政治立场的政治势力和群体。意识形态是"一套有关什么样的秩序才是社会的正确秩序以及如何才能达到这一秩序的信念体系"。自晚清以来，政治左右派之间的对立和冲突一直影响着中国现代化的进程。进入21世纪之后，随着改革开放的不断深化和社会矛盾的日趋尖锐，左右派之间在执政理念、发展方向、政策基调方面的对立也日益显露。《二十一世纪》2014年4月发表的一篇研究报告显示，中国网民（更确切地说是"政治上活跃的中国网民"）的意识形态立场可以概括为中间偏右，持左派立场的网民比例较少，而且右派的比例明显高于左派。研究还显示，中国网民的左、右立场与社会阶层地位之间的关系基本是：越是上层越右倾，越是下层越中庸，但不存在越是下层越左倾的趋势。在性别、年龄方面，男性左、右立场相较于女性而言更加鲜明；年龄越大，立场越偏右，年龄越小，立场越中庸。教育程度和网民左、右立场之间的相关性并不太明显，也就是说教育程度对于政治立场的影响不大。

在中国当下特殊情境之中，我们必须对互联网消极的一面保持高度的警醒，网络有可能放大社会问题、加深社会隔阂、加速社会行动甚至引发街头抗争。

（3）经济发展引致的社会矛盾进入高发期。良好的社会治理是"使公共利益最大化的社会管理过程"，其前提条件就是政府与公民能合作管理公共生活，而且对于那些在社会管理中利益受到影响的不同利益群体有正常的表达利益诉求的渠道，以避免不同利益主体的怨气累积到不可收拾的境地。毋庸置疑，不同利益群体的表达机制应该理性、合理、合法。而我国目前正好进入了社会矛盾高发期，其中的不协调与社会矛盾主要体现为不同利益群体之间的利益冲突。如中国房地产发展引发了对土地的竞逐，由此引起的城市、农村的野蛮拆迁就是当前社会矛盾的突出表现之一。由中国 2015—2017 年不同舆情领域压力指数（见表 4-4）可知，官民关系紧张、贫富差距扩大、仇富心态、医患矛盾、阶层流动堵塞、权益纠纷增多等社会矛盾的焦点；公共管理、吏治反腐、军事外交等领域的舆情事件多由党政部门引发和主导，超过一半的热点事件都属于这些领域；公共安全方面的突发事件也是网络舆情危机的爆发点。进一步地，由中国 2015—2017 年"社会矛盾"聚焦点的舆情压力值（见表 4-5）可知：社会暴力事件的舆情压力最高；官民关系、警民关系、医患关系、城管与小贩关系、劳资关系五类关系也是社会矛盾的主要聚焦点；未成年人及弱势群体的保护成了一个重要的社会舆情爆发点，社会道德的争议持续不断。

表 4-4　2015—2017 年不同舆情领域压力指数

单位：件，%

分类	事件数量	2017年事件占比	2016年事件占比	2015年事件占比	2017年平均热度	2016年平均热度	2015年平均热度	2017年舆情压力	2016年舆情压力	2015年舆情压力
社会矛盾	131	21.8	25.5	20.6	47.04	41.30	56.86	110.87	102.41	105.09
公共管理	211	35.2	38.0	31.2	51.58	50.14	65.67	67.86	103.69	91.71
公共安全	75	12.5	10.7	11.6	53.49	48.72	62.54	65.46	59.83	61.41
企业舆情	48	8.0	5.2	14.0	55.93	53.74	61.81	34.17	24.94	49.82
体育、娱乐及公共人物	37	6.2	6.0	5.4	56.01	60.25	66.10	17.10	12.57	12.41
涉外涉军	61	10.2	7.2	9.4	56.51	59.73	65.72	11.66	9.76	11.02
吏治反腐	16	2.7	6.5	4.4	52.91	45.54	58.41	6.91	20.08	12.09
其他	21	3.5	1.3	3.4	50.20	48.97	66.76	2.11	5.27	8.00

数据来源：http：//www.pishu.com.cn/skwx_ps/literature/6331/9213945.html。

表 4-5　2015—2017 年社会矛盾聚焦点压力指数

单位：件，%

矛盾聚集点	事件数量	2017年事件占比	2016年事件占比	2015年事件占比	2017年平均热度	2016年平均热度	2015年平均热度	2017年舆情压力	2016年舆情压力	2015年舆情压力
社会道德争议	56	9.3	7.7	6.4	45.46	38.98	59.30	38.38	19.65	25.37
未成年人及弱势群体保护	15	2.5	2.3	2.2	49.00	30.75	52.32	15.16	7.23	11.70
社会欺诈	7	1.2	0.5	0.2	53.98	50.12	0.00	10.25	4.13	1.20
意识形态	6	1.0	1.0	1.2	54.29	53.79	56.87	8.49	5.04	10.35
社会暴力	8	1.3	1.7	2.6	43.80	41.43	54.37	8.14	8.57	10.11
官民关系	7	1.2	2.8	1.2	43.79	36.43	59.41	7.02	11.48	9.85
警民关系	3	0.5	1.3	1.2	62.99	44.03	57.96	5.70	8.69	9.16
医患关系	4	0.7	1.3	0.8	44.85	38.62	58.02	4.09	5.01	4.80
贫富及城乡差距	11	1.8	2.7	0.4	50.97	47.56	66.08	2.23	12.37	1.78
劳资纠纷	1	0.2	1.3	2.4	34.11	46.75	52.62	0.62	7.55	10.96
征地拆迁与群体维权	0	0.0	1.0	0.6	0.00	41.84	57.84	0.00	5.56	5.52

数据来源：http://www.pishu.com.cn/skwx_ps/literature/6331/9213945.html.

4.5.4　中国网络舆情的畸形繁荣

当下中国社会正在进行艰难的转型，包括经济的转型、社会的转型、文化和制度的转型。网络技术的发展、网络社会的成型和中国特殊国情带来了网络舆情在中国畸形繁荣的现实。自 1994 年互联网在中国兴起并发展至今，中国在互联网发展相关方面的数据拥有诸多世界第一。中国网络发展空前繁荣，主要源于网络承载了太多民意表达和政治参与功能。在美国，政治决策者不大依赖网络舆情来汇集民意，因为已有的民意表达渠道已经相当完备。在我国，由于现实中相关制度和机制安排的不足，普通民众和政治决策者之间沟通渠道不畅通或者沟通效能低下，转而依靠网络进行。中国的网络诉求貌似可以承载一切，网络被赋予了强大的力量，出现了"天赋网权""网络为王""信访不如上访，上访不如上网""围观改变中国"等中国式的网络膜拜、唯网是从。

（1）网络舆论的"流动性过剩"。"流动性过剩"（Excess Liquidity）是经济学术语，指在一段时间内大量货币被投放到市场上，造成投资过大、经济过热，带来市场泡沫化、经济风险化。流动性过剩常常是通货膨胀的风险前奏。这个概念对我们认识当下中国网络舆论场非理性的虚假繁荣问题颇有助益。

网络舆论的"流动性过剩"指在特定时空里，网络舆论表达过度活跃，信息流动呈高度无序状态，形成非正常状态的网络舆论生态，给正常社会带来一定的压力。经济学意义上的"流动性过剩"存在风险，网络舆论的"流动性过剩"同样存有风险。复旦大学张涛甫教授将网络舆论的"流动性过剩"归因为社会"结构性怨恨"、舆论的不当干预和媒介活性等。网络舆论的"流动性过剩"可能带来社会情绪失控、社会信任坍塌、政治合法性流失等社会风险。

"今天，这个世界的信息仿佛太充盈了，以至于公民都丧失了判断力，而沟通的过度又使得公民淹没于巨量信息中[①]，并引致新恐慌。这是基恩对媒体时代的恐慌，事实上，在网络社会这种信息的恐慌还在延续，由信息匮乏无从选择带来的风险已经转换成了冗余信息、垃圾信息太多

[①] [英] 约翰·基恩. 媒体与民主 [M]. 北京：社会科学文献出版社，2003：163.

无从判断的风险。

当下中国的网络舆论场众声喧哗，网络舆论表达存在过热现象。一方面，网络舆论表达诉求和行动明显，失控和无序的网络舆论表达导致网络舆论场出现了"井喷"，处于亢奋和过热状态；另一方面，管理者对网络舆论表达的管控冲动也很强烈。二者之间的博弈形成了表达与管控之间的很大张力，网络舆情的不确定性在加大，风险度在升级。中国社会的"软风险"同"硬风险"交互影响，形成的叠加效应，给中国社会发展带来了极大的不确定性。

(2)"网络谣言"的大行其道。网络谣言是指在网络上出现的完全背离事实真相的信息。与传统谣言相比，二者都完全背离了客观事实，但是网络谣言的传播借助于更加先进的网络平台。随着网络传播的碎片化、网络生态的复杂化，网络谣言在中国日甚一日，甚至有人提出"谣言中国"的命题。中国人民大学危机管理研究中心发布的《网络谣言 2014 年度风险评估与 2015 年度防治报告》，选取了从 2014 年 1 月 1 日到 12 月 31 日期间，在互联网、移动终端客户端流传的 124 个谣言典型案例为研究对象，通过定量和定性的研究方法，分别对网络谣言的特点、产生的社会原因和背景，以及谣言防治三方面内容进行了分析呈现。报告认为复杂的社会心态与需求是网络谣言的动因，为网络谣言提供肥沃的社会土壤，这是网络谣言兴起、传播乃至肆虐的重要原因。比如，有的是为了牟利而造谣传谣，像"秦火火"和"立二拆四"。还有的是基于不安全感，基于关心和善良的需求，基于民族自豪感和民族自尊心，产生网络谣言的动因有很多。

谣言伴随人类的发展进程始终，任何形态下和任何发展阶段的社会都伴生着各种类型的谣言。从 2008 年的"蛆橘事件"让全国柑橘严重滞销，到 2009 年的北京"艾滋女"风波，再到 2010 年的地震谣言令山西数百万人避难街头，到 2011 年由日本海啸引发的各地群众的"抢盐风波"引发社会恐慌、"皮革奶粉"传言重创国产乳制品等，造成恶劣政治影响。网络谣言成为社会新公害，成为网络时代中国社会重要的风险源。从大处看，网络谣言损害国家形象，引发社会恐慌；从小处看，颠覆个人价值观，侵犯公民合法权益。近些年来，我国经济社会发展面临许多难以预见的风险和挑战，人们对自己的未来没有准确的预期，导致心理上和思想上的迷惘和浮躁，进而衍生出很多负面情绪，这些负面情绪正是滋生网络谣言的温床。官方信息的不透明，也为谣言横行提供了机会。在重大危机事件面前，让真相穿鞋的速度更快一点，发布的速度更快一些，事实大白于天下之时，谣言也就自然消散了。此外，网络法制建设不力，形成真空地带，导致对网络谣言查处过松、处罚过轻，造成相当长的一段时期网络造谣、传谣的成本和风险过低，某些不法分子和机构甚至利用网络谣言来牟取私利。网络谣言在一定程度上折射出了国民心态和社会情绪，我们应该能够认真分析、积极回应网络谣言所表达的社会诉求，有效疏导社会不满情绪，降低社会公众心理上的不安全感、不信任感和不幸福感。

面对网络舆情的畸形繁荣现实，我们应该秉持这样的立场：首先是不在放大的网络舆情中误读中国，因为这不利于对一个真实的中国的认知和了解。网络上传播更多的是极端的声音和偏激的情绪，极端民粹主义、狭隘民族主义等更易得到传播，建设性的声音、温和理性的声音反倒进入"沉默的螺旋"；负面的声音更易于引发关注，正面的声音常常被淹没。其次是借助网络舆情认知中国、了解中国，网络舆情对现实社会有一定的关照作用。"把关人"的缺失导致在网络上滋生了一些极端的、偏激的声音，这是网络的局限性之所在。网络现在已是最重要、最普遍、最大众的表达途径之一，网民有自己的判断，网民有自己的素养，网民有自己的态度，网络声音可以呈现民意，没有多少人会把网络上极端的、偏激的声音当成"真实中国的全部"。

4.6 中国对网络舆情的管理

互联网已经成为一种强大的社会、经济、政治和文化的整合力量，

"互联网+"是这个时代的主旋律。政府、资本、社会组织等基于各种目的，都有控制和利用互联网的冲动。丹·希勒指出了网络的实质："互联网绝不是一个脱离真实世界之外而构建的全新王国。相反，互联网和现实世界是不可分割的部分①。"正如阿尔文·托夫勒指出的，追求信息自由流通是最高原则，但是如果一个社会真的实现了完全自由流通是无法想象的，这就如同容许纵火犯继续在烈火中浇油一样，所以在自由流通原则下社会适当地保留一些秘密是非常重要的也是有益的②。

（1）中国政府对网络舆情的管理思维陈旧。中国是强政府社会，对媒体的管理有历史习惯，这种习惯也被延伸或复制到了网络时代的媒体管理上。海外有学者细致地分析了中国政府管理互联网的技术手段和政策手段，以及部分异议群体通过对互联网的创造性使用带给中国政府的挑战，并认为互联网的充分利用仅仅增加了异议群体抗议政府的能量，但尚不足以挑战中国政府权威，中国政府完全有能力管理好网络舆情及其可能引发的社会矛盾。正如Lagerkvist（2006）认为的，尽管互联网开启了（Unlocking）传统媒体下所禁闭的公共领域，但中国政府能够有效管理好网民舆情③。

根据中国政府的网络舆情治理政策，可以发现政府的"应对""控制""调控""治理""规制""处置"等具体策略，这些策略其实也反映了政府管理的一种深度刻板的话语意识、文化偏见和对抗姿态，是基于政府具有无限权力臆想以及居主导地位的"挑战—反应"式思维的必然选择。

"应对"指采取措施、对策以应付出现的情况。应对是一种应急反应，是一种防御心态。应对方本身仍然是封闭的、选择性的。所谓的要"亮剑"，要"抢占舆论阵地"，要"守土有责"，像上甘岭一样。这是一类典型的战争语汇，折射的是敌对思维和心态。这样的一种敌对思维和心态

---

① [美] 丹·希勒.数字资本主义[M].杨立平译，南昌：江西人民出版社，2001：289.
② [美] 阿尔文·托夫勒.权力的转移[M].吴迎春等译，北京：中信出版社，2006：229.
③ Lagerkvist, Johan. The Internet in China：Unlocking and Containing the Public Sphere. Lund：Lund University, 2006.

下必然导致一种社会结构和情绪的紧张，我们有理由对网络问政的效果存疑。

"控制"包括两个方面的含义，一方面是指掌握住不使任意活动或越出范围，另一方面是指使处于自己的占有、管理或影响之下。这是一类典型的权力语汇。"调控"源自我国经济管理中常用的"宏观调控"一词，是指从全局性视角对事物的运行和发展进行总体上的指导和调节。"治理"在政治学领域通常指国家治理，在经济学领域通常指公司治理及其制度。"规制"就是政府设置（出台）规定进行限制。规制一般指政府对经济行为的管理或制约。"处置"是基于合作的态度，采取有力的行动。新华网甚至推出了"全国城市网络舆情处置能力排行榜"，从舆情热度、官方响应、媒体应对等方面建构指标体系，从而评判地方政府舆情处置能力高下。

上述词汇在不同的时空、不同的语境下同网络舆情相关联，但这些年来不管是政府部门还是学界，对宏观背景下的网络舆情管理更多地趋向于选择"治理"一词，这种认知、态度和选择上的变化，在某种程度上是一类积极科学、合乎常识、顺应逻辑的理性选择行为。

（2）中国政府对网络舆情的管控形式多样。政府对网络舆情的管理除了采用防火墙软件外，屏蔽关键词也是一种常用的技术手段。而汉语语言的表达方式灵活多样、语义丰富，为网友挑战政府的关键词屏蔽措施提供了很多新颖的方法，比如用"目田"代替"自由"，用"hexie"或"河蟹"指代"和谐"。而且在网友的群体力量下，又创造了每一种替代方式的很多变种表达方式，使得政府的管控防不胜防。可以说，汉语自身的丰富性对关键词屏蔽技术构成了天然的挑战。

（3）中国政府对网络舆情的管理重点是预防群体性事件的发生。由于群体性事件对中国社会的危害甚大，中国政府对网络舆情管理重点是预防群体性事件的发生，外国学者对中国网络舆情管理的研究也证实了该点。《美国政治学评论》（American Political Science Review）在 2013 年 5 月发表" How Censorship in China Allows Government Criticism but

Silences Collective Expression"一文，对于中国的网络舆情管控进行考察。Gary King 和 Jennifer Pan 基于中国网络管理部门可能正在实施人类有史以来、最广泛最严厉的言论筛查行动的预设立场，专门设计了一款计算机分析软件，进行大规模、全口径、长时段的跟踪研究。他们抢在中国政府进行过滤和删帖之前，在中国1400个不同的网络媒介上定位、下载数百万个网帖。借助现代电脑文本分析技术，针对85个特定议题，把特定时间内被过滤和删除的网帖与未被审查的网帖内容进行对比分析。结果发现：与一般的认知不同，那些对国家、领导人和政策进行负面评价甚至尖刻批评的网帖遭过滤或删除的概率并不高。但是只要是同社会动员有关的言论或者行动性信息，不论何种内容一概会被过滤或删除。这也间接地说明了中国政府的言论管制原则，主要原则就是限制并避免群体性事件[①]。

图4-10中的4个例子分别是温州环保彩票事件、增城孕妇遭保安殴打事件、艾未未被捕事件、内蒙古牧民被运煤车撞死事件。在这些事件开始发生时，政府的审查力度都很低，但是随着网络舆情的集中爆发、事件的行动转向，政府审查强度也就随之增加。无论是删帖的绝对数量，还是删帖所占的相对比例，都处于高位。由此可知，中国政府会高度关注那些可能会引发群体性事件的网络舆情的爆发，并在网络舆情的爆发期会严格审查与管理。

图4-11中给出的4个话题分别为计划生育、教育改革、惩治腐败和电价调整。这些话题虽然具有争议性，也有一定的潜在煽动性，但是因为引发群体性示威游行的可能性较低，所以政府审查强度一直非常小。

---

① Gary King, Jennifer Pan. How Censorship in China Allows Government Criticism but Silences Collective Expression [J] .American Political Science Review. May，2013.

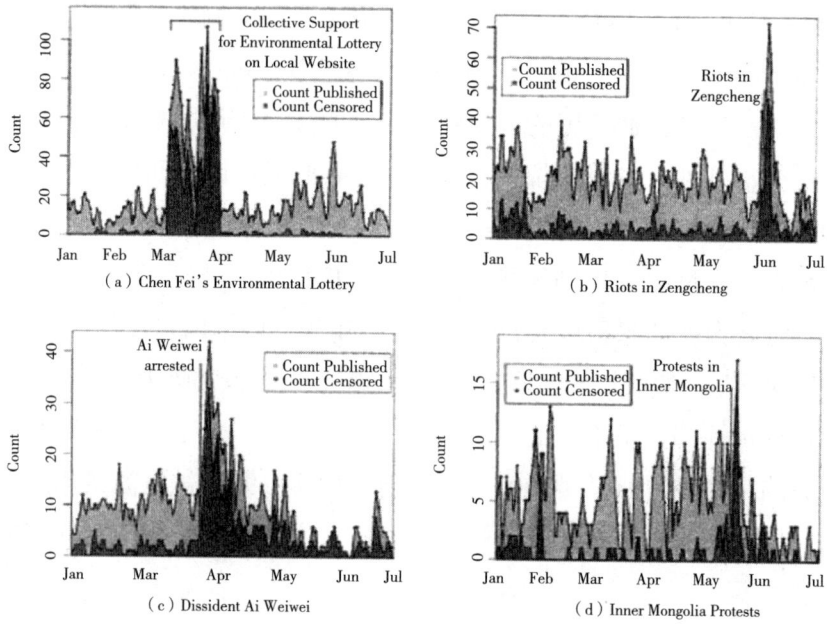

图 4-10　高强度审查行为事件

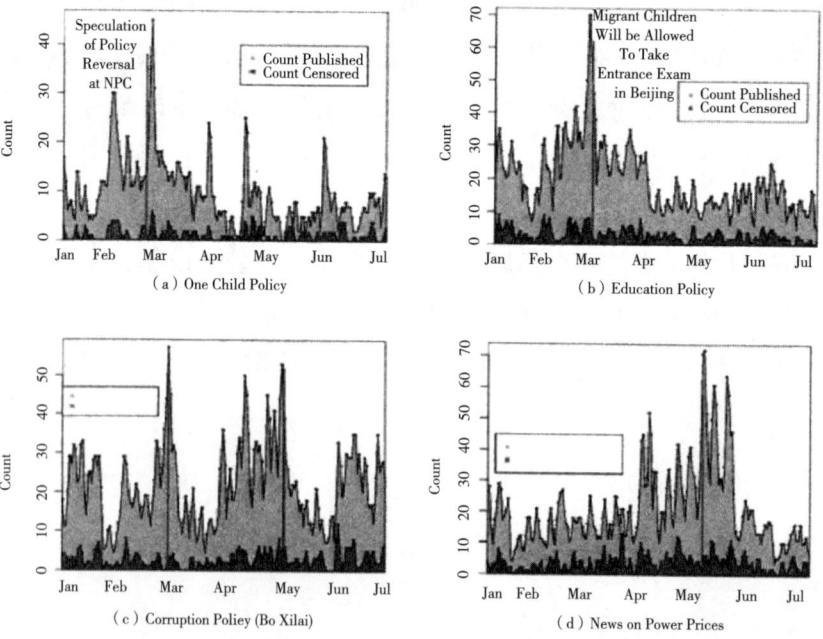

图 4-11　低强度审查行为事件

4.7 中国社会风险性质

当下中国社会面临诸多风险，从根本上来说，是一种深具中国特色的、复杂性和挑战性并存的风险。

第一，共时性的风险。在这点上学界已形成共识，作为世界最大的发展中国家，中国目前是一个集农业社会、工业社会和信息社会于一体的三栖型社会，前现代、现代以及后现代的多种风险于此间交织与蔓延，传统的风险还没有消失，新兴的风险已然发生。

第二，叠加性的风险。叠加性的风险包含了多样的历时性、共时态的风险[①]，主要是指各种风险在同一时空彼此影响、相互激荡。"屋漏"加上"连阴雨"，"破船"遭遇"顶头风"，增加了风险的强度，也导致风险更加不容易掌控。

第三，多样性的风险。风险是一种客观存在，但不同社会群体的风险感知、选择和应对不完全一样。风险分配也是依附于阶层的，但是与财富分配依附于阶层不一样的地方在于，风险分配与阶层是颠倒分配的，即风险聚集在社会底层[②]。

4.7.1 网络舆情具有明显的中国特色

中国社会的网络舆情与其他国家既有共同点也有差异，相应地，中国的社会风险与其他国家也是共性、差异并存。西方国家媒体一直扮演着"第四权利"角色，正如美国著名记者普利策认为的，国家与记者之间就如同海上航行的大船与船头瞭望者的关系，新闻记者要通过观察及时发现海上可能的风险，并及时示警。其主要职能是"监视环境"[③]。中国媒体一直扮演着"宣传员、鼓动者和组织者"，一贯被称为党和人民的"喉舌"。也就是说，中国媒体是党与政府的舆论宣传的重要工具，维护稳定、维

---

① 刘岩.风险社会理论视野中的和谐社会议题[N].吉林大学社会科学学报，2007（5）.
② [德]乌尔里希·贝克.从工业社会到风险社会[J].马克思主义与现实，2003（3）.
③ 卢凌艳.风险社会中我国媒体角色失范及策略研究[D].西南政法大学硕士论文，2013.

护政府形象、维护社会大众利益是其传播信息的主要依据。进入 21 世纪后，虽然中国的媒体依旧是党与政府传达政策的主要平台，但是媒体之间的竞争已经促使了媒体的功能与角色的悄悄变化，并正在逐步向社会公器转变，承担着更多的社会责任。尤其是随着网络媒体的发展，传统媒体面临着巨大的竞争压力，实现与受众的互动、关注受众偏好及其偏好信息已经成了网络媒体的重要依据。

中国社会与经济的转型、全球化浪潮使得中国的社会问题异常突出地集中爆发，网络舆情对这些社会问题的关注、传播与以前的传统媒体传播相比已经有了很大的变化，尤其是对政府管理、腐败、教育、社会道德、社会保障等领域的问题会引发网民与社会的高度关注。网络媒体在自身生存的压力下，对这些社会高度关注的热点舆情也会在适当时机介入传播与报道，进而推高了网络舆情的热度与社会关注度。

4.7.2 网络舆情会推高中国社会风险

虽然中国传统媒体与网络媒体在社会管理、政府决策、公众知情权等方面发挥了积极作用，但是由于其存在的不足使得网络舆情呈不稳定状态，进而对社会造成影响。

（1）媒体信息传播的缺位或错位激发了网络舆情。中国媒体负担着特殊的职能，进而使得中国媒体在面对突发或重大公共议题时，不能有效地发挥"第四权利"的作用，只能充当政府的宣导工具，而这往往成了激发网络舆情高涨的诱因。

在面对突发或重大公共议题时，媒体的自我管理导致媒体的集体失语，甚或有些媒体出于正面引导舆论的目的而将"悲剧"当"喜剧"报道，失去了第一手信息的发布权，从而拱手将信息发布权让给网络舆情或者外国媒体。众所周知，网络舆情的信息良莠不齐，其信息真实度一般都会低于传统媒体，而外国媒体信息都有各自的意识形态立场，由此导致某些突发事件或重大公共议题的网络舆情失控。如在报道重大自然灾害或重大公共事故时，没有从人性关怀角度报道遇害者及其家属，反而突出某些领导的重视与积极应对，试图从正面角度来引导舆论，但是效果往往适得其反。如在报道 2012 年北京大暴雨事件时，突出"领导干部冒雨救灾"等新闻，导致网络舆情与官媒完全相反，痛斥政府反应迟缓、官媒媚官[①]。

在官媒信息不及时或者存在选择性偏误时，网络媒体信息就会自然地成了网络舆情传播的对象，其中不乏一些网络水军的恶意操弄，并经常会引发严重后果。2013 年 5 月 3 日，22 岁安徽籍女青年袁某在北京高坠而亡，公安机关结合现场勘查和相关人证物证进行分析，认为死者系自主高坠死亡。由于死者的利益关系人对这样的结论不接受，开始利用网络虚构了"花季少女离奇跳楼""安徽籍女子被强奸后跳楼"等情境，导致网络舆论持续升温，引发部分不明真相的民众散步抗议的集体行动。

(2) 西方发达国家意识形态入侵会推高网络舆情热度。在市场经济冲击下，欧美发达国家的文化、意识形态在经济活动夹带下正在入侵中国普通民众，再加上媒体的社会职责淡化、"媒体捕获"现象的出现，使得西方发达国家的文化、意识形态会潜移默化地影响中国网民的文化觉悟、意识形态觉悟，也使得中国文化消费带有明显的"媚外"风气如商业化、低俗化、娱乐化、暴力化等。如西方的情人节、圣诞节等节日影响力在年轻人心中已经超越了中国传统节日；哈韩、哈日[②]风气的形成与传统媒体、网络媒体的推波助澜有着很大关联。受到西方国家文化、意识形态深刻影响的中国公众，面对中国的突发事件或重大公共事故时会不自觉地以西方标准而非中国标准评判事情，这也是中国近年来网络舆情热度居高不下、影响力日益强大的重要原因。

(3) 风险事实信息传播缺位或失真引致严重的社会风险。传统媒体与网络媒体对突发事件或重大公共议题的信息传播的缺位与错位，会引发网络舆情的汹涌，最后必然引致严重的社会风险[③]。2009 年 6 月，湖北省

---

① 卢凌艳.风险社会中我国媒体角色失范及策略研究 [D].西南政法大学硕士论文，2013.
② 中国游客爆买日本的电饭煲、马桶盖就是外国文化深刻影响了中国人的最明显例证。
③ 卢凌艳.风险社会中我国媒体角色失范及策略研究 [D].西南政法大学硕士论文，2013.

石首市某酒店厨师莫名死亡，警方抢尸在先、家属抢尸在后，而官媒对事件的信息传播语焉不详，则随后网络上谣言四起。在这起事件中，网民用谣言刻画了死者的惨烈场面，如"跳楼的地方没有见到血迹""死者生殖器被捏碎""死者身上都是伤"等，发出"要天理""要公道"的吁求，产生出"揪心"的愤慨，最后导致石首市数万人上街，石首市社会管理一度失控。

chapter 5
第 5 章 网络舆情生态系统

5.1 信息生态环境与信息生态链

生态环境和生态链，是属于生态学领域的专有名词。在生态学中，生态环境也就是生态系统（e-cosystem），是英国生态学家坦斯勒（A.G.Tansley）在《植物生态学导论》一书中首先提出来的，指在一定的空间内生物成分和非生物成分通过物质循环和能量流动相互作用、相互依存而构成的一个生态学功能单位，生物及其非生物环境是互相影响、彼此依存的统一整体[1]。

5.1.1 信息生态环境的定义与构成

首先，信息生态环境不单纯等于"信息+生态环境"。信息生态环境作为一个合成名词，并不能简单地理解成是信息和生态环境的结合体，也决不是信息在生物生态环境的直接替代。信息生态环境是指在一定的社会空间内，信息成分和非信息成分通过信息产品的消费和信息服务的提供相互作用、相互依存而构成的一个以满足信息受众信息需求为根本目的的功能环境。信息、相关信息成分和非信息成分依赖信息环境生存，是互相影响、彼此依存的统一整体。与信息生态环境类似的名词有"信息圈"[2]和"信息环境"等。信息环境是指人类信息生态系统中人类及社会组织周围一切信息交流要素的总和[3]。与它们类似，信息生态环境也是

---

[1] 童金元.生态系统［EB/OL］. http://baike.baidu.com/view/24042.htm，2007-10-04.
[2] ［美］阿尔文·托夫勒.第三次浪潮［M］.黄明坚译，北京：中信出版社，2006：200-369.
[3] 蒋录全.信息生态与社会可持续发展［M］.北京：北京图书馆出版社，2003：20.

关注信息所处周遭一切相关联因素以及与信息本身的关系。但不同的是，"信息生态环境"一词更侧重于生态化。生态 Ecology 一词源于古希腊字，意思是指家或者环境。简单地说，生态就是指一切生物的生存状态，以及它们之间和它与环境之间环环相扣的关系。自然界的"生态"强调所追求的物种多样性，以及以此来维持生态系统的平衡发展①。也就是说，"信息生态环境"这种定义认为这种联系与关系是有规律的，符合一定条件的，可研究的，"环环相扣"并且带有浓重的竞争色彩，而最终是以和谐的"平衡发展"，满足生态环境内各成分需要为目的；其次，"生态环境"概念的提出为生态学的研究和发展奠定了新的基础，极大地推动了生态学的发展。生态系统学是当代生态学研究的前沿。生态环境有4个主要的组成成分：非生物环境、生产者、消费者和还原者。信息生态环境的构成也有4个组成成分：信息生产者、信息消费者、信息传递渠道以及信息环境。其具备如下特点：

(1) 信息生态环境是一个综合性极强的社会体系，涵盖多方面的知识，不局限于某个知识领域。

(2) 与生态环境类同，信息生态环境也具有自我调节的能力，其结构越复杂，自我调节的能力越强。

(3) 信息生态环境是一个不断发展的动态系统，从最初简单的信息交换到信息产品的产生与提供再到信息产业的全面开花，信息生态环境越来越多样化。

(4) 信息生态环境的最基本功能就是持续的信息流动。而类比于"生态链"的信息生态链则是信息生态环境建设中最基本最重要的核心。信息生态链是以信息多样性为基础，以信息源为基本单元，以信息依赖关系为纽带，以信息传递为方式的网式链条体系。它寄托于信息社会中，充分承载着信息受众对信息的需求、消费等信息行为。

---

① 百度.生态的词条定义 [EB/OL].http：//baike.baidu.com/view/ 10382.htm，2007-08-08.

5.1.2 信息生态链的构成与流动方向

存在众多假说，但无论是"陨石撞击说""气温骤降说"还是"海退说"都可以肯定是与生态环境变化有关的[①]，而并非种群内部原因。大熊猫食物链狭窄从而导致自身种群稀缺等。信息生态链也是信息生态环境建设最基本最重要的核心之一。信息生态链是指以信息多样性为基础，以信息源为基本单元，以信息依赖关系为纽带，以信息传递为方式的结构网生态链是生态学中非常重要的语汇，是指以生物多样性为基础，以食物链为基本单元，以营养关系为纽带，形成的紧密的物质循环和能量与信息正常流动的生态系统结构网络。生态链是基于能量流传递摄取的关系而建立的复杂链式关系网。"生态链"一词在现代社会各个产业中都被引用借取，非常常见。如服务生态链、经济生态链、太空生态链和养殖生态链等。生态链是生态环境建设最基本的核心。在自然界中，个体生物的生存与否与周遭环境，与生态链的前后节都有着密切的关系。它寄托于信息社会中，充分反映了信息受众对信息的需求。本书所分析的信息生态链的构成运用生态链原理，呈现状态见图5-1，分析该信息生态链，得出：信息企业、信息机构和信息用户是信息生态链中的重要组成。以生态学定义解释，信息企业是信息生态环境中的生产者，信息用户是最终消费者，信息机构是信息传递者，有时也承担信息产品的中间消费者和二次生产者的角色；这样一个信息生态链不是单向流动的，而是多向流动的，并伴随着角色的不稳定性。以信息用户为例，信息用户作为最终消费者在对信息产品进行使用之后，会有一个基于个人使用经验的判断。这种判断无论是对于信息产品的提供方还是信息服务的提供方来说，都是至关重要的。因此，信息用户在进行信息产品使用反馈的时候，某种意义上也成为了信息的生产者，是引起新的一轮产品消费的原始动力。

[①] 恐龙的死亡原因[EB/OL]. http：//sdwh.kmedu.net/student/ kongl/htm/wenzi/siwang.htm，2007-12-29.

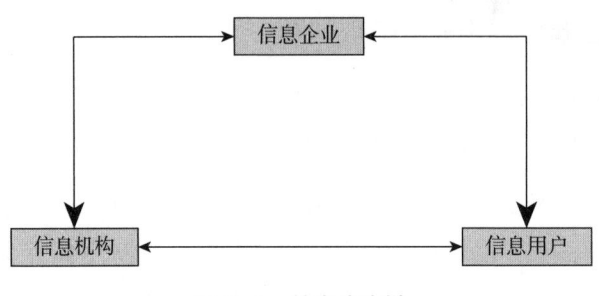

图 5-1　信息生态链

5.1.3　信息生态链的流动方向

图 5-1 中大箭头所体现的流动方向具体解释是：信息企业生产信息产品提供给信息机构，信息机构通过信息服务或进行二次生产后提供给信息用户，同时信息用户也可以自主选择使用信息企业生产的一次信息产品。图 5-1 中小箭头所体现的流动方向具体解释是：信息用户在使用信息产品之后，向提供信息服务的信息机构提出反馈意见，或者直接向信息产品的生产方信息企业提出反馈；同时，信息机构也会就使用和再生产中的相关问题向信息企业提出反馈意见。简而言之，信息生态链作为信息生态环境的核心，意义重大。而在信息生态链中，重中之重，就是信息。信息作为 21 世纪的第一生产力，掌握信息、传递信息、驾驭信息的严肃意义不言而喻，大到社会生产力发展水平，小到人民大众每天的学习生活娱乐都与其相关。但是信息流动并不等同于信息的传播。信息流动和信息传播都是在描述信息状态的可变性、不稳定性和广泛性的。但二者的根本区别在于，信息传播是有意识的行为，具有鲜明的社会性，有强烈的意图。而信息流动则可以是无意识行为，也可以是纯粹的个体行为。以信息服务机构和信息受众之间的信息流动为例，如果一个受众个体向一个图书馆员进行咨询，请求推荐好看的书。这就是典型的信息流动，因为私密性极高，行为的结果也对他人没有影响。而当该图书馆员通过图书馆主页向广大用户推荐某本书时，则是典型的信息传播，因为该行为的社会性和意图性都非常明确。通过以上典型例子，可以认为，信息

传播是信息流动中的一种，是行为结果影响力比较大的一种。而信息流动在我们的生活中更是普遍存在着。对于信息生态链上的信息来说，如何在保鲜期内，以合理有序的方式为受众所接受并使用，能在恰当的时间、恰当的地点为恰当的主体服务，这是一个永恒的问题。事实上，信息生态链正是通过与信息环境的不断融合来解决这一问题的。毫无疑问，这些信息的数量是极度庞大并不断增加的，这些信息的排列则是凌乱无章的。这种凌乱无章包含两种状态，其一，经过有序化整理，但与用户需求与受众意图不匹配；其二，完全无序化。无论是前者还是后者，合理科学的信息环境能在通过一层一层的信息生态链节点进行干预和矫正，并通过信息环境中的法律因素、人文因素、科技因素等共同作用，使信息的合理利用率和有效率提高到一个令人满意的程度，从而使信息生态环境的平衡性和稳定性提高到一个科学的范畴内是最终的目标。也就是说，处理信息生态链，重在结合信息环境实现优化。

5.2 我国信息生态环境中的各要素

5.2.1 我国的信息法律

信息法律是在信息社会快速发展的时代中应运而生的。信息法律和所有类别法律一样，其初衷是为了使人类社会更加有序化，并在相关问题出现的时候成为解决问题的依据。也就是说，信息法律是为了促进人类更加合理更加科学地应用信息而产生的，其直接打击的是对信息的乱用和滥用。信息法律是一个集合名词，是由各种信息法律、法规按照一定规则组成的一个有机整体，包含以下几方面内容：专门针对信息领域的法律、在其他领域法律内涉及信息相关内容的条款、各个部门各行政单位的信息政策、规章制度以及与国际条约、国际条例等相匹配的内容，等等。国外最早的信息立法产生于18世纪欧洲的瑞典，1776年瑞典发表的《出版自由法》（The Free-dom of the Press Act）为最早的信息立法,而现代信息政策与立法主要兴起于 20 世纪 70 年代①。由于信息技术的进一步广泛应用,信息意识的日益加强,许多国际组织如世界贸易组织(WTO)、世界知识产权组织(WIPO)、联合国教科文组织(UNECO)以及国际图联(IFLA)等都已积极参与并提出关于信息法律的立法建议和意见。如 WTO 通过的《与贸易有关的知识产权协议》(Agreement On Trade-related Aspects of Intellectual Property Right,TRIPS)、《布鲁塞尔公约》(关于分配卫星传送信号)(Brussels Convention for the Distribution of Programs of Carrying Signals Transmitted by Satellite);WIPO 通过的《保护录音制品制作者防止未经许可复制其录音制品日内瓦公约》(Geneva Convention for the Protection of Producers of Phonograms Against Unauthorized Dupli- cation of Their Phonograms)、《保护表演者、音像制品制作者和广播组织罗马公约》(Rome Convention for the Protection of Performers, Producers of Phono grams and Broadcasting Organizations)和 IFLA 提出的《IFLA 因特网宣言》(The IFLA Internet Manifesto)、《图书馆、信息服务与知识自由格拉斯哥宣言》(The Glasgow Declaration on Libraries, Information Services and Intellectual Freedom)。不仅如此,各国也纷纷通过立法的形式(包括法院判例)来推进对信息法律的探索,如美国所颁布的《信息自由法案》及其修正案(Freedom of Information Act,FOIA)、《数字千年版权法案》(Digital Millennium Copyright Act,DMCA)等。国外信息法律的进程各有不同,总体上来说比我国要早要全面。我国的信息法律进程开始于 20 世纪 80 年代。1981 年,国家公安部成立了计算机安全监察机构,并着手制定有关计算机安全方面的法律法规和规章制度②。这是我国政府对于信息活动实施依法管理的开始,也可以视其为第一次的国家行为。1986 年 4 月,有关部门开始草拟《中华

---

① 陈旭.信息法学研究起源及研究内容探讨[J].现代情报,2006(9):22-23.
② 沪江电子商务.世界范围电子商务的立法状况[EB/OL].http://publish.it168. com/2005/1126/20051126003701.shtml?cDoc-type=0001,2007-12-26.

人民共和国计算机信息系统安全保护条例》。1991年5月24日，国务院第八十三次常委会议通过了《计算机软件保护条例》。这一条例是为了保护计算机软件设计人的权益，调整计算机软件在开发、传播和使用中发生的利益关系，鼓励计算机软件的开发与流通，促进计算机应用事业的发展而制定的。这是我国颁布的第一个有关计算机应用的法律，也是我国信息法律的开篇。其后，我国在知识产权、信息保密、计算机系统的安全等方面的信息法律都有了一定的基础。如我国1994年颁布的《中华人民共和国计算机信息系统安全保护条例》、1997年颁布的《电子出版物管理规定》、1999年颁布的《关于制作数字化制品的著作权规定》、2000年颁布的《中华人民共和国电信条例》《全国人民代表大会常务委员会关于维护互联网安全的决定》等[1]。上述有关信息收集、获取、传播、交流、使用以及信息市场、信息产权和信息安全保护等法律法规在调整和控制信息服务业行为与活动方式等方面发挥了一定的作用。同时，在积极进行国内立法的同时，为了适应知识产权和跨国数据国际保护潮流并与国际惯例接轨，我国于1980年加入世界知识产权组织，并成为《保护工业产权巴黎公约》(1984年)、《商标注册马德里协定》(1989年)、《保护文学艺术作品伯尔尼公约》(1992年)、《世界版权公约》(1992年)、《万国邮政联盟组织法第五附加议定书》(1997年)、《国际电信联盟公约》(1997年)等国际公约的签字国[2]。由此可见，国家在信息法律的立法方面的确是做出了努力的。但是在肯定成绩的同时，也应该清醒地认识到我国信息法律的总体状况还存在着不尽如人意之处。首先，起步慢。中国信息法律体系建设起步比较慢，先天不足。一方面与国家的经济建设和社会发展大环境有关；另一方面也与有关部门自身宣传力度不够有关。就目前的情况来看，有关部门在继续加速立法的同时，应同时加大信息法律体系建设的宣传力度，采取恰当的措施和途径，及时向全社会通报有关法律

---

[1] 相丽玲，屈宝强.我国信息法的法律预测研究 [N].中国图书馆学报，2005 (4)：79.
[2] 陈永玲.论我国信息立法缺失及其应对策略 [J].江西图书馆学刊，2005 (2)：100-101.

的制定工作及最新进展情况。这样做,既可促使立法者坚定立法的决心,也可让信息立法成为众人关注的焦点,并积极配合主管部门开展舆论宣传工作,以扩大影响,为议案的提出作舆论上的准备。目前,我国对信息立法的研究工作在深度上、力度上还有欠缺,没有拿出具体的法律草案,难以满足立法的需要。为了配合立法进行更深入、系统的理论研究,应研究与借鉴国外信息立法的先进经验及法律,并妥善处理好信息法律与其他法律的关系。因为,信息法律体系建设不仅在于制定一部信息基本法,关键还要有其他配套的法。正确处理好各种关系,才是我国信息法律体系真正能够发挥效力的重要步骤[1]。其次,没有系统化建设,各部门条块分割,各自为政。我国的行政体系设置和信息机构的组成决定了我国在信息法律立法进程上的极不平衡。知识产权、信息保密、计算机系统的安全等方面的法律有一定的基础,但在政府信息资源管理、信息市场的规范化、隐私权的保护等方面,均无相应的法律加以规范。信息立法总体呈现出零乱性、无纲领性[2]。另外,由于在某些方面缺少法律法规,许多信息机构、信息企业自立规则,自制章程,自定标准,造成了不必要的封闭自锁以及人力、物力、财力的浪费。最后,滞后现象严重。这一特点不仅局限于信息法律体系,一定程度上,也是我国整个法律体系的弊病。法律的意义着重在两个方面体现,即预防和惩治。而我国的法律大多是重惩治,轻预防。反映到立法层面来讲,就是往往在问题已经出现,法律空白已经凸显的情况下,才启动立法进程,"头痛医头,脚痛医脚",分身无术。信息法律的立法滞后给信息领域的权利保护造成了影响,也在一定程度上,使得权利人对我国的信息法律失去信心。党的第十七次全国代表大会上,关于依法治国的法治理念更加深入人心,法的精神尤为引人关注。在这期间,代表们也表达出了对信息法律的重视。这说明尽管我国信息法律进程已经有了一定的收获,但相较于飞速发展

---

[1] 王素梅. 对我国信息法律体系建设的思考 [J]. 河北科技图苑, 2005 (1): 42-43.
[2] 程文艳. 我国信息法律体系的完善研究 [J]. 图书馆建设, 2003 (4): 14-16.

的信息社会的实际生活需要、商业贸易领域的实际经营操作和各企事业单位及个人的关注度来说，滞后和匮乏仍然是主导。

5.2.2 我国的信息受众

信息受众是信息生态链的终端，也是消费环节。所有的信息产品的传递流程都以信息受众的获得以及消费为目的。可以说，信息受众对信息产品是否满意直接标志着信息消费的成功与否，信息受众对信息服务过程是否满意直接关系到信息服务提供方的利益。在我国，信息受众的身份、地位和自身特点都有一个显著的变化发展过程。下面以信息接收方接收信息的渠道多寡以及与信息源之间的互动性强弱将其分为三个时代。

（1）读者时代。我们认为，20世纪80年代计算机进入我国以前应该被定义成读者时代。最初的信息受众，只能称其为读者。读者，顾名思义，就是读的人。狭义理解仅仅是以阅读为目的或者是从事阅读行为的人。

（2）信息用户时代。20世纪80年代，计算机进入我国社会以后可以被视为是进入我国信息用户时代的标志。在这一阶段里，用户接收信息的渠道有了显著的增加，互联网为人们打开了一扇巨大的门，也为图书馆事业以及其他信息行业的发展提供了最强大的推进力。20世纪90年代是我国图书馆飞速发展壮大的时期。这一时期被人们称为知识经济时代。知识经济是一种建立在高度依赖知识的创新、传播和应用的基础上的发展观，是建立在以高智能的人力资本和高技术为代表的知识体系为核心所构成的生产力系统之上的经济。简单地说，"这种经济直接依据知识和信息的生产、分配和使用"。[①]

（3）信息受众时代。到21世纪，用户的定义已经过于局限了，在立体化信息环境的影响下，多渠道多方位的信息感受，多学科多层次的信息需求已然使信息用户实现了向信息受众的进化。受众（Audience）在传

---

① 杨宏进. 以知识为基础的经济 [M]. 北京：机械工业出版社，1997：26-30.

播学概念中，是指一切大众传媒的接受对象，比如电视的观众、广播的听众、报纸的读者等。在信息生态环境中，受众可以是通过任何媒介接触到的信息和使用信息的人。也就是说，所有通过信息交流渠道接触到的信息，包括提出信息诉求、获取信息、使用信息产品的人都是信息受众。信息受众是信息传递的终端或次终端。

5.2.3 信息生态链总体趋势

现今信息受众接触信息的渠道很多，可以通过网络、图书馆、其他信息机构或者自行购买信息产品等。本章从分布失衡、个体失衡以及消费失衡三方面对当前的总体趋势做出分析。三种平衡之中，分布失衡是不能改变的客观因素，个体失衡是主宰整体趋势的关键因素，是内因，而消费失衡是客观因素和主观因素共同作用的结果。

（1）分布失衡。从地域分布情况分析，我国的网民群体集中在经济发达的地区。我国国土幅员辽阔，东西南北跨度极广，同时国民数量巨大，其中少数民族数量也比较多。这一现实国情直接导致了我国社会发展的不平衡。这种不平衡从基础设施建设、教育水平构成、经济发展速度这三个重要的辐射点向社会发展的各个层面延伸。所有的发展不平衡，归根到底都是国情导致的，从消极意义上说，是不能避免的。尽管政府在发展中期已经认识到这种不平衡的严重危害性，积极地做出了政策上与行动上的多方面倾斜与努力，但要在短期内克服实际国情带来的无奈现状还是有难度的。尤其在一些软件方面，这种难度尤为明显，如国民教育水平等。因此，中国网民的分布失衡相当突出。

（2）个体失衡。个体失衡是指群体当中个体差异过大的现象，具体可以从以下几方面进行解读：其一，信息受众个体的信息素质有显著差异。信息素质被定义为从各种信息源中检索、评价和使用信息的能力，是信息社会劳动者必须掌握的终身技能[①]。信息素质的优劣直接导致信息受众

---

① 沈固朝. 信息检索（多媒体）教程［M］. 北京：高等教育出版社，2002：5-6.

个体间的失衡现象。素质较高的信息受众就能够通过良好的信息意识、正确的获取方法以及对信息的敏锐反馈获得更多的信息资源，成为群体中的优势者，从而更好地利用信息，并获得更多价值。而信息素质较低的信息受众对信息资源的利用和反作用都是极其有限的。这一类人当中存在着两种情况。一是本身缺乏对信息的占有欲，如一些利用网络进行单纯网络行为的网民（网络游戏者、网络交易者等）或是仅把图书馆看成消遣场所的人等。二是缺乏更恰当更高级的信息获取技巧，如阅读习惯尚不健全的少年儿童、刚接触网络缺乏自制力的青年学生、学习能力较薄弱的老年人等。 其二，信息受众个体的信息渠道有显著差异。首先表现在渠道的多寡上。一些信息受众只有一种或两种信息渠道，如尚未接通网络的欠发达地区受众，仅依靠报纸杂志或者电视广播接收信息；一些信息受众享有全方位立体化的信息渠道，这一部分人群集中在沿海各大城市中。其次表现在各渠道的丰富程度上。一些信息受众所能接触到的信息比较有限，如一些地区只能接收几个电视频道或者只有一份当地报纸，而另一些信息受众接触到的信息面极广。科技提供了跨地域信息接触的可能，文化的交融相汇则提供了更多他们感兴趣的内容。 上海的一个少年足不出户，可以和非洲部落里的少年一起观看当地的土著表演。这就是一个典型的例子。其三，信息受众个体的社会性质有显著差异。职业是体现差异性最大值的一个指标。两种不同职业中，信息受众的存在比例，信息受众个体的渠道占有数都有巨大的差距。这是因为职业作为人的第二种身份，具有极高的辨识度。各个不同职业的地位虽然平等，但所从事的职业活动是截然不同的。有的职业要求从业者保持高度的信息意识，有的职业提供给从业者接触广泛信息源的机会，有的职业则对这方面没有任何要求。

（3）消费失衡。消费失衡是指信息受众所能消费的信息产品在数量及质量上的不平衡现象，表现在两个方面。其一是面对同样的信息受众，有的产品受欢迎，有的信息产品滞销。其二是同一产品，有些信息受众能一次消费，二次消费，甚至成为终身用户，而有的信息受众不能接受或者说不能适应。信息产品的消费和所有其他类别产品的消费都大体相同，遵守着一定的经济规律。但其特殊之处在于信息产品有特性，特性决定了信息产品的消费也有特殊之处。信息消费是一个双向过程。在信息受众消费信息产品，享受信息服务的同时，使用者的信息也在被获取。使用者的特性很大程度上决定着该次消费的成功与否。同样的品质，不同的使用者，对信息产品的消费率可能出现差异。此外，信息产品的消费结果也对下一次信息消费产生可逆的影响。如由听众决定的收听率会导致不良节目取消，会导致优秀节目的多次播出；网站会根据各新闻的点击率决定主打推荐某新闻或撤换新闻等。信息消费是被动提供和主动需求相结合的过程。与一般产品不同，信息产品是 24 小时等待被消费的，产品的功能性受使用时间是否延滞的影响。而其他一般产品自生产出来以后，其性质在保质期内是固定不变的。另外，信息消费是由信息受众主导的消费过程，消费过程中，使用者享有完全的自主性，可以随时停止使用。只有信息受众的主动需求才能使消费成立。没有需求就没有消费。而对于一般产品的消费而言，消费是由消费供给者来主导的。

5.2.4 我国信息生态环境整体分析

从我国信息生态环境总体来看，应认识到其中存在的危机。危机之一：失衡普遍存在，不足与浪费并存。我国的信息环境总体呈现出发展不平衡的态势。失衡存在于各个要素之间以及各个发展过程之中，内外皆有，具有普遍性。危机之二：意识匮乏是症结。我国的信息环境至今仍无整体意识，没有全局观念。各环境要素之间的关系以对抗、竞争为主导，谈合作，讲共存比较少。例如，信息企业大多以图书馆为竞争对手，希望通过推出信息产品，来争取图书馆的受众群体；或者图书馆通过引进信息企业的产品，加强完善自身的服务，来抵抗信息企业的"蚕食"。而这两者之间并未有过真正意义上的战略合作。事实上，信息企业和图书馆完全是可以合作的，也有充分的合作基础。二者的服务对象都是信息受众，二者的服务目的都是要满足受众的信息需求。

5.3 网络舆情生态系统的基本理论

相较于网络舆情而言，网络舆情生态系统是一个较新的概念。截至 2018 年 5 月 22 日，在中国知网（CNKI）中以"网络舆情生态系统"为题名进行检索可获得 3 条文献，以"网络舆论生态系统"为题名进行检索可获得 7 条文献。可见，网络舆情生态系统是我国不断提升治理能力现代化进程中针对网络舆情治理的更为前沿的新概念。虽然直接关联的文献数目不多，通过对信息生态链和信息生态环境为研究基础，近年来仍有一些学者对网络舆情生态系统的相关概念进行了研究。

在学理上，网络舆情生态是从整体视角研究舆情信息、人、网络环境之间关系，以及由它们相互作用而共同形成的网络舆情生态系统的平衡问题[①]。国内关于网络舆情生态研究主要涉及 4 个方面：一是关于网络舆情生态的基础理论研究。谢金林（2013）分析了网络舆论生态系统的结构与影响要素，并揭示了网络舆论生态系统的内在机理[②]。王建亚、宇文姝丽认为，网络舆情生态系统是在网络环境下、特定范围内，围绕某个网络舆情事件，信息人、信息和信息环境组成的一种信息生态系统[③]。全淑凤、李璐认为，网络舆情生态系统指网络舆情各构成要素之间、网络舆情与社会舆情之间、网络舆情与内外环境之间相互关联互动而达到一种相对稳定的结构状态[④]。李昊青等认为，网络舆情生态系统作为一个具有完整结构的开放的动态系统，指的是特定网络舆情各构成要素间、网络舆情间、网络舆情与外部环境间相互关联制约而达到的一种具有相对平衡的结构状态的复杂系统[⑤]。二是关于新媒体环境下网络舆情生态研究。

---

① 李昊青，兰月新，侯晓娜等. 网络舆情管理的理论基础研究［J］. 现代情报，2015，35（5）：25-29，40.
② 谢金林. 网络舆论生态系统内在机理及其治理研究——以网络政治舆论为分析视角［N］. 上海行政学院学报，2013（4）：90-101.
③ 王建亚，宇文姝丽. 网络舆情生态系统的构成及运行机制研究［J］. 情报理论与实践，2014（1）：56.
④ 全淑凤，李璐. 网络舆情生态系统运行的动力节点解析［N］. 湖南大学学报（社会科学版），2017（5）：156.
⑤ 李昊青，兰月新等. 网络舆情生态系统的失衡和优化策略研究［J］. 现代情报，2017（4）：21.

姜景等人（2016）从网络舆论生态治理的角度构建了基于三维微博舆论生态位模型和综合测度指标体系[①]。邢祥（2016）分析了移动舆论场域中的网民舆论生态，并提出了面向暴恐事件的舆论引导策略[②]。三是关于网络舆情/舆论生态失衡及治理研究。高中建等人（2014）通过分析网络舆论生态失衡原因，提出了实现网络舆论生态均衡化发展的矫正策略[③]。徐世甫（2015）在分析网络舆论生态系统结构性困境基础上，从政府、媒体和公众3个维度提出了网络舆论生态治理对策[④]。张涛甫（2016）针对舆论场上的"去中心化"及社会怨恨情绪的病毒式传播等生态失衡问题，提出了网络舆论生态治理策略[⑤]。四是关于网络舆情生态理论的应用研究。刘泾（2014）从网络舆论生态系统平衡的角度，探讨了谣言治理对策[⑥]。喻国明（2016）认为基于网络舆情生态的复杂性原理，在网络舆论场供给侧改革中构建网络舆情的治理规制要体现复杂性和关联性要求[⑦]。从上可知，国内关于网络舆情生态领域研究已取得一定的理论成果，但对网络舆情生态系统理论研究相对较少，且深度不足，尤其对网络舆情生态系统平衡与失衡问题、系统优化等问题研究更缺乏系统性和整体性。

5.3.1 网络舆情生态系统的内涵与类型

根据信息生态学理论，网络舆情生态是指影响网络舆情产生、发展、变化的复合生态环境，是包含着各种网络舆情及其要素相互作用、相互影响而形成的动态空间。其中，网络舆情生态系统作为一个具有完整结

[①] 姜景，沈乾，马宁等.基于网络舆论生态的微博舆论生态位研究［J］.情报杂志，2016（5）：52-57，172.
[②] 邢祥.移动舆论场域中的网民舆论生态及引导策略——以巴黎暴恐事件为例［J］.新闻爱好者，2016（3）：28-32.
[③] 高中建，胡玉婧.网络舆论生态失衡表现及其矫正［J］.人民论坛，2014（14）：39-41.
[④] 徐世甫.网络舆论生态治理研究［J］.南京社会科学，2015（11）：84-90.
[⑤] 张涛甫.网络舆论生态的治理策略［J］.新闻与写作，2016（7）：22-25.
[⑥] 刘泾.网络舆论生态视域中的谣言治理研究［J］.情报科学，2014（5）：42-46.
[⑦] 喻国明.关于网络舆论场供给侧改革的几点思考——基于网络舆情生态的复杂性原理［J］.新闻与写作，2016（5）：43-45.

构的开放的动态系统,指的是特定网络舆情各构成要素间、网络舆情间、网络舆情与外部环境间相互关联制约而达到的一种具有相对平衡的结构状态的复杂系统。网络舆情生态系统主要由网络舆情主体、网络舆情客体以及网络舆情环境三大部分构成。系统内舆情生产者、舆情传播者、舆情消费者、舆情分解者等舆情主体与舆情环境之间有着稳定的信息流、物质流与能量流,并且相互影响、相互依存、协同演化成多层次、多体系、多功能的生态整体。舆情信息是整个生态系统的核心,也是网络舆情形成的原点,紧密联系着舆情主体与舆情环境;舆情主体则是网络舆情生态系统的能动因素,网络舆情的演变离不开多个主体的共同参与;而环境因素是网络舆情生态系统的基础,有了作为环境的"培养基",培养的微生物才得以生长。网络舆情动力是推动、维持及协调网络舆情生态系统并使之有序运行、持续发挥功能效用的力量因素。各种动力因素相互依赖、相互制约、相互转化,共同作用于网络舆情演变发展的整个过程。在网络舆情生态链中,不同的舆情主体扮演着不同角色,承担着网络舆情的生产、传播、消费、分解功能,推动着舆情的酝酿生成—扩散升级—集中爆发—消退转化。生产动力、传播动力、消费动力、分解动力这四个关键动力节点对网络舆情系统的动态运行起着基础性、根本性、决定性的作用。需要说明的是,每种动力因素并不仅限于某个特定的舆情演变过程,只是在相应阶段作用最为明显。从功能上讲,网络舆情生态系统是网络舆情主体与网络舆情生态环境相互联系、相互作用而形成的有机整体,它具有舆情信息生产功能、信息传递功能、能量流转、自我调控等功能。同时,网络舆情生态系统是社会生态系统的一个重要组成部分,由于网络舆情生态系统与外界环境之间不断地进行能量和信息交换,它与现实中城市生态系统、文化生态系统等其他社会生态子系统也相互渗透、相互影响。由此可见,大数据环境下网络舆情生态系统实质上是指在网络舆情生态与数据环境关联的基础上,以大数据思维为导向,通过信息生态学的整体观和系统观来建构的网络舆情生态要素及环境因子关联的网络信息生态系统。依照舆情主体、系统结构等划分角度,网络舆情生态系统有着样态迥异、各具特色的多种类型，其主要包括：①根据研究层次，网络舆情生态系统可分为：宏观（全球、国家层面）、中观（省际、行业层面）和微观（城市、组织层面）网络舆情生态系统；②按照系统与外部环境交互情况，网络舆情生态系统可分为全开放系统（如公共网站、微博等）、半封闭系统（如论坛、社交网站等）和封闭系统（如QQ、微信等群组）3种类型；③按照事件性质，网络舆情生态系统可分为：一般事件（关于社会、民生等事件）和突发事件（关于自然灾害、公共卫生等事件）网络舆情生态系统；④按照主题类别，网络舆情生态系统可分为：政治、经济、社会、文化、生态等网络舆情生态系统。

5.3.2 网络舆情生态系统的结构模型

网络舆情生态系统的结构源自网络舆情生态系统同网络生态环境交互作用的结果。在一定程度上，网络舆情生态系统的结构决定着其系统功能及演化过程。一般而言，网络舆情生态系统的构成要素主要包括网络舆情主体、网络舆情信息以及网络舆情生态环境。其中，网络舆情主体即"信息人"，是指一切需要舆情信息并参与网络舆情活动的个体或社会组织，如政府、媒体、网民以及社会组织等。"信息人"是网络舆情生态系统的主体和核心要素，更是网络舆情生态系统的主导要素，在网络舆情生态系统中多元的网络舆情主体扮演着不同的角色。根据舆情主体在网络舆情生态系统中发挥的作用和地位可大体划分为舆情信息生产者、信息传播者、信息组织者、信息消费者和信息管理者。舆情信息生产者主要是指原始舆情信息和衍生舆情信息的生产者，是网络舆情生态系统中最基础的结构要素；舆情信息传播者是指通过微信、微博、网站等信息渠道实现网络舆情信息传播的舆情主体；舆情信息组织者是指通过网站、论坛以及自媒体等媒介平台对舆情信息的主题化和序化的舆情主体；舆情信息消费者是指有一定信息需求，并对舆情信息进行关注、评论等舆情主体。舆情信息管理者是指对舆情信息进行监测、研判、预警以及应对等管理活动的舆情主体。网络舆情信息是描述舆情事件、内容、方式、时间、路径等信息，由信息内容和信息载体所构成，并以此来反映网络舆情本身。网络舆情是指网络空间中政府、媒体、网民等社会主体围绕特定事件或主题所表达的各种言论、观点、态度、情感之总和。实质上，网络舆情是一种部分民意的表达，或部分民意在网络空间中的价值与情感映射。换言之，它是网络与现实交互环境中网民群体所属民意的综合性表现，抑或是"网民之意向"。因而，网络舆情并不是在任何时候、任何事件/情境都能表征网络社会中整体民意或大多数民意。由此可知，网络舆情信息是网络舆情的基本表征，是以文本、图像、音视频等方式来呈现网络舆情内容或网络民意。在实践中，网络舆情信息是构成网络舆情生态的基础，是网络舆情生态系统的对象性、关键要素，它在网络空间生成，又不限于网络空间传播。 网络舆情生态环境是网络空间中舆情生态因子之和。网络舆情生态因子是指网络舆情生态环境中对网络舆情形成、传播及演化等有直接或间接影响的环境要素，主要包括网络空间、支撑技术、应用工具、交流平台、制度法规、网络伦理、网络基础环境等内容。在网络舆情生态系统运行中，网络舆情生态环境为舆情主体的网络舆情信息活动提供了信息共享的网络空间和能量交互的舆情信息场。根据上述分析，本章可建构大数据环境下网络舆情生态系统的结构模型（如图5-2所示）。该模型主要由网络舆情主体、网络舆情信息、数据平台以及网络舆情生态环境4部分构成。由图5-2可知，网络舆情生态系统的构建原理是网络舆情信息在生成与演化的流动过程中不断发生复杂的信息转换，其中，舆情信息主题内容对舆情主体和舆情环境产生一定的作用与影响，形成了舆情主体间进行信息共享与能量交互的信息流和能量流，与之相伴，在舆情主体信息行为、舆情信息及环境态势变化中生成的各种结构化与非结构化数据，并在网络舆情生态系统运行中不断产生具有不同类型、功能各异的数据流。其中，信息流主要体现着网络舆情信息在网络舆情生态环境与舆情主体间演化与流转的过程；能量流主要反映着舆情信息主题内容作用效度；舆情信息之于环境与主体的价值与影响变化；数据流主要描述在舆情主体信息行为、舆情信息及环境变化中产生的结构化和非结构化数据。

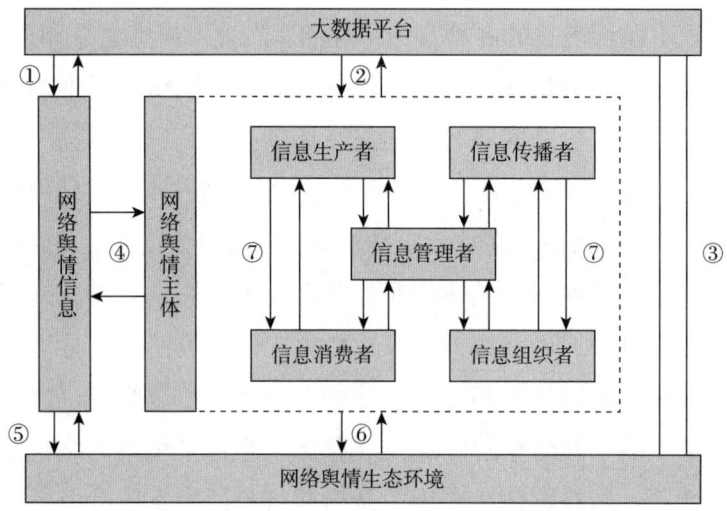

图 5-2　大数据环境下网络舆情生态系统的结构模型

5.3.3　网络舆情生态系统的主要特征

从结构上看,网络舆情生态系统是网络信息生态系统的一种延伸,属于一个开放的耗散结构的动态系统。其演化既反映着网络信息生态系统的一般特征,又具有自身特质,诸如系统演化过程中舆情信息呈现的价值倾向、意义表达、情绪态度,以及与之伴生的各种舆论场。从整体上看,它主要具有以下特征:

(1) 时空结构性

该特点主要表现为网络舆情生态系统在形成与发展中具有一定范围的空间结构和一定阶段的历时结构特征。前者反映的是网络舆情生态系统,通常与特定的主题空间相关联,不同网络平台有不同的环境因子,从而形成不同结构的舆情主体群落,并呈现出一定的层次性空间结构。后者是由于舆情信息具有生长、传播、演化和消亡的特性,使网络舆情生态系统也表现出从简单到复杂、从低级到高级的更替变化规律,网络舆情系统结构呈现具有阶段性特征的演化结构。

(2) 社会性

网络舆情生态系统是一个围绕网络舆情活动而形成的人工生态系统，以信息人和网络环境为重要组成部分，具有较强的社会性。这种"社会性"主要表现为：一是网络舆情生态系统的建构和运行具体体现着社会主体的网络舆情活动，其动力根源于人的信息需求，并随之而发生变化；二是网络舆情生态系统演化受制于网络舆情生态环境中信息制度、信息伦理等信息社会机制的发展水平；三是网络舆情生态系统在运行中能反映"信息人"的社会性群体特征，诸如不同网络群体心理因素、情感目标、价值取向等群体特质，年龄段、教育程度、从业性质等人口特质，以及知识领域、经验认知、信息行为等素质样态。

(3) "链式"协同性

网络舆情生态先天是一个具有多样性、复杂性的动态系统，系统中的各要素在持续变化的环境中相互关联、协同演进，并依托网络舆情信息生态链进行信息流转与能量交互。网络舆情信息生态链是网络舆情信息在网络社会关系之间的生产、传播和演化中得以形成的。在本质上，网络舆情信息生态链是指在网络舆情生态系统中网络舆情主体间以及主体与网络舆情环境相互作用过程中信息流转与能量交互的链式依存关系。它作为网络信息生态链的一种形式，具备网络信息生态链的基本构成和特征，是由信息、节点、路径、环境等要素构成，并直接影响着网络舆情生态系统各要素间的连通性和系统进化的自组织性。

(4) 场域性

该特征主要表现：一是网络舆情生态环境的复杂性特征，使得网络舆情生态系统往往处于现实场和网络场（线上和线下场）、传统媒体与新媒体、官方舆论场和民间舆论场、国内与国外、国家和区域等不同层级的多元场域之中；二是不同场域的网络舆情生态系统有着各自的要素结构、演化规律，各要素在时空、资源、功能等方面有着不同生态位；三是每个场域的网络舆情生态系统依存自身的网络舆情信息生态链进行信息与能量交互，并存在一定场域特质的系统平衡机理；四是不同场域的网络舆情生态系统中存在维持系统本身生存所必需的几个关键性"物种"。

(5) 层级性

由于网络舆情生态中舆情主体的多样性和相互关系的复杂性，决定了网络舆情生态系统是一个多要素、多变量、较为复杂的层级系统。网络舆情生态系统是按照系统各要素特点、关联方式、功能共性、影响规模等多尺度划分层级体系。从低层级到高层级，它一般可分为个体、种群、群落、生态系统、区域、国家、国际/全球网络舆情生态系统。同自然生态系统一样，每一层级网络舆情生态系统是由不同要素组成的亚系统或整体。一方面，这种亚系统表现具有双重性，即对高层级表现出从属组分的特性，对其低层级表现出自我包含的整体特性[①]；另一方面，每个层级的网络舆情生态系统具有不同演替动因，信息流转和能量效用也存在很大差异。

5.3.4 网络舆情生态系统的构成

生态系统是生态学的核心概念，根据"生态学"首创者德国生物学家海克尔的定义："生态学是研究生物与其环境相互关系的科学。"[②] 因此，一般认为生态系统是指生物与其生存环境之间、生物种群之间通过物质、能量和信息的交换而相互联系、相互作用，并占据一定空间、具有一定结构、执行一定功能的动态平衡整体。从其结构上看，由有生命的生物和无生命的物理环境两部分组成。生物部分由生产者、消费者和分解者组成，物理环境部分由大气、阳光、土地等构成。以上生态系统的界定是针对现实世界的。虚拟的网络世界与此同质。网络舆情生态系统同样包括生物与非生物部分。生物部分主要由舆论生产者和消费者组成。至于分解者，主要指非理性的网络舆论污染物、网络舆论垃圾的化解者，实际上就是指舆情引导者。非生物部分由网络基础设施及其中的网络信

---

① 田大伦.高级生态学 [M].北京：科学出版社，2008：213-216.
② 尚玉昌.生态学概论 [M].北京：北京大学出版社，2003：1.

息资源组成。简而言之，网络舆情生态系统就是指奠基于网络的人与人的舆论集所结成的生态体。这里的人如果以政府身份出现，代表的就是政府舆论，形成官方舆情场；如果是以媒体身份出现，代表的就是媒体舆论，形成媒体舆情场；如果只代表公众，那就形成民间舆情场。在前网络时代，政府、媒体是舆情生态系统中的生产者，公众被规训为消费者，但在网络舆情生态系统中，生产者与消费者的边界由于网络的技术支持而变得极其模糊，许多时候，无论是政府、媒体还是公众都成了集生产者和消费者于一体的舆论生产消费者（prosumer）。正是舆论生产与消费边界的模糊甚至消失，使三者缠绕成一体的拟态化舆情生态系统，呈现出形式上的"三位一体"。真正使三者统一起来的，是各方对社会危机的关注和公平正义的渴望。正是对民主自由平等、诚信友善公正的共同关注的舆情反映生成了"三位一体"的舆情场，形成三方舆情场的多点、多面、多元交叉的整体网络舆论生态景观。下面来扫描一下该生态系统三个组成部分的整体影像。首先是政府的官方舆情场。互联网出现后，政府舆论不再仅仅通过自己主管的报纸、电视、电台渠道发出，而是更多地使用自己的官方网站、官方微博、官方微信公众号发声。严格说来只有后者才能形成官方舆论场。因为舆情场本身就是众多舆论的交流交锋交融的互动产物，正是互动才使散落的言论形成共振圈，聚集为舆论场。报纸、电视、电台的单向传播难以形成这种互动共振圈，只有借助互动交流的网站、官方微博、官方微信公众号才能形成言论的聚集成场。官方舆论场主要是发布政府的权威信息以及与民生有关的信息等，媒体与公众会不时地进入该场与政府进行互动。这种互动进一步推动了政府的信息公开，提升政府的公信力，而且也使网络时代的政府言论更易得到公众的评判、呼应和监督，政府第一次处于玻璃房中。正是由于在公众的这种"看得见"中，官方舆论场的生态子环境发生重构，曾经自说自话的单向传播得到逆转，发言更加精准，回应公众的关切更加及时，舆论权的使用更加谨慎，这必将大大改善官方舆论场的生态环境质量。其次是媒体的专业化舆情场。我国媒体作为党的喉舌，本质上讲归属于广义的政府官方舆情场，但其事业单位企业化管理的属性，又决定了它具有独立性，不可能与政府的官方舆论场绝对同一。一定意义上讲，媒体是舆论场上的原住民。媒体是以其专业性基因亮相舆论场的，是舆论场上的重要生力军。这种专业性奠定了它主体性的资格，这在网络时代表现得更加明显，在许多有影响力甚至爆炸力的舆论事件中，媒体早早地走在政府的前面，直接冲到舆情场的前沿阵地，运用自己的专业力量，深挖真相，不断引燃、呈现、推高舆情，成为网络舆情生态系统的重要生产者、分解者，既与官方舆情场正确对接，又与公众的民间舆情场形成生态循环。最后是公众的民间舆情场。在网络出现之前，公众常常被指认为是"沉默的大多数"，实际上，公众从来都不是沉默的，一直在说话，只是缺少把他们言论聚集起来的力场。网络出现后，"沉默的大多数"开始说话，由于网络的集聚和扩散，他们的说话终于被听到被关注，第一次历史性地生成了民间舆论场，一改曾经的在舆论生态系统中被规训为消费者的无声地位，大声说话，全力传话，既是舆情的消费者，更是舆情的生产者，成为舆情生态系统中的一支最耀眼的生力军，一支可以与官方舆论、媒体舆论相对等的新生力量，舆情生态系统结构第一次呈现出平衡发展的局面。一定意义上说，正是公众的民间舆论的爆炸式生产才使中国网络舆论的强度和热度成为世界之最。

5.4 我国网络舆情生态系统的动态性特征

近年来，不断涌现的网络舆情事件涵盖了经济、外交、环境、民生等多领域，舆情主体在一次又一次的舆情发展过程中不断被淬炼和洗礼，舆情环境也随着舆情事件的发展不断被调整优化。网络舆情生态系统所表现出的变化使得系统内部的信息、主体、环境之间不断发生着能量交换，这种能量交换的动态表象使得系统与要素之间不断发生交互反应，从而推动系统与要素不断呈现动态性发展态势。因此，网络舆情事件本身、舆情主体、舆情环境三者均呈现出动态性特征，我国网络舆情生态系统也呈现出显性与隐性兼具的动态性特征。

5.4.1 网络舆情事件的迸发

近年来，我国网络舆情事件较以往有了多方面的变化。从事件属性上看，网络舆情事件涵盖面更为广泛，涉及经济、政治、文化、社会、生态等各个领域。其中，以社会领域的民生问题和生态领域的气候、环境问题居多。食品安全、医疗保障、收入分配、教育公平等社会问题持续占据网络舆情榜单前列。值得一提的是，网络舆情事件中涉及公平、正义、民主、法治等方面的事件比例明显增加，也充分体现了我国社会主要矛盾转变为人民日益增长的美好生活需要和不平衡不充分的发展之间的矛盾。从事件发生时间和频率来看，几乎每天都有地方性网络舆情事件出现，几乎每周都有引发全体网民关注的重大网络舆情事件出现。网络舆情事件间隔的时间越来越短，大有让人应接不暇之势。此外，网络舆情事件爆发后，随着政府治理能力的提升，网络舆情事件酝酿和发酵的周期变短，平均而言，从网络舆情事件产生到消亡的周期已从一周降至三天左右。可见，虽然网络舆情事件发生频率增高，但其从产生到消亡的周期都较以往有所缩短。从事件爆发形态上看，网络舆情事件不再是单一事件的"星点式"呈现，而是某一领域内的相似事件陆续爆发而呈现出"焰火式"聚集形态。近年来，虐童、高校师德师风等同类事件都呈现出聚集爆发形态。如 2017 年爆发的携程亲子园虐童事件、红黄蓝亲子园扎针事件等均集中反映出我国学前教育领域存在的监管不严问题。事件一经报道就引发网民持续关注，网络舆情迅速发酵，社会影响极大。这种同类事件聚集爆发容易引发网民对于某一类问题的持续关注和全面深入讨论，也在一定程度上促使政府部门针对此类事件要提升解决问题的能力。上述网络舆情事件的属性、时间频率、爆发形态等方面的动态性演变植根于我国当前社会的主要矛盾，从频发的重大网络舆情事件中均体现出了动态性特征。

5.4.2 网络舆情主体能力不断提升

网络舆情主体主要包括政府、媒体、网民等，新时代网络舆情的主体在舆情生态系统中处于不断的进化之中。从政府网络治理能力上看，政府应对网络舆情的治理能力有了较大程度的提升。从最初的被动应对到现在的主动引导、协调，从随意的、强硬的管理方式转向有规范、有温度的治理方式，使得政府在网络舆情治理方面显现出更为从容的姿态。2016年4月，习近平总书记在北京主持召开网络安全和信息化工作座谈会时指出："网民来自老百姓，老百姓上了网，民意也就上了网。群众在哪儿，我们的领导干部就要到哪儿去。"习近平总书记的讲话表达了党和政府对于网络舆情的高度重视。因此，对于网络民意的采集和分析是推动政府网络治理能力提升的核心，也为推进国家治理体系和治理能力现代化奠定了民意基础。从媒体传播上看，自媒体时代倒逼传统媒体转型取得显著成效，媒体的传播能力得到了较大程度的提升。在网络舆情传播的过程中，新媒体不再仅以时效性作为唯一考量，而是较以往表现出更为注重信息真伪和质量、注重对于主流价值观和良好道德观念的弘扬和传播。媒体传播能力的提升反映出新时代媒体对于信息这一基础要素的重新审视，这使得深度报道、独家解析等信息加强模式不断见诸媒体端，新媒体亦得以更好地发挥其传播中介的功能。从网民参与度上看，网民对于网络舆情的参与度不断深化。随着我国新媒体技术的飞速发展，网民规模不断扩大，尤其以手机即时通信用户的爆发性增长令人瞩目。数量庞大的手机即时通信用户为网络舆情奠定了主体基础，不断涌入的网民使得舆情信息的扩散更为广泛。在网民数量大大增加的同时，网民对于网络舆情的参与表现出参与程度不断深化的特征，与初期网民一边倒的讨伐事件当事人、宣泄个人情绪不同，当前网民对于网络舆情事件的态度呈现出不断分化的态势。不理性的言论和观点虽然不少，但更多理性的言论和观点开始在网络舆情事件中显露出来。这使得网络舆情事件在发酵过程中，在网民层面就已产生了理性和非理性的分化与博弈，这既是网民素养不断提高的体现，也是网民深度参与网络舆情事件的体现。

5.4.3 网络舆情环境的变化

网络舆情环境主要由法治、道德规范和价值观、网络技术和硬件三方面构成，是网络舆情事件和主体在网络舆情生态系统中得以产生和规范的载体。随着我国互联网的发展，网络舆情环境呈现出不断变化的趋势。从网络安全方面看，2017年6月1日，《中华人民共和国网络安全法》历经十余年的努力终于颁布实施，这是我国建立严格的网络治理指导方针的奠基性法律。这部法律的出台为保护网民正当权益，引导网络舆情良性发展，营造天朗气清、生态良好的网络空间提供了法律依据。从网络道德规范和价值观方面看，社会主义核心价值观在舆情事件中发挥着越来越有力的影响和引导作用。网络舆情事件之所以能成为受到网民广泛关注的焦点问题的原因之一，往往是其在道德层面上有违中华民族传统美德和社会主义核心价值观。因此，不论是涉及教育、医疗的社会公平问题，还是关系绿水青山的环境保护问题，无不折射出道德规范和价值观方面的问题。网络舆情事件在发酵、爆发和消亡过程中，网络舆情主体在关注、协调、解决网络舆情事件时更为充分地运用中华民族传统美德和社会主义核心价值观的作用，对于引导网络舆情的良性发展起到了引领作用。从网络技术和硬件设施方面看，近年来，以"互联网＋"、大数据、云计算为代表的网络技术取得了突飞猛进的发展，我国以超过7亿人的互联网用户规模成为世界网络大国。网络技术的发展与人民生活水平的提高，使得我国网民得以使用更为先进的电子设备获取舆情信息、参与舆情讨论，同时也对网络舆情监管提出了新的挑战。

5.4.4 传播动力推动网络舆情的扩散升级

网络新媒体已经逐渐成为舆情信息的"集散地"和公共舆论的"放大器"，成为网民宣泄情绪、表达诉求、发表意见观点的重要平台，是网络舆情的形成传播不可或缺的助推力。某个热点议题通常最先由网络新媒体曝出，并经其加速传播成为舆情热点；随着舆情事件的进展，传统媒体会跟进报道，进一步深入挖掘；在新媒体与传统媒体的持续关注下，网络舆情信息迅速传播扩散，舆情态势也不断进化升级。

（1）社交媒体：网络舆情传播的"关系网络"

互联网是一种"高维媒介"，激活了以"个人"为基本单位的社会传播力量。这个平台上的个体和组织都被高度节点化，节点间的空间分布是流动的[1]，能够使舆情信息在网上迅速蔓延，为舆情的传播扩散提供了重要的推动力。尤其是黏性较强的社交媒体，能在极短时间内将分散的节点紧密联结，建构舆情传播的复杂"关系网络"，使舆情信息呈网状、树状层层扩散。在"围观即是力量"的时代，微博的"关注转发"路径使事件能够在异质性较强的网民中广泛传播，形成"强大的弱连接"，加之"@"功能可以充分调动网民参与议题讨论的积极性，大大增加了舆情热点的关注度和影响力。微信则基于同质性较强的朋友圈和微信群，这种信任度较高的熟人、朋友之间的圈群传播，能形成极具网络动员力的"强关系"连接，大大缩短舆情汇聚爆发的时间。在和颐酒店女子遇袭事件中，"广场式"的微博是舆情信息迅速发酵公共场域，微信的"圈群效应"则进一步提升了信息传播速度，使涉事女生"@弯弯_2016"发布的视频微博在几小时内迅速发展成为亿量级现象传播的全国性热点事件。

（2）媒介交互"叠加"：网络舆情被非线性放大

在网络舆情的传播过程中，多个发声平台相互串联、叠加影响、无缝对接，呈现出"交互而非单线、交叉而非径直、动态而非稳态"[2]非线性传播形态。在多种媒介的非线性作用下，舆情信息在不同主体间交互传递、互动反馈，信息的流通速度大大提高，使网络舆情被不断"放大"，

---

[1] 喻国明，张超等."个人被激活"的时代：互联网逻辑下传播生态的重构[J].现代传播，2015（5）：1-5.
[2] 匡文波.网络传播学概论[M].北京：高等教育出版社，2009.

具有了"整体大部分之和"的非线性传播效果。以女大学生失联系列事件引发的网络舆情为例，2014年8月期间四川、重庆、山东、江苏多地被媒体频频曝出女大学生失联遇害事件，类似消息在微博、微信、论坛、新闻客户端上交互传播，形成声势浩大舆论热潮，"女大学生群体形象""大学生自我保护意识"等问题引发诸多网民及各大媒体的讨论，持续聚焦女生失联话题。

(3) 信息流交织：网络舆情扩散的裂变辐射效应

舆情信息是舆情生态系统的血液，维持着整个系统的"新陈代谢"。舆情信息在网络舆情的扩散过程中被不断复制、反复传播，信息流与意见流交织扩散、循环互动，形成裂变辐射效应。这种辐射具有"强化"与"共振"的作用，能够使网络舆情信息呈几何裂变式的增值，表现为"共振"区域不断扩大、传播效果逐步提升、影响力逐级增强的动态过程，并源源不断地将信息流动"势能"转换为舆情传播"效能"，释放出舆情裂变式传播的巨大能量，使网络舆情持续升温。2015年4月，郑州女教师一封辞职信在网上走红，经众多网友转发、评论、调侃及解读，仅有"世界那么大我想去看看"10个字的辞职理由信息迅速裂变增值，引爆了微信朋友圈及热门微博话题榜，舆情热度急剧上升。

5.4.5 消费动力拉动网络舆情的集中爆发

消费动力是拉动网络舆论旋涡中心生成的聚合力。在网络舆情生态链中，舆情消费者是直接或间接接收舆情生产者发布的舆情信息、发生信息消费行为的个人、群体或组织。网络舆情消费者的各种需求动因能够持续促进舆情信息的消费，不断推动网络舆情高潮迭起。

(1) 利益诉求：网络舆情消费的现实力量

作为社会的"晴雨表"，网络舆情汇集了网民的情绪、意愿、态度及意见，这些观点是舆情消费者利益诉求的集中体现。而某个议题也只有反映了大多数人的利益诉求，才可能成为网民所持续关注和讨论的热点。"毒跑道"暴露校园安全、教育环境问题，"电梯咬人"事件关系公众最基本的生命健康,"毒胶囊""僵尸肉"折射民众对食品药品安全的担忧等,这些普遍关涉公众切身利益的教育、医疗、公共安全等民生议题契合了舆情消费者的利益点,能够在网民之间产生广泛而深远的影响,成为网络舆情的多发地带。高考政策调整,关乎众多考生、家庭的切身利益,牵一发而动全身,容易引起舆论风暴。2014年9月正式发布的《国务院关于深化考试招生制度改革的实施意见》,因为是牵涉多个相关部门的跨区域综合改革,方案一出台就受到广泛关注,舆论场上持不同立场利益群体的观点激烈交锋,舆情呈现井喷之势。

(2) 情感动员:网络舆情的蝴蝶效应

网络舆情主体对于舆情信息的消费受到心理情感因素的影响及制约。在聚众网络环境下,分散的个人情绪池会经社会化媒体的聚合作用不断汇集,舆情消费者之间的情绪在传播中交叉感染,形成共同的情感心理和不可低估的群体力量,使其对某一议题表达的意见观点在瞬间聚涌,产生情感动员的"蝴蝶效应"。从"钓鱼岛事件"到"南海仲裁案",这类涉国家主权、民族利益的舆情热点容易激起网民强烈的情感共鸣,形成高度统一的舆论声势,面对南海仲裁案结果,网民表现出"一点也不能少""不接受、不参与、不承认"的一致对外态度。但在感染性较强群体的同理心作用下,特别是作为网络舆情"主力军",表达意愿强烈但思想并不十分成熟的年轻代网民容易受到煽动产生从众行为,情绪化表达和"群体极化"倾向明显。南海问题中不乏"抵制菲货""主战"军事制裁呼声,非理性的偏激言论充斥网络,微博、微信等社交平台散播着抵制肯德基和麦当劳的信息,引发了民众线下游行抵制肯德基活动。

(3) 意义建构:网络舆论风暴中心的形成

正如桑斯坦所言,在信息传播中,人们会被自我建构的"信息茧房"所禁锢,时常在信息被遮蔽情况下做出判断并表达态度[①]。并且,在社会

---

① 彭兰.群氓的智慧还是群体性迷失——互联网群体互动效果的两面观察[J].当代传播,2014(2):4-7.

主体实践活动中潜隐着一种认知框架，这种框架经常从感知事实中择取某些方面的特性、经过传播使其放大，并由此形成对此类问题相对稳定的因果解释、价值判断和道德评价[①]。它通过诠释符号、提供语境来强化舆情消费者对某个议题的价值认同，从而影响意见气候的形成，主导网络公共舆论。在香港"占领中环"事件发酵演变过程中，"选举议题"被组织者及媒体不断放大为"政治议题""内地与香港的议题"乃至"人权议题"，"真普选"的诉求被建构为自由平等的价值追求，而现有选举制度则被定义为"不民主"的制度，并且已经到了无法忍受必须废除的程度。通过建构新的意义强化了两种制度的对立，使得舆情消费者对现有选举制度的不满及抵触情绪不断汇集增加，最终导致舆论风暴中心的形成。在话语的强化作用下，更多的网民被动员参与到网络舆论抗争中。

5.4.6 分解动力催动网络舆情的消退转化

分解动力使网络舆情信息流动形成闭环，促进了网络舆情的降温、消退与转化。网络舆情分解者属于特殊的舆情信息消费者，能够有效甄别舆情信息，做出相应的价值判断；并且，舆情分解者还具有较强的信息处理能力，能够在一定程度上影响网络舆论走向，甚至是缓解、消除舆情危机。

（1）多方意见博弈：网络舆情回归于理性态势，网络舆情是一个半开放的自组织系统，整个舆情系统经历着无序有序—新无序、不平衡—平衡—不平衡的动态发展。经过多次理性与非理性情绪、态度、意见的交织、冲突与博弈，网络舆情最终逐渐消散平息而趋于理性。这可以生动反映在"南京虐童事件"引发的舆论风波中。2015 年 4 月，微博网友"@朝廷半日闲"曝出一组男童被养母虐待浑身布满伤痕的照片，画面内容十分残忍，触动着公众敏感脆弱的神经，使舆论"一边倒"地抨击涉事养

---

① Robert Entman. Framing：toward clarification of a fractured paradigm［J］. Journal of Communication，1993.

父母，并要求相关部门严查深究。此后，随着"被打男童称不怪养母""孩子想念养母，整夜哭闹"等后续信息的播散，舆论开始从对养母一味谴责转由对男童及事件本身的关注，进而继续转向对"虐待儿童罪入法""收养儿童资质审查"及"棍棒式的家庭教育"等案件背后问题的理性反思。情绪化的偏激声音随着舆情事件的发展在碰撞、交流、冲突与博弈中最终趋于理性。

（2）潜在舆情因子：网络舆情转化的长尾效应被分解的网络舆情信息并非完全意义上的消失，而是转变为潜在的舆情因子，具有长尾效应。一旦舆论环境发生变化或者有类似议题出现，处于休眠期的舆情因子就极有可能被激活成新的舆情热点，进而引爆"二次舆情""多次舆情"。在激活因子与触发议题的"涟漪"作用下，新一轮网络舆情的传播具有"共鸣效果"和"累积效应"，如若应对不当甚至会引发网络舆情"次生灾害"。从2007年轰动一时的"厦门PX事件"到大连、宁波和昆明等地相继发生的PX项目抵制活动，"PX"一词在历经多次舆情事件后已经被异化解读，极易引发公众不满情绪。因此，2014年3月，政府要在茂名市建PX项目的消息一经传播立即引起网民密切关注，负面情绪泛化，不少民众都走上了游行抗议的前线。

5.5 网络舆情生态系统的现状

5.5.1 网络舆情生态系统的平衡与失衡

网络舆情生态系统平衡作为网络社会生态平衡的重要内容，是网络舆情生态系统有序运行的根本保障，也是网络舆情生态治理的主要目标[①]。随着移动互联网和新媒体平台发展，网络舆情生态环境中舆情主体、信

---

① 李昊青，兰月新，张鹏，夏一雪. 网络舆情生态系统的失衡与优化策略研究［J］. 现代情报，2017.

息形式、传播内容以及舆论场都发生了巨大变化，同时也出现了系统结构失衡、功能失调等网络舆情生态问题。在一定程度上，网络舆情生态系统的平衡与失衡共同构成了网络舆情生态系统演化和均衡发展的源动力。如此，对网络舆情生态系统失衡的调节就是该生态系统优化的过程，而这种系统优化的实质并不仅是一种对系统失衡状态的修复，而是基于可持续发展意义上系统演进以及与外部环境的和谐共治。

自然界的生态平衡是指生态系统各成分之间在一定的时间和相对稳定的条件下，生态系统的各成分之间相互适应、相互协调、相互补偿，使整个系统结构、功能良好的一种状态[1]。而兼具社会属性的网络舆情生态系统的平衡指的是网络舆情生态系统中各要素及其与外部环境间的信息流转与能量交换，形成一种相对平衡、良性有序的发展状态，以实现网络舆情生态的和谐、文明。它主要表现为：

（1）网络舆情生态系统内部要素之间的相互适应与协调，从而形成系统在结构与功能上的整体平衡与稳定；

（2）网络舆情生态系统内部与外界环境之间信息与能量变化的动态平衡；

（3）此种"平衡"不仅是正向与负向舆情信息抵消与能量的平衡，而且指负向舆情信息的衰减或衰亡，及其空间的压缩与可控；

（4）指向网络舆情主体在遵循网络舆情生态规律和秩序下的均衡化发展，以及网络舆情主体间的良性互动。

5.5.2 网络舆情生态系统的失衡及成因分析

网络舆情生态问题是指在特定条件下由于网络舆情主体的各类网络舆情活动，使得网络舆情生态环境产生变化，出现不利于网络安全维护和网络生态可持续发展的现象。其实质上是网络舆情生态系统失衡。网络

---

[1] 谢金林.网络舆论生态系统内在机理及其治理研究——以网络政治舆论为分析视角［N］.上海行政学院学报，2013（4）：90-101.

舆情主体和舆情生态环境之间的关系，是网络舆情生态问题的核心。一般而言，网络舆情生态系统失衡主要是指网络舆情主体、网络舆情信息以及网络舆情生态环境三者间的非均衡状态。综合时下学者研究成果，其主要表现为：一是网络舆情信息之于舆情主体的信息异化状态[①]，如有害信息（黄色信息、暴恐信息、极端言论等）、不实信息（网络谣言、流言蜚语等）、垃圾信息（冗余信息、错位信息等）；二是网络舆情主体的行为失范，如负面情绪的病毒式蔓延、网络舆论暴力、"塔西佗陷阱"[②]、网群事件等现象；三是网络舆情生态内环境的失调（如价值失范、制度缺位、技术异化、网络舆论场话语权失衡等），以及网络空间与现实舆论场的失衡（如信息内容的错位、线上线下沟通不畅/缺位等）现象。根据系统平衡理论，网络舆情生态系统的失衡往往是系统内部结构失衡或舆情主体与生态环境关系变化造成的，这使得网络舆情主体和信息在生产、组织、传播、消费以及与外部环境之间交互过程中形成的无序和失衡状态。

一方面，从网络舆情主体角度来看，网络舆情生态系统的失衡成因主要有：

（1）在舆情信息生成者方面，主要由于个体主观不负责下的信息失范行为、片面认知状态下得出的不理性评论、从众心理作用下的非理性盲从，促使网络语言暴力、网络谣言以及负面情绪的病毒式传播等失衡现象的发生；

（2）舆情信息消费者与信息生成者/管理者之间矛盾，主要体现由于社会蔓延的不信任心态和信息公开的不及时、不准确、不到位等，使得民众对政府、媒体等发布信息的不信任，形成了"塔西佗陷阱"；

（3）舆情信息生成者/传播者与信息消费者对异化信息的"共生"需求，事实上，信息受众对有害信息（如黄色信息、反动言论等）的需求，

[①] 李昊青. 基于信息异化理论的网络衍生舆情演化规律及对策研究——以网络谣言治理为例 [J]. 现代情报，2015, 35 (5): 4-8, 13.
[②] 唐涛. 网络舆情治理研究 [M]. 上海：上海社会科学院出版社，2014: 73.

会直接刺激有害信息的生产[①]；

（4）舆情信息组织者和信息传播者的功利主义倾向，加之沟通机制缺失，使得网络舆论媒体之间缺乏导向合力，出现高度同质化的信息传播，形成大量冗余信息和垃圾信息；

（5）舆情信息消费者信息素养和网络媒介素养差异较大，使其在社会利益分化环境下，极易形成群体性极端化的情绪行为，酿成矛盾突出、规模各异的网群事件，影响社会稳定。

另一方面，从网络舆情生态环境来看，网络舆情生态系统的失衡成因主要有：

（1）新媒体环境先天的"两面性"，在微博、微信等新媒体环境给舆情主体带来便利性等服务的同时，人人媒介化、信息生产和传播融合化、信息传播裂变化的趋势更加凸显，线上线下舆论场的交互和共振不断加强；

（2）网络舆情治理体系的顶层设计与具体制度不完善，如"把关人"制度缺失等，为网络舆情主体的信息异化行为提供了"灰色地带"和更多的"可能空间"；

（3）网络的匿名性使得网络伦理失范或制度僭越的成本相对较低，同时也缺乏法律上的责任追究与执行力度，且效率不高；

（4）网络舆情生态的监测与预警体系不健全，给网络舆情生态自我调节和失衡矫正带来更多的障碍，使得网络舆情生态治理过程中往往呈现"九龙治水""信息不畅""各自为政""资源浪费""管理真空"等现象。

5.5.3　Web2.0对网络信息生态系统的影响

（1）Web2.0概述。Web2.0是以Flickr、Craigslist、linkedin、Tribes、Del.icio.us、43things.com等网站为代表，以Blog、Tag、SNS、RSS、Wiki

---

[①] 李满花.对信息生态学的理性思考[J].国家图书馆学刊，2009（4）：30-34.

等社会软件应用为核心,依据六度分割、长尾理论、XML、Ajax 等新理论和技术实现的互联网新一代模式①。一般来说 Web2.0(也称之为互联网 2.0)是相对 Web1.0 的新的一类互联网应用的统称。Web1.0 的主要特点在于用户通过浏览器获取信息,Web2.0 则更注重用户的交互作用,用户既是网站内容的消费者(浏览者),也是网站内容的制造者。Web2.0 是互联网发展的产物,其产生的背景主要有以下四个方面:①互联网发展从量变到质变。②互联网用户的个性化和社会化需求日益强烈。③互联网技术的升级换代为 Web2.0 提供了技术支撑。④互联网需要创新模式②。Web2.0 是对 Web1.0 的集成与发展,是一系列新思维在网络中的应用,形成了新的服务理念与模式,其主要特征包括:社会参与性、开放性、创造性和个性化③;主要理论基础有长尾理论、社会性软件、六度分割理论、CopyLeft 等。其中长尾(The Long Tail)理论是对传统的"二八定律"的彻底叛逆。社会性软件是 Web2.0 的核心,它关注社会资本,寻求的是人们日常生活和互联网的一种双向整合。六度理论的发展,使得构建于信息技术与互联网络之上的应用软件越来越人性化、社会化。Copyleft 声明任何人如果要重新发布软件,不管是否做了修改,必须使得这一重新发布的软件有被复制和修改的权力④。

(2) Web2.0 促进了信息生态系统的演化。网络信息生态系统的主要构成就是人、信息、互联网环境,及其彼此之间相互影响和相互作用等。而 Web2.0 的社会参与性、开放性、创造性和个性化等特性,改善了信息生态环境,进一步"激活"了"人"的因素的作用,促进了信息技术的发展,加速了信息的流动,各种要素更加"活跃",从而加速了网络信息生态系统的演化。Web2.0 环境下网民和信息数量猛增。截至

---

① 刘向晖. 互联网草根革命 Web2.0 时代的成功方略 [M]. 北京:清华大学出版社,2007.
② 刘向晖. 互联网草根革命 Web2.0 时代的成功方略 [M]. 北京:清华大学出版社,2007.
③ 王伟军,孙晶. Web2.0 的研究与应用综述 [J]. 情报科学,2007.
④ 王知津,宋正凯. Web2.0 的特色及其对网络信息交流的影响 [J]. 新世纪图书馆,2006 (3):10-13.

2008 年 12 月 31 日，中国网民规模较 2007 年增长 8800 万人，年增长率为 41.9%；普及率达到 22.6%，超过全球平均水平。中国网民规模依然保持快速增长之势。CNNIC 第 21 次报告称 2/3 网民参与 Web2.0 互动[①]。报告显示 2008 年初中国网站数量已达 150 万个，比 2007 年同期增长了 66 万个，增长率达到 78.4%。2008 年中国网页数为 84.7 亿个，年增长率达到 89.4%，网上信息资源的增长速度非常迅猛[②]。Web2.0 的应用促进技术革新。Web2.0 时代还使得人们可以从 BBS 和 Blog，以及各种缺乏固定写作模式的文本甚至是音频、视频中寻找到自己所要的信息。智能搜索引擎、Blog、Tag、SNS、Digg（掘客）、Wiki（维客）、Podcast（播客）、Twitter、mashup 和 RSS（聚合新闻）等应用越来越广。Web2.0 环境下，"人"、技术、网络环境之间的关系更加"社会化"、更加复杂化。Web2.0 的开放性和互动性，以及足够多的网民数量，使网络上人与人之间的关系更加贴近，更多的实际生活被依托网络，"社会化"特征明显。每个人既是信息的接收者，也是信息的创造者和评论者，传统的少数人对多数人居高临下的信息告知模式被 Web2.0 彻底瓦解，这场以"去中心化"为特质的传播潮流势不可当地弥漫着，深刻地改变了互联网的传统运营模式。总之，Web2.0 给个性化信息服务、高效的信息交流渠道的产生和网络信息的自组织创造了条件，而且颠覆了过去由少数资源控制者集中控制主导的信息组织方式。Web2.0 环境下，各种生态要素的发展，促进了网络信息生态系统的演化发展。

（3）Web2.0 加剧了信息生态系统的失衡。信息生态失衡是指信息生态系统处于一种不稳定状态，其各个生态因子之间缺乏和谐共处、输入输出数量失衡、结构比例失调[③]。Web2.0 在促进网络信息生态系统演化

---

① 王知津，宋正凯. Web2.0 的特色及其对网络信息交流的影响 [J]. 新世纪图书馆，2006（3）：10-13.
② 第 23 次中国互联网络发展统计报告 [R]. http：//tech. sina. com. cn/focus/ cnnic23/index. shtml.
③ 余小鹏，裴雷. Internet 环境下信息生态模型研究 [J]. 情报杂志，2008（8）：47-49.

的同时，也加剧了网络信息生态系统的失衡。在信息资源的充分开发和总量扩张的情况下，Web2.0 的社会参与性，使得网民发布信息更加便利，加大了信息量，加剧了信息重复程度。同时，结合网民个人对信息的理解不一样等原因，必然增加发布信息冗余和过时的概率①。到 2008 年末，中国网页数为 84.7 亿个，年增长率达到 89.4%，网站总字节数已经达到 198348GB。大量的信息严重影响了人们的工作、生活以及人际关系等。Web2.0 应用加大了政策监管风险，导致信息污染严重。Web2.0 提供给网民的是自由的信息交互空间，内容审核和控制相对困难。随着网络传播速度越来越快，网络事件往往会扩展到现实生活中，"网络暴力第一案"就很能说明问题。Web2.0 加剧了信息侵犯。Web2.0 开放性与社会参与性，极大增加了 Web2.0 网站的知识产权风险。同时，面对 Web2.0 应用，网络安全问题也非常突出。据 CNNIC 第 21 次报告，网民中上网过程中电脑感染病毒、账号/个人信息被盗、被仿冒网站欺骗的概率分别高达 90.8%、44.8% 和 23.9%，2007 年下半年这些问题发生 5 次以上的概率为 35.8%、7.4% 和 17.7%②。盈利模式风险也是 Web2.0 面临的一个较严重的问题。目前，许多的小型 Web2.0 网站盈利模式是首先依靠一定的创意，用较低成本建设网站并良好运行，产生一定的影响，被资金实力雄厚的网站相中，然后以高价出售，获得利润。这种盈利模式下必然导致技术人员成本的加大和风投竞争的加剧，最后导致开发成本增大、同类网站出现过多，这难免带来互联网经济泡沫。Web2.0 环境下的信息流通自行自发产生和分散控制的，信息流通存在于无序与有序之间的"混序状态"，给信息治理、信息开发、信息利用带来新的问题和挑战。对社会和政府层面而言，Web2.0 的无政府状态、信息自由到泛滥、有用信息被无组织的信息环境所掩藏、政府监管乏力等问题凸显。

---

① 余小鹏，彭鸿儒. Web2.0 对网络信息生态系统的影响 [J]. 中国证券期货，2011（1）.
② 第 23 次中国互联网络发展统计报告 [R]. http：//tech. sina. com. cn/focus/ cnnic23/index. shtml.

5.5.4　突发事件微信舆情生态系统的平衡与失衡

网络舆情生态理论是从整体视角研究舆情信息、人、网络环境之间关系，以及由它们相互作用而共同形成的网络舆情生态系统的平衡问题。根据这一理论，分析微信舆情生态系统的组成结构与平衡机理，以及突发事件情景下生态失衡的表现。

(1) 微信舆情生态系统的结构与平衡

微信舆情生态系统是网络舆情生态系统的形式之一，是指在微信环境下，舆情主体围绕中介性事项进行信息交流，并且相互作用而形成的一种具有相对平衡的结构状态的复杂系统。其中，微信环境（信息环境）、舆情主体（信息人）、围绕中介性事项而形成的具有一定倾向性、影响力的舆情（信息），是微信舆情生态系统的组成要素。

微信环境是指对舆情主体和舆情传播具有影响作用的硬件设备、信息技术、法律规范等的总和。舆情主体是指微信环境下的各类信息个体或组织，包括微信个人用户、订阅号运营个人、服务号运营组织、微信运行管理团队等，可以划分为信息生产者、信息组织者、信息传播者、信息消费者、信息管理者等不同角色。微信舆情生态系统组成要素的相互作用和相互影响，主要是：①舆情生态系统中的舆情主体之间、舆情主体与微信环境之间通过信息交流进行相互作用和相互影响；②微信环境影响微信舆情和舆情主体，为生态系统运行提供物质基础和运行规范；③具有某一共性的舆情主体通过信息交互形成多个相互平行、自成体系的圈子，如微信群，不同的圈子间通过传播节点实现信息流转；④不同舆情主体间构成信息生态链，具有链式依存关系，包括共生关系、竞合关系等；⑤当信息生态链处于稳定的信息能量传递状态时，舆情生态系统维持平衡[1]。微信舆情生态系统的平衡，是指生态系统的组成要素之间，以及与外部环境之间的信息流转及其能量传递，处于一种平稳、均衡、有序的

---

[1] 肖洒，郝一峰. 基于过程管理的科研项目风险防控与优化机制创新 [J]. 科技管理研究，2016 (13)：176-180，186.

发展状态，体现为系统在结构与功能上的整体平衡，以及与外部环境的相互协调。具体而言，在舆情生态环境方面，体现为在微信运行过程中硬件、技术、法律等对舆情生态系统秩序的有效维护；在舆情主体方面，体现为不同主体间的协调发展和良性互动；在舆情信息方面，体现为正向信息的主导优势，负向信息的衰减和消亡。

(2) 突发事件情景下微信舆情的生态失衡

面向突发事件的微信舆情生态系统，中介性事项是各类突发事件，包括自然灾害、事故灾难、公共卫生事件以及社会安全事件等。围绕突发事件，微信舆情生态系统内部组成要素间、不同舆情主体间进行信息交互，实现生态系统内的信息能量传递，同时，又与传统媒体、网络媒体、移动媒体等其他媒体进行信息交互[1]。但是，由于突发事件具有公共威胁性、不确定性、扩散性、衍生性等特征，微信信息传播的规模庞大、强社会关系、半封闭性等风险因素之后，微信舆情生态系统的信息流转及其能量传递处于震荡、无序状态，极易导致微信舆情的生态失衡，形成微信舆情危机。主要表现为舆情主体方面，信息生产与信息消费的不对称现象；舆情信息方面，网络谣言、网络语言暴力等信息异化现象；舆情生态环境方面，技术风险、规范缺失等舆情生态环境的失调现象。

①信息生产与信息消费的不对称现象

信息生产与信息消费的不对称，实质是舆情主体构成的信息生态链，其信息能量输入和输出的震荡状态。为了在生态系统内获取更稳固的"生存"地位，信息生产者会增加信息供应能力，例如在突发事件发生后，各类公众号发布相关信息、朋友圈内出现相关信息的转发、微信群内出现相关事件的讨论等，这会在短时间内形成信息生产量的高峰。但是，信息消费者的消费需求并不一定相应增长，这由突发事件的属性与信息消费者的关注点是否契合决定。另一种情况是由于突发事件的爆发性和不

---

[1] 朱卫东，王东鹏，刘芳. 科学基金项目实施过程管理研究——基于质量问责视角 [J]. 科学学研究，2014 (9): 1370.

确定性，造成不同程度的信息匮乏，同时基于突发事件的公共威胁性，相关的信息需求在短时间内快速增长，由此产生信息生产量与信息消费需求的不对称。后一种情况是导致突发事件情景下微信舆情生态失衡的主要因素。

②网络谣言、网络语言暴力等舆情信息异化现象

网络谣言、网络语言暴力等舆情信息异化，是舆情主体之间信息能量传递的非正常状态，是舆情信息中负向信息对于正向信息的扩张，也是舆情信息对于舆情主体的一种消极的信息能量传递，这种信息能量传递无益于舆情主体的"生存和发展"，是典型的生态失衡现象。在涉及公共利益并且信息匮乏的突发事件中，极易滋生网络谣言，同时紧急状态下的情绪极化，也极易引发网络语言暴力，这暴露了舆情生态系统中舆情主体的行为失范，如信息生产者的主观恶意或言责缺失、信息传播者的非理性盲从、信息管理者的监管缺位等[1]。在微信环境下，强社会关系、私密性、趋同性等环境特征，更加强化了网络谣言、网络语言暴力等负向信息传播的影响力和渗透力。

③技术风险、规范缺失等舆情生态环境的失调现象

基于移动互联网的新媒体技术，赋予微信舆情传播便捷性、交互性、精确性等优势，但相较于其他新媒体形式而言，微信舆情生态环境存在着隐匿性强、可信度低、监管困难等不利于舆情生态系统协调发展的风险因素。同时，通过引诱、欺骗、情感绑架等方式获取点击量、转发量，以谋取利益的信息传播现象，也体现了微信舆情生态环境的一种技术异化。尽管 2014 年《即时通信工具公众信息服务发展管理暂行规定》（"微信十条"）发布，但是主要针对提供公众信息服务活动进行了资质要求，而对于个人订阅号、组织订阅号等仍然处于监管不足的状态，这为舆情主体的信息异化行为提供了"可能空间"，并且相应的处理措施、法律

---

[1] 朱卫东，王东鹏，刘芳. 科学基金项目实施过程管理研究——基于质量问责视角 [J]. 科学学研究，2014（9）：1370.

追究的力度和效率均需进一步提高。此外，突发事件本质上也是引发微信舆情生态系统失衡的因素之一，突发话题的出现、信息需求的突增等均会加大微信运行管理者的信息监管压力，增加微信舆情生态环境的脆弱性。

5.6 网络舆论生态系统的新常态

网络舆论生态系统的新常态。第一，政府视公众为客体，在舆论引导中遭到总体性困境。近年来，虽然随着由舆论发酵起来的一个个突发事件的增多，政府逐渐练就了应对突发事件舆论的本领，曾经的那种漠视突发事件舆论的驼鸟现象已大大减少，那种面对排山倒海式的迎面而来的舆论之恐慌已慢慢消失，但是在观念的根处，有意或无意地视公众为客体的思维范式还根深蒂固。具体表现为在突发事件的舆论引导时仍然沿袭过去的思维"惯习"，过分迷信自己把控舆论的权力，把公众仅仅看作是舆论的消费者，公众被分配到只得听从政府生产的舆论的消费者角色，而忽视了公众是超级舆论生产者的现实。实际上，政府把舆论引导对象看作客体与他者，也是把自己客体化、他者化、矮化了。政府自认公众为客体的想法和做法与公众自我认同的镜像发生了冲突。网络时代的公众自认为经过市场经济内生的主体意识和自媒体激活的主体意识的双重启蒙与多年实践，自我的理性判断能力、反思质疑能力空前提升，历史性地成为主体了，甚至有部分大V也自信满满地呐喊——谁都别想蒙网民。这样，政府视公众为客体与公众自认为主体之间形成了一对矛盾，这种主客体之间的矛盾导致了舆论引导中的危机不是局部性的，而是整体性的，形成了舆论引导的总体性困境。正是这种总体性困境，带来了网络舆论生态系统的恶性循环。这种总体性困境典型表现为政府与公众之间的不信任与不认同，而信任和认同恰是舆论引导成功的前提。由于不信任不认同，由于把公众看作客体，政府引导时就会自觉或不自觉地凭借自己前网络时代一直在用、一用就灵的单方想法，运用自己特有的政治权力和组织资本进行单向引导；而这在公众看来，很大程度上是政府在控制与打压，这样就出现了政府与公众对立割裂的绝缘或准绝缘局面，导致"引导悖论"的生成①，即引导者越是利用自己的强力来引导但却伤害了被引导者，那么被引导者就越不信任越不认同政府的引导，但又迫于政府的威权而不得不维持表面上与引导者站在一起的假象。被引导者表面上与引导者站在一起，又会进一步强化引导者利用权力对他们进行进一步引导、伤害。引导者对被引导者的进一步引导、伤害会使被引导者进一步不信任不认同引导者自认为越来越成功的引导，形成恶性循环。在这种多次恶性循环中，舆论场中的一系列危机逐渐生成，呈现出总体性危机态势。一旦这种态势得不到及时控制化解，那么两者的冲突与矛盾就会升级，当舆论的冲突达到饱和时，当公众看到自己仅存的妥善解决的一线希望被掐死后，强力维护下的均衡局面就会被打破，舆论就会突然地"内爆"失控，就会从网上蔓延到网下，公众由上网变成了上街，舆论博弈演变成了肢体冲突，最终以群体性事件或突发事件爆发出来。

第二，媒体的舆论受到过度的政治经济干预，公信力递减甚至缺失，媒体作为专业化的舆论生产机构，在网络舆论场本应比公众更有生产能力，对事实真相的穷追猛打和深入挖掘是其主体性之根。但是由于媒体是处于社会的政治经济制度结构中，必然要受到政治经济的干预，我国媒体的事业单位属性就典型地表征着政治的印迹，西方也不例外。公共舆论研究的奠基者李普曼就曾说，美国的民主很大程度上是来自政府利用媒体生产出来的"制造共识"，"制造共识已成为一门艺术和普选政府惯用的机制"②。公共舆论研究的集大成者哈贝马斯也指出，媒介的工具作用就在于充当维护意识形态的工具，媒体即意识形态③。网络时代下，媒体的政治经济基因没有发生变异，因此网络舆论场中的媒体一旦受到过

---

① 段媛媛等.论微博场域中政府舆论引导的主体客体化[J].南京社会科学，2014（10）.
② Noam Chomsky：Necessary Illusions：Thought Control in Demo-cratic Societies, Boston：South End Press, 1989, p.16.
③ [德] 哈贝马斯.交往与社会进化[M].张博树译，重庆：重庆出版社，1993：184.

度的政治经济干预必然遭受危机。应该说,过度干预在当前转型语境下时有发生,任何有能力的政府都想管住转型发生问题的舆论出口。过度的干预常使媒体发生异化,发挥不了其本该发挥的作用,让公众对其失去期待,公信力大打折扣。无数次的重复就使其公信力出现丧失的可能。而且,对于那些可以深度报道的事件,由于需要很多的时间去调研,这又加长了报道的舆论生产程序,信息发布速度无法跟上网络时代以小时甚至是以秒为单位的发布节奏,而对于信息来说,时效性是其本体,滞后信息的使用价值几乎为零。正如人们常说的:信息第一天是金子,第二天是银子,第三天就是石子。如果总是发布一些过时信息,那么媒体根本就没有存在的必要,因此媒体为了自身的生存需要,拼命地赶时间、抢新闻,在这种匆忙混乱中很容易丢失专业标准,甚至发布一些虚假信息,对其公信力的损害是致命的。实际上,媒体作为社会公器,应该以公共利益为导向,以社会责任为己任,帮助人们更好地认识社会,正确发挥自己的监督功能,这是其立身之本。"新闻媒介是社会之公器,是全体公民窥视社会和自然环境的共同管道","要坚持为社会整体利益和公共利益服务的宗旨,反对公器私用,反对商业团体、社会上的小集团和个人利用新闻谋私"。[1]"新闻媒介的信息传播对社会起着一种'瞭望哨'的作用。"[2]如果媒体真能发挥社会公器作用,那它必然在舆论场赢得尊严和信任,但媒体的事业单位企业化管理的属性,决定了它又必须把逐利作为重中之重,这就很容易取利舍义,丢了社会公器的道德约束,为着某种私利去滥用监督权,或以"封口费""非法公关费"要挟相关组织与个人以获取非法利益,或通过发表有偿新闻来牟取不当利益等。有了这些私利的渗入后,再加上许多媒体本身就是由许多财团在背后提供资金来维持运作的,必然要听从这些财团发出的指令,最终这些因素叠加必然使其公信力大打折扣,呈现快速递减。

---

[1] 展江等.中央电视台新闻频道设计构想[J].中国青年政治学院学报,2003(2).
[2] 黄基秉等.新闻媒体与社会公器辨析[N].成都大学学报(社科版),2009(3).

第三，网民谣言满天飞，冲击正常社会秩序。近年来随着各类网络平台的爆炸式增长，以前难以诉说一直沉默的人们终于找到了一个诉说的机会，由于有了网络平台的聚集，由于有了大量对自己无伤害的陌生他人的倾听、讨论、传播，他们终于找到了说说心里话的机会，也把自己平时曾受到的不公委屈刹那间倾倒到网络上，一时间网民的言论爆炸式增长，大家沉浸在网络的舆论狂欢中。在这种狂欢中，除了交流一些有用的信息外，谣言也是极易引起公众感兴趣的共鸣话题，常常是一有谣言发生，无数公众极度兴奋地如飞蛾扑火般扑进，极限般地吹大谣言的体积，给舆情场带来了一堆堆的污染物。实际上，对于网络而言，更易生发谣言，主要在于人多嘴杂，易滋生谣言；网络上发布谣言无任何把关机制，极其便捷，手指一点即可完成；谣言也是人们极想认知事情真相的反映，只不过是一种歪曲的反映而已。的确，在网络上要认知真相更加艰难，网络中的真相恰是以"我并不在场"为前提的，它不是自我通过亲历现场亲眼所见的直接感知，而是假借于网络中他者对某事认知后而发布的信息进行的N次感知，这种感知经过无数人的传播，在每一次的传播中，传播者都极易加入自己的想象，这种层层递进式的歪曲进一步加长了感知真相之间的距离，自我认知离真相越来越远，网络成就了一种真相之死。在无法探知真相的情况下，谣言就是一种逻辑上的替补，网民就根据自己的社会想象力，把"应该"当作了"是"，把"客观事实"与"表面意思"混为一谈，每个人相信的都是他心中的东西，这是谣言产生的重要基础。此外，"谣言的散布，一直是重大的社会和心理问题，在危机时刻更是如此，每当社会局势紧张，不实的报道便恶毒地增长。"① 当前中国正在转型，人们的思想与心理也处于转型的动荡期，再加上一些现实中利益受到不同程度威胁、受损后的有意或恶意的夸大，所以网络上谣言众生，使网络这个人类生存的新世界极易出现生态危机。网络谣言的生产、传播的确会给网络舆论生态带来致命的伤害，既给处于变动

---

① [美] 奥尔波特等. 谣言心理学 [M]. 刘水平等译，沈阳：辽宁教育出版社，2003：1, 142.

中的转型社会添加新的动荡，又给谣言的受害方带来真实的伤害；既给治理谣言的政府部门的公信力带来挑战，又给参与谣言的传播者，甚至是生产者本人造成真实的伤害，毕竟许多造谣者最终得到了应有的惩罚，这在近年来爆发的突发事件中表现得最为集中具体真实。实际上，许多骚乱性的突发事件与谣言的兴风作浪有直接的关系。"从未有一场暴乱的发生不带有谣言的鼓动、伴随和对激烈程度的激化"，对于突发事件而言，"通常，尽管不是一成不变的，点燃火药桶的火星就是具有煽动性的谣言本身"。① 因为突发事件爆发前，公众已处于一种敏感状态，涉及的人已处于高度紧张、愤怒、恐惧时点，随着谣言的进一步扩散，越来越多的大量无直接利益者，大量对自己未来命运的"标签化"想象者纷纷加入谣言大军的链条中。而随着聚集的公众越来越多，蛊惑起哄，"群体极化"，此时涉谣的事件如再具有极端的重要性和大量的模糊性，谣言越来越疯狂，在无法承受的触点极易由极限化的网民的合谋制造的谣言"内爆"，突发事件随之爆发，从而给突发事件的当事人、参与者、关注者等关系共同体带来真实而致命的伤害，冲击社会的正常秩序。

---

① [美] 奥尔波特等.谣言心理学 [M].刘水平等译，沈阳：辽宁教育出版社，2003：1, 142.

第 6 章 案例分析

6.1 发霉乌龙——温江七中实验学校食堂事件

警示：切勿简单粗暴

对策：迅速发声，避免谣言四起

原则：新闻发言和危机处置必须站稳立场兼顾社会情绪

（1）事件简述

2019年3月12日，一组微信朋友圈中疑似发霉的照片在网络上疯传，"让小学生吃猪食"成了很多自媒体普遍使用的标题，温江七中实验学校食堂发霉食物引起社会广泛关注。随后，家长维权被喷辣椒水并被采取强制措施的视频在微信群、微博、抖音等平台传播，事件逐步发酵，从地区个案引发了全民关注的舆论风暴。国家、省、市、区相关政府部门迅速发声，舆情呈现降温迹象。之后，多家媒体持续关注事件背后的利益链，第一批食品检测结果公布后令事件热度持续。不少网民呼吁彻查是否存在供应商与相关部门上下勾结、共同谋取不正当利益等问题。温江区副区长在学校现场佩戴劳力士的手表，食堂负责人随身背着名包，均被网民扒出并在微博、朋友圈传播，更加增强了网络舆论对事件涉及贪腐的想象。3月17日，警方调查后证实其为一起虚构事件，相关涉事人员受到法律的制裁，真相出炉，校园回归平静。

（2）进程实录

第一阶段：

3月8日（周五），午饭后学生陆续回家。成都七中实验学校四年级一班的6名同学出现呕吐、肚子疼等症状，在家长的微信群中引起关注。

3月10日（周日）下午，小学部6名学生家长送学生返校后，向学校反映学生在3月8日下午出现过肠胃不适情况，要求前往食堂查看，在德羽公司经理及食堂厨师长的陪同下，几人前往参观。有人拍下食堂照片并发进了家长群。

第二阶段：

3月11日19时38分，有家长在家委会的微信群连续发了多张照片，主要涉及调味剂及腌制食品。参观食堂的一名家长称，在食堂内发现的较大问题有使用杂牌调味剂、所有餐具未见专门消毒设备等。很快，群里多名家长就调味剂、腌制食品、添加剂展开讨论。有家长质疑"食堂竟然给孩子吃这么多添加剂"。有的肉质品保质期至2020年7月26日，有家长认为，学校在给孩子食用"僵尸肉"。

3月12日，讨论仍在持续。有家长将名为《食品添加剂对孩子的危害有多大》的文章发进微信群，"这次一定闹大、不能简单了"。

3月12日11时许、13时许，温江区市场监管局两次接到群众关于七中实验学校食堂食品问题的投诉。15点30分，成都市温江区市场监督管理局、区教育局第一批工作人员分别到达现场开展工作。

当日13时30分，校方小学部负责人召集食堂管理人员、小学部家委会及膳食委员会部分成员共10余人（包含6名家长代表），在小学部月亮湾二楼会议室召开沟通协调会。就网上传播的图片做解释说明，并就前期家长反映的速冻油炸食品、使用勾兑饮料等问题与家长代表协商。15时左右，30余名家长通过网络联络并赶往学校，一部分前往会议现场，另一部分前往小学部食堂查看未能进入。他们将这一情况发进了微信群，有人质疑库房内藏了垃圾食品，"必须进入查看，搜集证据"。会议中途，获知消息的家长陆续赶来，商谈一直持续到18时左右结束，校方承诺，支持学生家长参与学校食堂食品安全监管，并同意家长提出的更换部分食材的品牌、减少冷冻食品和复合调味品，并将于次日形成整改方案。

3月12日17时，温江区市场监督管理局通知的第三方检测机构四川源坤国科质量检验有限公司2名工作人员到达，对库房内5个批次食品进行抽样。因部分家长认为没有家长参与抽样过程不予以认同，不能送检，故未检测。

3月12日17~18时，学校小学部学生放学，更多的学生家长逐渐在校内外聚集。19时许，校方在阶梯教室继续就学校食品安全问题进行解答。另一批大约40余名家长在校门口集中。

第三阶段：

3月12日19时12分，食堂工作人员打开冻库，并准备将库房内的"小品牌"调味品及冷冻食材全部搬走。食堂库房内的一处监控显示，工作人员开始打开冻库，将其中的食材一箱箱搬出，放到一个小型平板推车上，准备移出运离，有部分食材被堆放在推车旁的地面上。19时18分，另有一名女性工作人员对现场搬出的食材进行着清点。监控画面显示，食材搬出后，并未立即运出，其间，很长一段时间食材放置在通道里，无人处理。21时05分，第一车被拉走；之后，第二车正被拉走时，家长出现了。

21时部分家长自行前往食堂查看，看到四川德优康农副产品配送有限公司配送员正在对食材装车搬运。家长认为是准备转移食材，遂阻止配送员装车，情绪比较激动，将车上、堆放在地上以及食堂内和冻库存放的粮食、蔬菜、肉类、调味品等食材拆封拆袋、扔掷抛洒，同时拍照摄像。过程中，与校方工作人员及配送员发生肢体冲突。警方现场劝说家长冷静，并立即控制和隔离食堂工作人员。食堂库房冻库外侧过道的监控显示：21时08分第一批十余名家长出现在了画面中，搬运的工作人员被挤到一旁。家长们，拍照、进出冻库、撕开包装。到22时24分，一个多小时里，数拨家长进出冻库、撕开包装、拍照，部分家长拿起食材查看又扔回包装箱内或丢到地上。之后，多名家长将在食堂拍摄的鸡腿、毛肚、肉夹馍等照片发布到网上，称学校小学部食堂存在过期、发霉变质以及含有大量添加剂食品，并称长期在食堂就餐的孩子出现便秘、口腔溃疡、胃疼等症状。随后该事件在网上持续发酵。

21时许，区市场监管局局长朱幼红、教育局局长黄晓东分别带队到达现场，跟家长开展交流沟通。22时30分至23时，区分管教育副区长邹华、分管市场监管副区长景仁志和副区长、区公安分局局长陶旭东，先后到达现场开展沟通协调工作。其间，正值中学部部分班级学生放学，400余名家长一方面因接孩子放学，另一方面因网络消息也逐渐在现场围观。23时10分，区书记王道明，区副书记、区长马烈红到现场组织开展工作。

3月13日凌晨，经反复沟通，在现场部分家长见证下，成都市温江区市场监督管理局、第三方检测机构四川源坤国科质量检验有限公司工作人员开始对车内及库内食品进行取样送检（19批次）。每批次样品取三份，一份检样、一份备样、一份家长留存样，所取样品均有家长代表在封条上签字确认。其余材料连夜就地封存。区公安分局带走了校方、食堂承包方德羽后勤以及食堂工作人员共8人进行调查。家长随后陆续散去。

13日凌晨3时，区书记主持召开会议对相关工作进行安排部署。区委区政府成立工作组入驻学校开展工作，区政府机关事务服务中心接管学校食堂，保证在校师生正常安全就餐，召开学校各年级班主任会议，通过老师开展家长的沟通疏导工作。

3月13日03:17，成都市温江区人民政府新闻办公室官方微博@金温江发布第一次情况通报，称温江区市场监管局、教育局、公安分局等相关部门已及时赶赴学校进行处理。

3月13日07:41，@金温江再次发布情况通报，称温江区政府相关部门在封存成都七中实验学校食堂原食材后，连夜组织安全放心的食材供应，保障学生正常用餐，区市场监管局对食品制作过程进行监督，并进一步加强食品安全监管。

第四阶段：

3月13日11时许，学校一位负责人正在与家长沟通，一位情绪激动的男性家长宋某抢过正在发言的校领导话筒摔在地上，并号召家长去外面"堵路",以表达诉求。"因为在学校操场上,平时学校与家长沟通都会使用大喇叭,但当天校领导使用的是一个跳广场舞用的小喇叭,站稍远一点的家长根本听不见校领导的讲话,于是我就把正在讲话的领导手中的小喇叭夺下。"

11时20许,宋某到温江与成都之间的一条主干道光华大道上拦停大巴车后,交通陷入瘫痪。"为了不造成情况进一步恶化,警方立即将宋某带走。"现场其他家长看见宋某被警方带走,反应强烈,许多家长涌向警车企图拦下正在将宋某带上车的警察,并对警察进行辱骂和推打。为了不造成踩踏等人员伤亡的安全事故,现场民警使用了警用催泪喷射器。随之网上出现几段视频,视频中多位家长双眼发红,蹲在路边用矿泉水清洗眼睛,"警察向讨说法的家长喷辣椒水了!"

3月13日13:39,四川省教育厅官方微博@四川教育表示,对此事高度重视,立即派出工作组前往成都七中实验学校会同成都市教育局进行核查处置。

13日下午,市委副书记、市长罗强在温江区主持召开专题会,听取前期工作情况汇报,传达省委书记彭清华,省长尹力和省委副书记邓小刚,省委常委、市委书记范锐平等领导批示精神,研究部署下一步工作。

第五阶段:

3月13日18:48,国家市场监管总局官网发文要求调查成都市七中实验学校食品安全问题。

3月13日19:06,成都七中实验学校发布通知称,立即终止与原食品供应商的合作,在政府部门和家长的监督下,重新确定食品供应商,并着手建立由家长参与的食品安全监管长效机制。区卫健局组织医生到校现场咨询,对身体出现异常的学生安排体检。

3月13日晚,温江区委召开常委会会议,专题研究部署成都七中实验学校食品安全问题处置推进工作。

3月13日22:51,@平安温江针对成都七中实验学校部分学生家长因该校食品安全问题实施堵路影响公共治安问题相关事宜发布警方通报。

3月14日，@金温江发布通告，预计3月15日形成检测结果。并对网上关于成都七中实验学校食品安全问题的谣言进行了澄清。

3月15日15:21，成都市温江区市场监督管理局官微@温江区市场监督管理局发布了第一批检测结果的通报。检验报告显示，所测样品所检项目均符合食品安全标准要求。这份报告再次引发争议。

3月15日15:34，@温江党建发布情况通报，温江区教育局局长黄晓东、区市场监督管理局副局长赵勇登因履职不力，工作不到位问题停职检查。这一通报也引起部分网友质疑。

3月16日，温江区市场监督管理局再次开库，对封存食材进行核查。

3月16日，国务院食安办针对成都七中实验学校食品安全事件等安全问题召开全国校园食品安全工作电视电话会议。国家市场监管总局局长张茅在会上要求各地全面排查学校食品安全风险隐患，4月15日前上报排查情况。

第六阶段：

3月17日10:30，成都召开新闻发布会，通报了成都七中实验学校食堂事件的最新进展。成都市卫健委主任谢强表示，截至3月16日12时，成都七中实验学校已有905人就诊体检。绝大多数就诊和体检学生均无明显异常。此外，成都市公安局负责人表示，针对网上出现一些与事实不符的图片、视频和言论信息，公安部门进行了调查处理。

3月18日19:57，@温江区市场监督管理局发布关于成都七中实验学校食堂食材第二批检测结果的通报。其中仅粉条有霉斑，不合格。

4月9日，2019年四川省中小学食品安全暨后勤保障工作现场会召开，要求学校食堂全部持证经营；切实加强学校从供餐单位订餐等外购食品管理；学校在食品采购、食堂管理、供餐单位选择等重大事项上，应充分听取学生、家长、教职工意见；有条件的，应当实行大宗食品公开招标、集中定点采购制度，年底前基本完成"明厨亮灶"。

(3) 传播路径

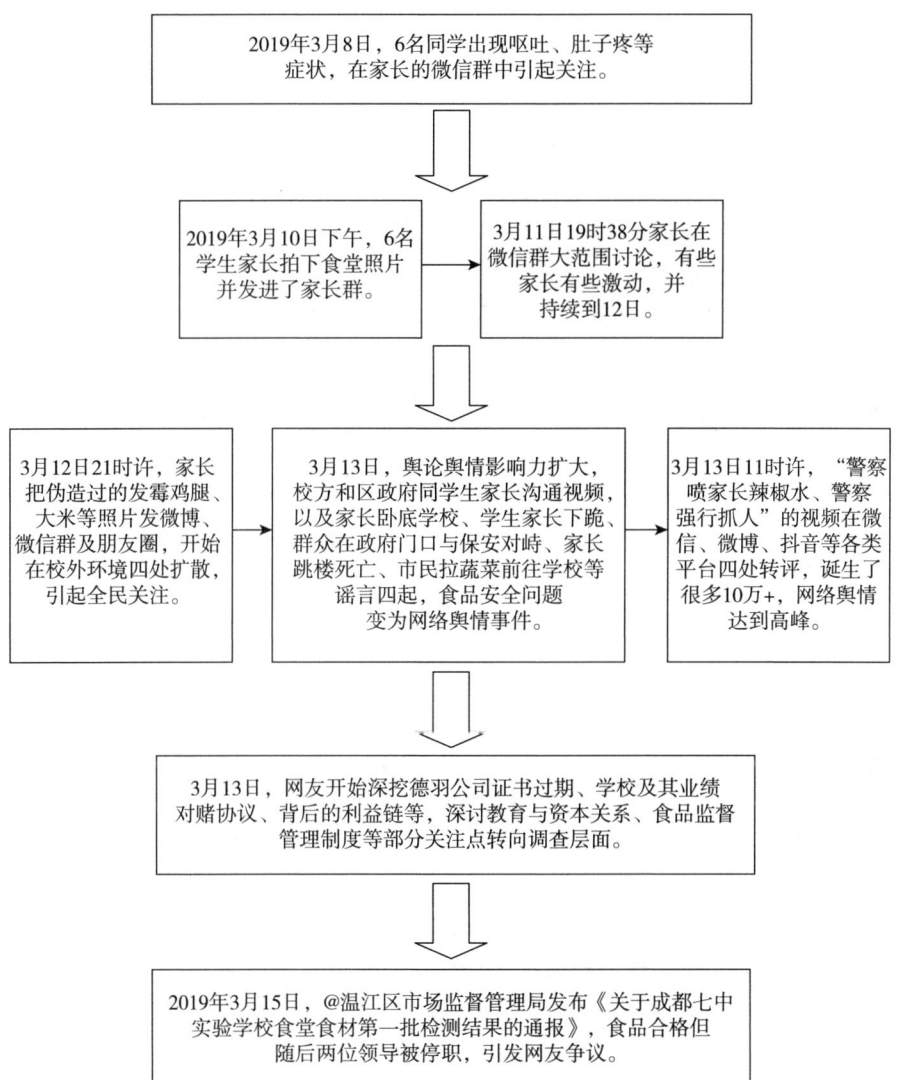

(4) 舆情源头

事件最初是在朋友圈中的一组照片，参考新浪微博留存最早的照片是2019年3月12日"@再见三月yzj"在17时24分发布的信息，6个小时40分钟后，照片已演变为"@成都这点事"爆料的私信照片，具体内容如下：

再见三月yzj

3月12日 17:24 来自 vivo AI智慧拍照X21

成都七中温江实验学校给孩子吃过期食品。三五产品，望有关部门严查！给孩子和家长一个公道。@巴中日报微博 @新浪娱乐 @抖音短视频 @平昌信息网 @新浪娱乐 深圳·观澜街区

☆ 收藏　　✎ 14　　💬 22　　👍 80

成都这点事

3-13 00:01 来自 iPhone客户端

#成都爆料# 私信炸了！网友爆料：这是成都温江七中实验学校小学部食堂给孩子们吃的东西，发霉的肉、过期的食品。今晚，家长们堵满了学校门口。。。

根据事件梳理的时间线来看，17时发布的应为10日6名同学家长在德羽公司经理及食堂厨师长的陪同下拍摄的照片，多为食品添加剂和冻肉保质期的质疑照片，在网上传播范围较小。21时部分学生家长在怀疑公司连夜转运食材时闯入冻库将食材拆封拆袋、扔掷抛洒，并将拍摄照片在微信群、朋友圈和微博、头条、抖音上传播。但经过多平台大量的断章取义的转发和编辑，这些冲击力强的照片逐渐在手机上疯传，这时的种种谣言和煽动性标语裹挟而来。舆情大火越烧越旺，由之前的校园食品安全问题演变为一场社会舆论危机。

（5）网络传播

数据显示，从 2019 年 3 月 12 日 21 时到 3 月 20 日期间，从各个平台选取关注度多的文章如下（基于 2019 年 4 月 26 日 11:03 统计）：

日期	标题	平台	发文来源	传播量
03-14	关于 2019 年 3 月 12 日晚爆出成都温江成都七中实验学校小学部食堂给学生吃过期、发霉食品，大家怎么看	知乎	问题	回答数：238 关注者：1315 被浏览：677283
03-14 02:36	温江区委研究部署成都七中实验学校食品安全问题处置推进工作	今日头条	人民日报海外网	评论量：2059
03-15 17:22:02	因成都七中实验学校食堂问题，温江区教育局局长、区市场监管局副局长停职	今日头条	新京报政事儿	评论量：2493
03-15 15:21	关于成都七中实验学校食堂食材第一批检测结果的通报	新浪微博	@温江区市场监督管理局	转发：17327 评论：25577 点赞：8964
03-17 12:46	成都七中实验学校事件调查结果：发现有人疑似制作虚假食材图片，已将犯罪线索移送公安机关	新浪微博	@中国新闻网	转发：5913 评论：14280 点赞：12294
03-19 19:12	那些嫌太长不看的，我截图汇总了一下信息	新浪微博	@江宁婆婆	转发：14236 评论：6643 点赞 10783

媒体文章一：

关于2019年3月12日晚爆出成都温江成都七中实验学校小学部食堂给学生吃过期、发霉食品，大家怎么看①？

媒体文章二：

温江区委研究部署成都七中实验学校食品安全问题处置推进工作②

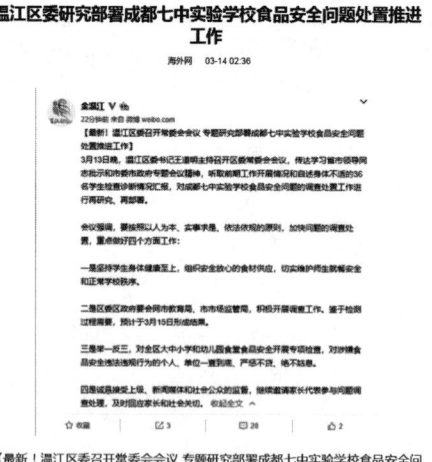

【最新！温江区委召开常委会会议 专题研究部署成都七中实验学校食品安全问题处置推进工作】

---

① 文章来源：https://www.zhihu.com/question/315717421/answer/624095953.
② 文章来源：http://news.haiwainet.cn/n/2019/0314/c3541083-31515229.html.

媒体文章三：

因成都七中实验学校食堂问题，温江区教育局局长、区市场监管局副局长停职[①]

媒体文章四：

关于成都七中实验学校食堂食材第一批检测结果的通报

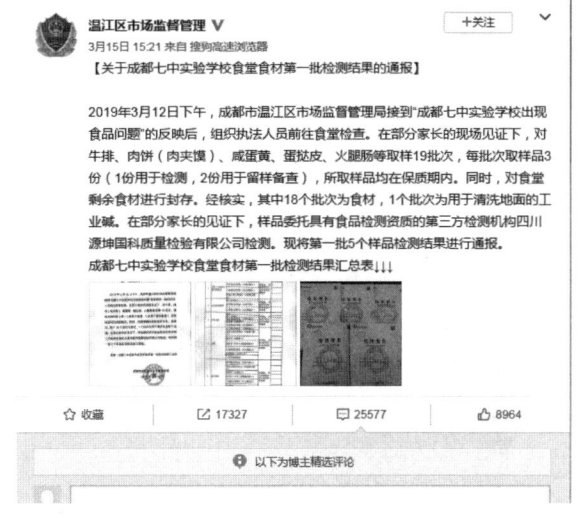

---

① 文章来源：https://www.toutiao.com/a6668545421230473741/.

媒体文章五：

成都七中实验学校事件调查结果：发现有人疑似制作虚假食材图片，已将犯罪线索移送公安机关

媒体文章六：

@江宁婆婆"那些嫌太长不看的，我截图汇总了一下信息"

微信作为这次事件的主要传播渠道，也诞生了许多阅读量超过10万的文章，具有关键节点的有以下：

时间	标题	公众号
3月17日 3月18日	成都七中实验学校食堂事件可能真的是惊天大翻转	占豪、江宁婆婆
3月17日	调查｜成都七中实验学校食品事件爆发的头4天	红星新闻
3月17日	"成都七中实验学校食堂事件"最新进展	侠客岛
3月20日	成都七中食堂事件：刷屏的日本小学生午餐，到底是怎么来的？	书单
3月14日	直击！成都七中实验学校事件中的五大谣言	石头大叔
3月17日	"成都七中实验学校食堂事件"，调查结果来了！	人民网
3月13日	工作组开始调查"成都七中食堂事件"：一查到底、绝不姑息	侠客岛
3月17日	成都七中实验学校食堂事件处理：校长被解聘	中国教育报
3月15日	成都七中公布食堂食材检验结果，教育局局长被停职	观察者网
3月13日	不论是谁，一查到底！"成都七中实验学校食品问题"处理进展	成都商报
3月14日	成都七中实验 vs 上海中芯：喂"猪食"和喂"精神猪食"，哪个更丧心病狂？	常青藤爸爸

（6）官方回应

首次回应：@金温江：首次情况通报

原文截图如下：

 金温江 V

3月13日 03:17 来自 微博 weibo.com

【情况通报】3月12日下午，部分学生家长反映成都七中实验学校小学部食堂食品质量问题，温江区相关部门及时赶赴学校进行处理。目前，区市场监管局已对食品原料封存并送检，结果将及时反馈家长，并根据检测结果依法依规处理。区教育局负责对学生家长的诉求进行收集和回复。区公安分局已对学校及食堂相关责任人进行调查。学校食堂用餐将由区教育局组织供应安全可靠的食材，区市场监管局全程监督。 收起全文

☆ 收藏　　↗ 290　　💬 549　　👍 461

二次回应：@金温江：情况通报二

金温江 V
3月13日 07:41 来自 微博 weibo.com

【情况通报二】温江区政府相关部门在封存成都七中实验学校食堂原食材后，连夜组织安全放心的食材供应，保障学生今日正常用餐，区市场监管局对食品制作过程进行监督，并进一步加强食品安全监管。成都七中实验学校立即终止与原食品供应商的合作，在政府部门和家长的监督下，重新确定食品供应商，并着手建立由家长参与的食品安全监管长效机制。区卫健局组织医生到校现场咨询，对身体出现异常的学生安排体检。 收起全文 ∧

☆ 收藏　　　　↗ 212　　　　💬 1065　　　　👍 565

三次回应：@金温江：情况通报三

金温江 V
3月13日 11:41 来自 iPhone 7 Plus

【情况通报三】温江区公安分局目前正在对掌握的成都七中实验学校负责食品安全的8名责任人开展全面深入的调查。区市场监管局对投诉反映的19个批次的食材进行了抽样，对所有冻库及库房内食材进行了查封，对新进食材进行全程监管。区市场监管局、区教育局举一反三，已组织开展全区大中小学和幼儿园食堂食品安全的专项检查，切实保障学生的身体健康。温江区委、区政府将依法依规对成都七中实验学校食品安全问题进行认真彻查，严肃处理相关责任人，及时公布调查处理结果。 收起全文 ∧

☆ 收藏　　　　↗ 475　　　　💬 1890　　　　👍 543

四次回应：@四川发布：四川省派出工作组核查处置

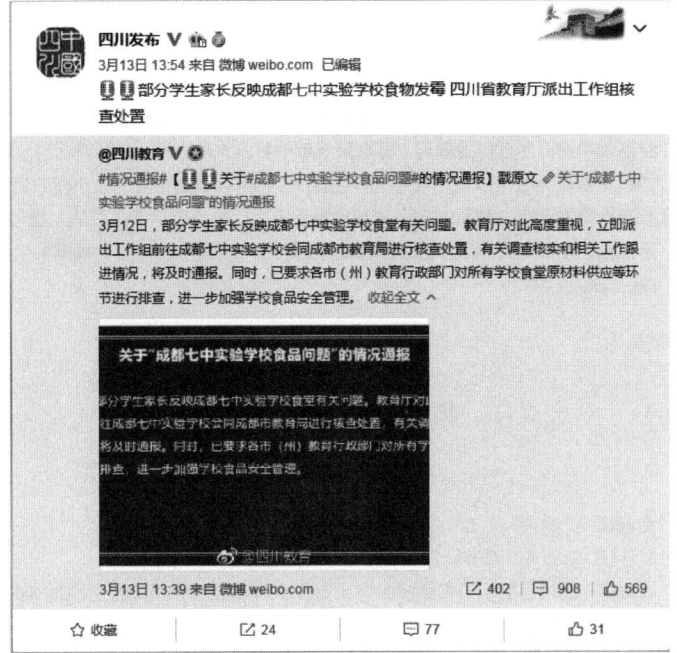

五次回应：@成都发布：市委市政府召开成都七中实验学校食品安全专题会

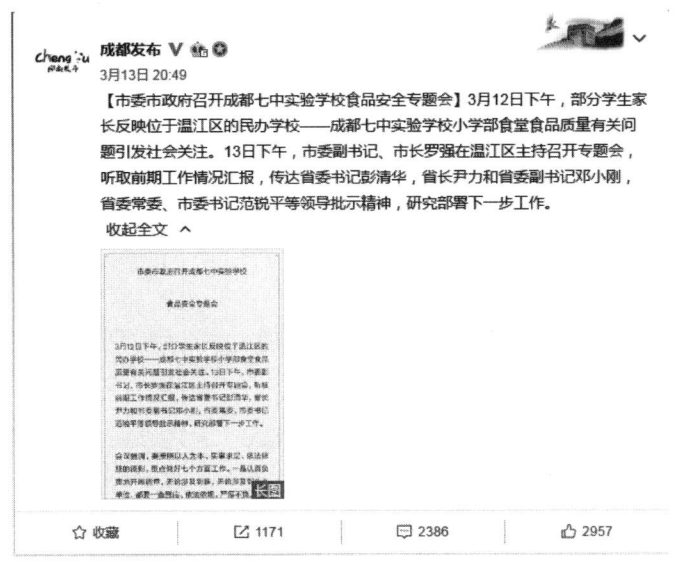

六次回应：@金温江，情况通报五

金温江 V

3月13日 22:24 来自 微博 weibo.com

【情况通报五】3月13日，成都七中实验学校陆续有学生自述身体不适，家长要求送医院检查。温江区卫健局立即联系成都市第五人民医院，安排消化科、儿科、内科专家参与检查诊治，对入院学生进行了初判以及血常规、大小便的检查诊断和流行病学调查。截至21时，成都市第五人民医院共接诊学生36人，经检查诊断后目前已全部离开医院。温江区将继续做好医疗保障工作，全力确保学生身体健康。 收起全文 ∧

☆ 收藏　　☐ 251　　💬 800　　👍 595

七次回应：@金温江，情况通报六

金温江 V

3月14日 02:15 来自 微博 weibo.com

【最新！温江区委召开常委会会议 专题研究部署成都七中实验学校食品安全问题处置推进工作】

3月13日晚，温江区委书记王道明主持召开区委常委会会议，传达学习省市领导同志批示和市委市政府专题会议精神，听取前期工作开展情况和自述身体不适的36名学生检查诊断情况汇报，对成都七中实验学校食品安全问题的调查处置工作进行再研究、再部署。

会议强调，要按照以人为本、实事求是、依法依规的原则，加快问题的调查处置，重点做好四个方面工作：

一是坚持学生身体健康至上，组织安全放心的食材供应，切实维护师生就餐安全和正常学校秩序。

二是区委区政府要会同市教育局、市市场监管局，积极开展调查工作。鉴于检测过程需要，预计于3月15日形成结果。

三是举一反三，对全区大中小学和幼儿园食堂食品安全开展专项检查，对涉嫌食品安全违法违规行为的个人、单位一查到底、严惩不贷、绝不姑息。

四是诚恳接受上级、新闻媒体和社会公众的监督，继续邀请家长代表参与问题调查处理，及时回应家长和社会关切。 收起全文 ∧

☆ 收藏　　☐ 156　　💬 967　　👍 219

八次回应：@成都发布，"这些谣言信不得"

九次回应：@金温江，"成都七中实验学校食品安全问题"预计3月15日形成检验结果！

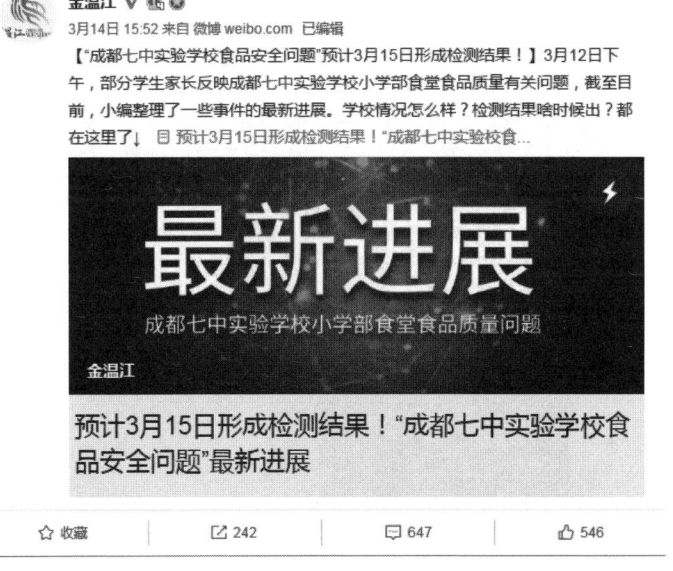

十次回应：@温江区市场监督管理局，关于成都七中实验学校食堂食材第一批检测结果的通报

十一次回应：@成都发布，成都七中实验学校食堂管理问题成都市联合调查组召开新闻发布会

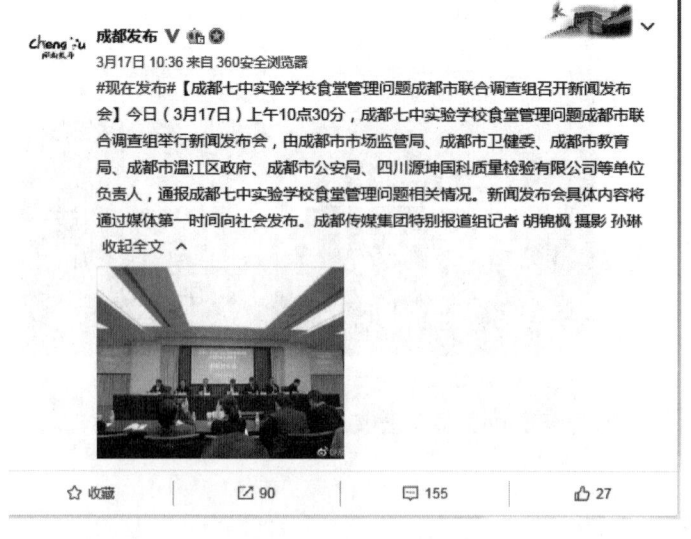

(7) 评论文章

经统计，从 2019 年 3 月 11 日到 3 月 20 日期间，最具有代表性的评论文章如下：

日期	标题	作者	来源	传播量
3月13日 15:50	当地政府应坚决和家长站在一起，共同护好孩子	胡锡进	新浪微博	转发：1939 评论：2459 点赞：3126
3月13日	七中食堂事件：作为一个父亲、大V和温江人，我想说两句…	温叔	公众号：温江人不知道的温江事	阅读：7.2 万
3月14日 08:19	评论：不论是谁一查到底	高红霞、罗昱	人民网	10 万+
3月14日	成都七中食品事件背后的法律问题和制度建议	慕峰	公众号：太阳照常升起	4813
3月17日	成都七中实验学校食品事件爆发的头4天	王 春 王雅林 沈杏怡 潘俊文 罗 天 严雨程	红星新闻	10 万+

评论文章一：

当地政府应坚决和家长站在一起，共同护好孩子

评论文章二：

七中食堂事件：作为一个父亲、大V和温江人，我想说两句…①

七中食堂事件：作为一个父亲、大V和温江人，我想说两句…

温江人不知道的温江事 3月13日

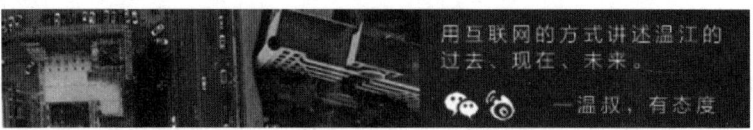

对不起，温叔来晚了

七中之事，事之大，学校食堂装不下，到现在为止，最新情况是"一查到底，绝不姑息"。因为顶着一个"温江大V"的称号，我需要"为民发声"；因为有着近30万粉丝，我需要"为温江的美好发声"；六年了，高低中三种声音，让我有些嘶哑。

我和很多网友一样，不是离事件最近的人；我和天下的父母都一样，是最愤怒的人；我和有关部门

---

① 文章来源：https://mp.weixin.qq.com/s?src=11&timestamp=1558401707&ver=1619&signature=haphnkTKAd4GwQgr2jGbjT2GozhZk4dK0NMlMa3BcCgpkbhNHZgdypx*J1qInaJ60XZaCLBA7hryTCLa-yerBEBxVNkL3-8Jvlo3ls6VGOODy9soZ3X83N1QuS5UDrA&new=1.

评论文章三：

评论：不论是谁一查到底

3月12日下午，位于温江区的民办学校——成都七中实验学校小学部食堂食品质量有关问题，引发社会关注。

哪个孩子不是父母的心尖肉？他们是未来，寄托着家庭和社会的希望；他们还很弱小，需要家庭、学校以及全社会用心、用力去呵护。以孩子身体健康为代价去赚昧心钱，其心可诛，其行可恶。

政府对于此事的反应还算迅速。接到家长投诉后，温江区教育、市场监管等部门已于12日赶赴学校调查处置，并对所有冻库及库房内食材进行了查封，对投诉反映的食材抽样送检。13日下午，市委副书记、市长罗强在温江区主持召开专题会，提出成立由市委市政府领导牵头的调查组和问责组，依法依规对涉嫌食品安全违法违规行为的个人、单位进行严肃处理，对工作不到位、监督责任落实不力的部门及相关责任人进行严肃问责，进一步在全市范围内排查、消除校园及周边安全隐患和

---

① http：//www.sohu.com/a/301120161_114731?g=0.

评论文章四：
成都七中食品事件背后的法律问题和制度建议 [①]

成都七中食品事件背后的法律问题和制度建议

原创: 慕峰 太阳照常升起 3月14日

在2019年全国两会闭幕当天，成都七中实验学校的食品卫生问题在网络迅速发酵，令人震惊。自上海中芯国际学校食品卫生事件以来，再次在大城市私立名校的出现类似问题，显示并非个例。目前，政府相关部门已启动对成都七中事件的调查程序，具体调查结果尚待公布。

为不浪费此次公共事件，推进制度建设，在此，我们尝试梳理类似事件涉及的相关立法，并从家长的视角提出相关建议。

一、现行食品安全卫生立法确立的法律责任应当进一步加强

1979年国务院颁布《食品卫生管理条例》，1982年全国人大常委会通过《食品卫生法（试行）》，可视为新中国食品安全卫生立法的开端。1995年全国人大常委会通过《食品卫生法》，继之以2009年《食品安全法》，再经2015年、2018年两次修订后，形成现行有效的《食品安全法（2018）》。

1997年《刑法》首次规定了"生产、销售不符合卫生标准的食品罪"和"生产、销售有毒、有害食品罪"，这两项罪名涉及的刑法条款保留至今。

此外，自1979年首次食品卫生安全立法以来，国务院及主管部委分别以行政法规和部门规章等形式，推进食品安全卫生体制的建立。

根据现行有效的《刑法》和《食品安全法》，重大食品安全卫生事件涉及的主要法律责任如下：

[①] https：//mp. weixin. qq. com/s?src=11&timestamp=1558401816&ver=1619&signature=QOYPR5ot3LJKVvPLPkk8ECGP0cZpRDH6kFr2iHiR2tmXgkFAT8bLsnJiezNfgTVKD52NH179nfW0XKKwGxFXimaNJmfFpDRUnG7hUjIVgi-XayneXFkaZcScH1pHYon3&new=1.

评论文章五：

成都七中实验学校食品事件爆发的头 4 天[①]

调查 | 成都七中实验学校食品事件爆发的头4天

原创：红星新闻 红星新闻 3月17日

3月12日起，成都七中实验学校食品问题以各种版本在网络流传，引发社会各界关注。情绪之中，事实的脉络并不清晰。

起因，是不是一名学生家长"卧底食堂假扮食堂工作人员终获得问题食材的证据"？**舆情**，是如何从对冻肉和添加剂的内部讨论一步步发酵？**风波**，警方在处置突发事件时为什么要对学生家长使用"辣椒水"？**检测**，第一批样品为何不做微生物指标检测？

红星新闻记者采访当事学生家长、该校食堂工作人员、温江警方、负责检测此次样本的机构等，试图还原几个重要节点的真实细节。

投 诉

2018年8月，四川德羽后勤管理服务有限公司接手成都七中实验学校食堂。

双方签订的《食堂委托经营合同书》显示，2018年6月29日该校与四川德羽后勤管理服务有限公司签订了经营合同，委托管理期限从2018年8月20日到2023年8月19日止，共计5年，委托期间，食堂按市场化、社会化的机制组建和运行，自负盈亏，独立核算。

2018年9月开始，原厨师长柯玉刚和70多名老员工转入了德羽后勤。"重要岗位都被换了人，工作量太大而工资不涨，老员工心里都有怨气。"柯玉刚告诉红星新闻记者。

(8) 多方点评

胡锡进（环球时报总编辑，3 月 13 日）：家长的愤怒非常值得理解和同情，希望当地政府处理事情的原则首先要急家长之所急，而不是把两会期间的"维稳"放在第一位。要坚决与家长形成这样的情感沟通，以对孩子最有利的方式先把食堂的问题处理好，让家长们对孩子接下来的校内用餐放心。同时抓紧调查案情，追究责任人，让家长们对作恶者决不会被姑息建立充分信心。

这样的情感基础是控制局面的前提。我认为在全国各地，都不应把

[①] https：//mp. weixin. qq. com/s?src=11&timestamp=1558401843&ver=1619&signature=FYD-UwyGc2or*m*Yb4EnB10ZQDur-KjRjJ4YqXFu4AMkcmdpFtQeFyE5Ph0maOD*JPsUK61iSRef2S7dpenOeEa711T-vxjGlU2yehiS6ckGsIFbWZiZEvAGCX5Oueaw&new=1.

"维稳"的标准定得过高,要对因为利益诉求而产生的非政治性聚集给予一定时间段内的包容。事缓则圆,这样的包容会给做思想工作留下更多空间。如果对一般性聚集采取"零容忍"态度,是不可取的。这是一个规律,不会因为政府"维稳"工作阶段性侧重点的变化而改变。

从家长角度,我们有两项小的建议:其一,采用抽查重罚制相结合,在监管人手有限的情况下,通过不定期抽查校长是否陪餐,对形式上不满足就予以重罚,可有效促使学校层面强加管理;其二,采用跨校家委会检查制,每所学校都有家委会,受制于担心自己孩子受到不利影响,家委会能够发挥的作用十分有限,可采用家委会跨校不定期检查食品卫生安全的形式,让家长不再有压力,从而成为监督的主力,这在地方政府教育、市场监管部门人手十分有限的情况下,可以有效增加违法成本。

成都日报评论员:"孩子""食品安全"这些字眼,正是人们的痛点所在,使得网民极易受非理性情绪感染,一旦第一波快速传播有了基础,便会在微信群、朋友圈中呈现指数级的积累,如同滚雪球一样,一个传一个,一环扣一环,将更多人裹挟其中。

由于重大突发事件的复杂性,在事件发展过程中处于消退状态的网络舆情很可能结合新的刺激性信息而产生新的变异,导致新一轮舆情信息的快速传播。回想连日来,几乎每一天,都有与事件相关的谣言在漫天飞舞,当一轮热潮告一段落,又会有新的"猛料"源源不断地补上,谣言也就在细节的不断丰富中,变得更加真假难辨,人们无所适从。

微信公众号大瀚舆情@和秋娟(3月28日):违法成本过低成为中国食品安全领域问题频发的重要原因。在美国,严格的立法、执法,司法独立能够避免法外因素干扰是食品安全实现有效治理的最大因素,然而在中国,这一点却很难做到。食品安全监管不到位、对相关责任人处罚力度较小,归根结底都是不完善的法律条例缺失基本的震慑和教育作用。

微信公众号警花猫猫@警花猫猫(3月26日):成都七中事件,在12日随着自媒体网民的率先爆料,因为受到"有图有真相"思维的影响,受到网传照片中变色鸡腿、发霉毛肚等对公众产生的视觉冲击力,网民已经根据网上爆料的"大量霉变食物的照片"将学校及教育部门贴上了"学生食物存在严重质量问题"的标签，网上关注度呈短时井喷状，舆论一边倒地质疑政府。教育、食品安全向来是社会关注的热点问题，校园食品安全事件叠加两重敏感因素，更容易引发舆论关注。教育逐利与道德经营、监管缺失等问题，对舆论心理产生强烈刺激作用，激发网民"同理心"，此事的影响迅速扩展至全国。此外，该事件中，通过戏谑化的反讽表达不满与质疑的段子比比皆是，使得负面情绪以更快速度相互传染，网民借此进行负面情绪的宣泄。

在一起舆情事件中，谁率先设置"标签"，对舆情走向至关重要。在成都七中事件中，网民自媒体率先设置标签，以最快的速度对事件进行定性，让更多的人朝着这个方向去走去思考，越来越多的媒体介入后对涉事企业背后利益链进行调查报道，提供舆论讨论的话题。当大家都不知道真相时，谁先设置标签，谁的导向性就越强，这些标签就会引导公众，再去补救就会觉得难度很大。若公众已被这些标签洗脑，即便政府部门事后再提供反转证据，效果也会事倍功半。

新浪微博网友（王志安，3月17日20：01）：在热点新闻事件中，禁止媒体报道，然后调查组掘地三尺去调查，最后公布结论，不是最好的策略。其副作用是，再过硬的证据，很多人也会不信。公信力很多时候不仅仅靠的是证据，还有不怕让人说话的自信。

6.2 安全底线——江苏响水爆炸事件

警示：切勿形式主义

对策：严格管理，强化安全意识

原则：新闻发言及危机处置必须坦诚真实杜绝不实信息

（1）事件简述

2019年3月21日14时48分许，江苏盐城市响水县陈家港镇天嘉宜化工有限公司化学储罐发生爆炸事故，引发了2.2级地震，并波及周边

16家企业、居民区和幼儿园，截至3月25日已有78人死亡，超过600人不同程度受伤，造成严重的人员和财产损失，引发了社会各界的广泛关注。4月5日，盐城市政府宣布，永久关闭该化工园区。

（2）进程实录

2019年3月21日

14:48，江苏响水化工厂发生爆炸。

14:50，国家地震台检测到在江苏盐城市响水县附近（北纬34.34度，东经119.75度）发生3.0级左右地震。

14:52，盐城市消防救援支队响水县大队接到报警，响水中队、滨海中队立即赶赴现场。江苏省消防救援总队指挥中心调派南京、泰州、盐城、连云港、淮安、宿迁、南通、常州、扬州、镇江消防救援支队、培训基地共35个中队、86辆消防车、389名指战员赶赴现场。

15:00，国家地震台发布微博，确认3月21日14时48分在江苏连云港市灌南县（疑爆）（北纬34.33度，东经119.73度）发生2.2级地震。

15时开始，微博、朋友圈陆陆续续出现响水爆炸的视频和照片。

15:50许，响水县人民医院已经有爆炸中的伤者陆续送医[①]。

15:50许，现场火势已得到初步控制，省市县三级生态环境部门已进入开展应急监测工作。公安、医疗等机构迅速派员赶往现场救援。市民前往围观。

17:00左右，在响水滨江路步行街的采血车上，挤满了前来献血的居民。有不少居民都是听到消息后，前来献血。

17:29，到场消防救援力量救出12名受伤人员。

18:12，国家应急管理部党组成员、总工程师王浩水和消防救援局总工程师周天带领专家组紧急赶赴现场。

---

① https://app.bjtitle.com/8816/newshow.php?newsid=5264116&src=stream&typeoid=5&uid=0&did=6cd65394d9444d318944be0d8188abb9&show=0&fSize=S&ver=2.5.5&ff=fz&mood=wx&tdsourcetag=s_pctim_aiomsg.

19:00，确认事故已死亡 6 人，重伤 30 人。医卫部门正在全力救治伤员，环保部门正在进行环境监测。江苏省消防救援总队已调派 176 辆消防车、928 名消防员到场处置，后续仍有增援力量赶赴现场。

19:17，国家生态环境部副部长翟青率领工作组紧急赶赴事发现场。

19:37，国家应急管理部党组书记黄明率工作组紧急赶赴现场。

20:30，盐城市生态环境局公布初步检测情况，事故产生的浓烟对空气质量产生较大影响，主要区域没有居民居住，周边群众也已经基本疏散。事故地点下游没有饮用水源，群众饮水安全不受影响。

21:17、22:57，江苏省生态环境厅公布爆炸后 16:57、18:00、18:40、19:20、20:00、20:45 的环境应急监测结果，苯、甲苯和二甲苯的检出浓度均未超过企业周界外浓度最高限值，并同时提醒：根据相关参考资料，甲苯、二甲苯、氯苯、苯乙烯等为低毒物质，长期接触有慢性毒性；二氧化硫和氮氧化物会引发呼吸系统疾病，大量吸入会导致窒息。江苏省环境监测中心组织盐城市和连云港市监测力量正继续开展现场应急监测。

20:52，国家卫生健康委员会第一批调派国家卫生应急队伍赶到事发地开展医学救援工作，第二批抽调组成国家医疗心理卫生应急专家组于 22 日凌晨到达当地开展工作。

2019 年 3 月 22 日

7:00，3 处着火的储罐和 5 处着火点已全部扑灭。

9:00，江苏盐城响水县天嘉宜爆炸事故新闻发布会召开，公布最新情况：截至 22 日上午 7 时，事故已造成死亡 44 人，危重 32 人，重伤 58 人，还有部分群众受轻伤。江苏省已先后调派 12 个市消防救援支队共 73 个中队、930 名指战员、192 辆消防车、9 台重型工程机械赶赴现场处置。天嘉宜化工有限公司在响水县负责的总经理张勤岳在事故中受伤并接受救治，相关人员均已被公安机关控制。

9:12，国家卫生健康委派出第三批国家医疗卫生应急专家组赶赴事发地。

10:42，习近平总书记对江苏响水天嘉宜化工有限公司"3·21"爆炸事故作出重要指示，要求全力抢险救援，深刻吸取教训，坚决防范重特大事故发生。李克强总理就救援工作作出批示。

11:17、13:02、19:05、20:03，江苏省生态环境厅持续跟进，并滚动发布监测最新进展，对事件发生地下风向环境空气和闸外灌河地表水、闸内园区河流地表水开展应急监测。

20:03，国务院决定成立江苏响水天嘉宜公司"3·21"特别重大爆炸事故调查组开展调查工作。

22:14，大量当地和外地赶来的群众，前往响水县政府附近的采血车，参与志愿献血。

2019年3月23日

10:36，"3·21"响水天嘉宜公司爆炸事故现场指挥部召开第二次新闻发布会，通报伤亡人数、环境监测数据、损坏的房屋补偿和家属安抚工作、学校校舍回复及复课安排等事项。

13:59，国务院"3·21"爆炸事故调查组：只要与事故起因和责任有关就要一查到底。

2019年3月24日

16:49，响水"3·21"事故现场指挥部召开第三次新闻发布会，通报救援扩大范围、现场清理和水环境治理、医护力量和资源布置、伤亡人数、家属见面与安抚及食宿安排、现场居民及学校房屋修复进展工作及计划。

2019年3月25日

16:29，响水"3·21"事故现场指挥部召开第四次新闻发布会，通报伤亡人数、现场周边村庄卫生排查及病毒检测情况、遇难家属情绪疏导及赔偿善后工作、损坏房屋赔偿安置及学校维修复课情况。

9:33、9:34、9:35、13:31、22:16、22:19@江苏生态环境连续发布6次响水"3·21"特别重大爆炸事故环境应急响应情况和处置方案进展。

2019年3月27日

09:50，市委、市政府举行"3·21"特别重大事故遇难者集中悼念活动，悼念遇难者。

2019年4月4日

江苏盐城市市委常委会召开会议,决定彻底关闭响水化工园区,将陈家港镇列入全市改善农民群众住房条件"十镇百村"试点。

(3) 传播途径

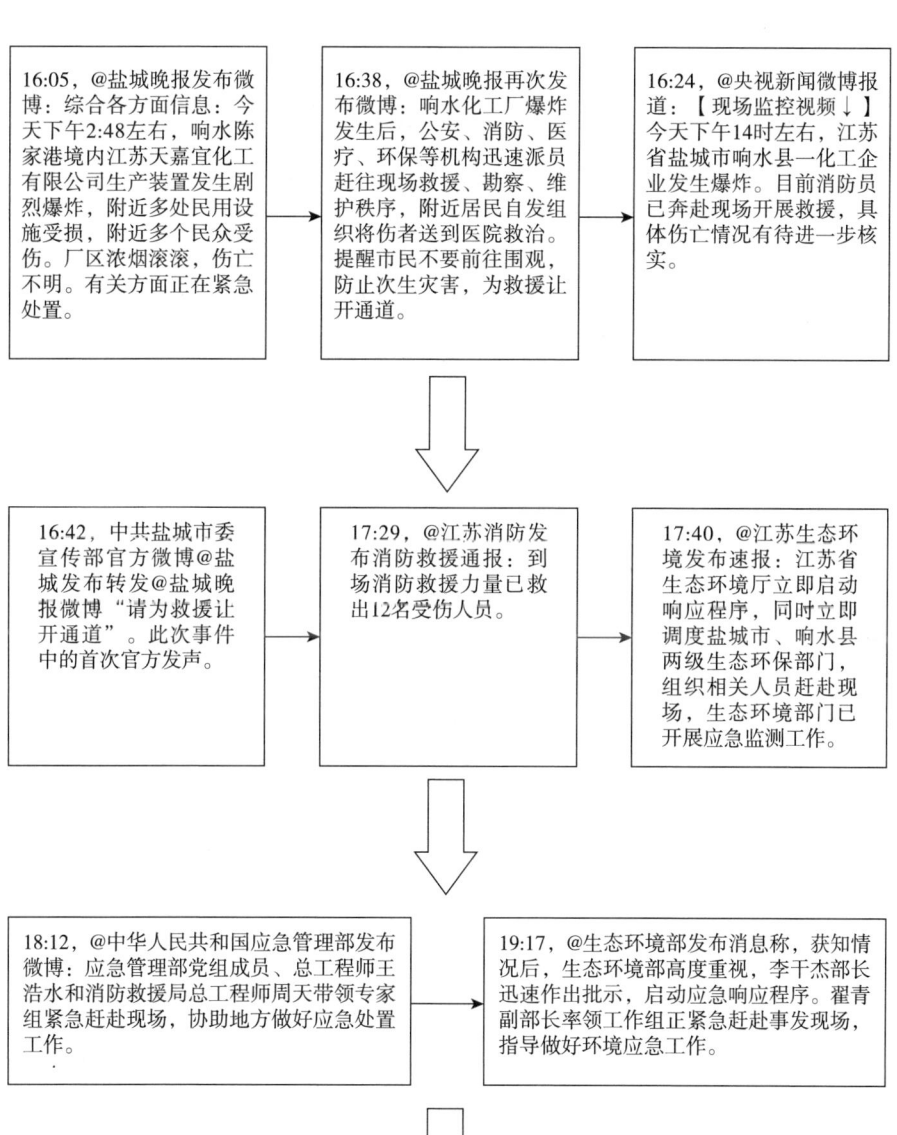

19:22，@盐城发布在微博和微信公众号同步发布"响水天嘉宜化工有限公司爆炸情况通报"：截至下午19:00，确认事故已造成死亡6人，重伤30人，另有部分群众不同程度轻伤。目前，现场救援还在继续进行，医卫部门正在全力救治伤员，环保部门正在进行环境监测。事故原因正在调查。后续情况将及时发布。

19:30，@江苏网警转发@盐城发布的情况通报，呼吁广大网友不信谣不传谣。

19:37，@中华人民共和国应急管理部官方微博发布：应急管理部党组书记黄明率工作组紧急赶赴现场。

20:32，@盐城发布消息：该区域为化工企业生产区，没有居民居住，周边群众也已经基本疏散。事故地点下游没有饮用水源，群众饮水安全不受影响。

21:17、22:57，@江苏生态环境连续发布微博及头条文章，公布爆炸后16时57分、18时、18时40分、19时20分、20时、20时45分的环境应急监测结果，并普及烟雾危害度。

20:52，国家卫生健康委官方微博@健康中国公布医学救援进展：共调派两批医疗专家队赶赴当地驰援。

3月22日

1:51，@江苏新闻3月22日凌晨，应急管理部党组书记黄明到达江苏盐城后，立即查看化工厂爆炸现场，前往现场指挥中心了解指导救援处置工作。

9:00，江苏盐城响水县天嘉宜爆炸事故新闻发布会召开，公布最新情况：截至22日上午7时，事故已造成死亡44人，危重32人，重伤58人，还有部分群众受轻伤。江苏省已先后调派12个市消防救援支队共73个中队、930名指战员、192辆消防车、9台重型工程机械赶赴现场处置。天嘉宜化工有限公司在响水县负责的总经理张勤岳在事故中受伤并接受救治，相关人员均已被公安机关控制。

10:42，@央视新闻发布消息：习近平总书记对江苏响水天嘉宜化工有限公司"3·21"爆炸事故作出重要指示，要求全力抢险救援深刻吸取教训，坚决防范重特大事故发生。李克强总理就救援工作作出批示。

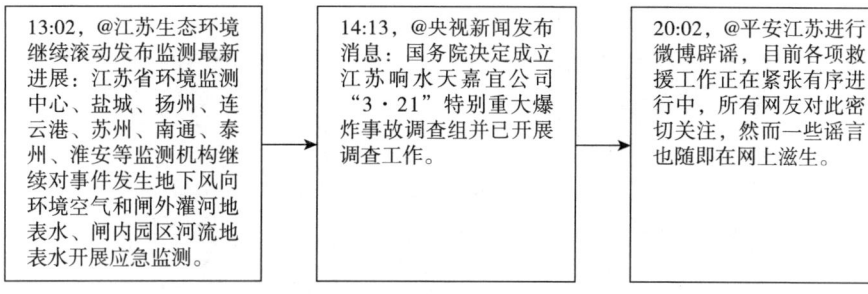

3月23日

3月24日

| 16:49，@盐城发布响水"3·21"事故现场指挥部召开第三次新闻发布会，通报救援扩大范围、现场清理和水环境治理、医护力量和资源布置、伤亡人数、家属见面与安抚及食宿安排、现场居民及学校房屋修复进展工作及计划。 | 21:38 @平安盐城发布通告，史某康编造虚假信息在网络上散布、混淆视听、扰乱公共秩序，已依法采取刑事强制措施。 |

3月25日

3月27日

| 9:50，市委、市政府举行"3·21"特别重大事故遇难者集中悼念活动。 |

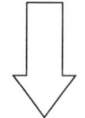

4月4日

| 江苏盐城市市委常委会召开会议，决定彻底关闭响水化工园区。 |

(4) 舆情源头

爆炸事件发生后，随即有视频在微信朋友圈和网上流传，在留存的网络链接中，最早是3月21日15:51新京报在"我们视频"平台上的一条"江苏盐城一化工厂发生爆炸有人员受伤[①]"视频播放量达到1432.4万次（截至2019年5月7日统计）。

---

① 视频来源：https://v.qq.com/x/page/o0863sesos5.html.

以及红星视频在 16：07 的另一条视频得到 @武汉广播电视台转发"江苏盐城一化工园区内发生爆炸 疑似造成 2.2 级地震[①]"，播放量达到 259.3 万次（截至 2019 年 5 月 7 日统计）。

---

① 视频来源：http://n.miaopai.com/media/N-yX-Fqx2PxWmX6L3hIN8I~l~GMdpadc.

随后，中新视频在 17:12 发布的"江苏盐城一化工园区内发生爆炸消防已赶赴现场[①]"视频，播放量达到 419 万次（截至 2019 年 5 月 7 日统计）。

（5）网络传播

数据显示，从 2019 年 3 月 12 日 21 时到 3 月 20 日期间，从各个平台选取关注度多的文章如下（基于 2019 年 5 月 6 日 14：56 统计）：

日期	标题	网站	来源	评论量（次）
3-21 23:22	#江苏盐城化工厂爆炸#	新浪微博	@中国消防	转发量：17940 评论量：19644 条 点赞数：40964 视频播放量：1289.1 万次

---

① 视频来源：https://v.qq.com/x/page/y0852h07zyl.html.

续表

日期	标题	网站	来源	评论量（次）
03-21	3月21日盐城响水化工厂爆炸，目前状况如何？可能是什么原因引起的？	知乎	问题	回答数：1070 关注者：9227 被浏览：15468885
03-21	央视新闻20190321期#江苏响水一化工企业爆炸#	酷燃视频	央视新闻	播放量：17371313
03-22	正在直播：盐城响水化工厂爆炸事故第一次新闻发布会	新浪微博	看看新闻KNEWS	点赞数：81261
03-25	响水爆炸已致78人遇难 当地村民讲述如何作假应付检查人员	今日头条	青流视频	播放量：261万次 评论量：9010条

媒体文章一：

#江苏盐城化工厂爆炸#

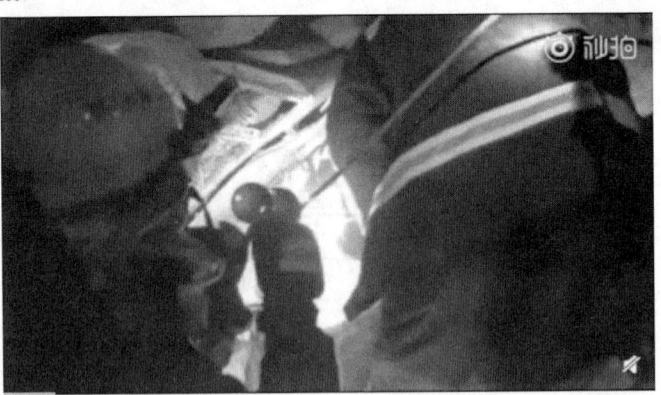

媒体文章二：

3月21日盐城响水化工厂爆炸，目前状况如何？可能是什么原因引起的？[①]

媒体文章三：

央视新闻20190321期#江苏响水一化工企业爆炸#

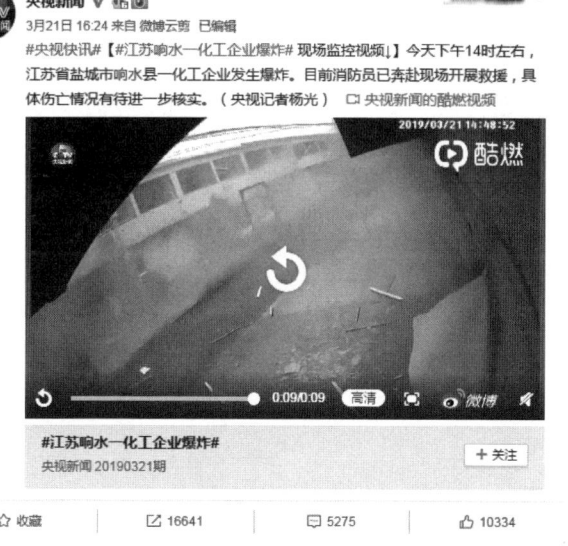

---

① 文章来源：https：//www.zhihu.com/question/316874489.

媒体文章四：

正在直播：盐城响水化工厂爆炸事故第一次新闻发布会①

媒体文章五：

响水爆炸已致 78 人遇难　当地村民讲述如何作假应付检查人员②

---

① http：//www. kankanews. com/a/2019-03-22/0018792855. shtml.
② 文章来源：http：//video. sina. com. cn/p/news/2019-03-25/detail-ihsxncvh5475469. d. html.

(6) 官方回应

首次回应：

中共盐城市委宣传部官方微博@盐城发布

二次回应：

@江苏消防发布消防救援通报

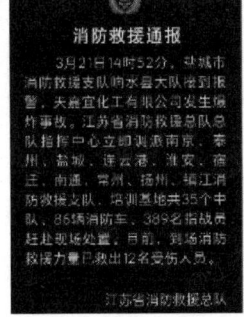

三次回应：

@江苏生态环境发布速报

四次回应：
@中华人民共和国应急管理部发布微博

五次回应：
@生态环境部发布消息

六次回应：

国家卫生健康委官方微博 @健康中国公布医学救援进展

七次回应：

江苏盐城响水县天嘉宜爆炸事故情况通报：

八次回应：

江苏盐城响水县天嘉宜爆炸事故新闻发布会召开

九次回应：

响水天嘉宜公司爆炸事故现场指挥部 23 日召开第二次新闻发布会

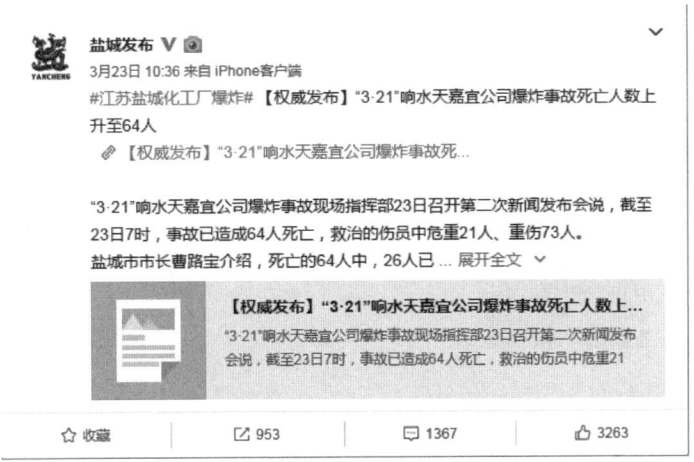

十次回应：

响水天嘉宜公司爆炸事故现场指挥部 23 日召开第三次新闻发布会

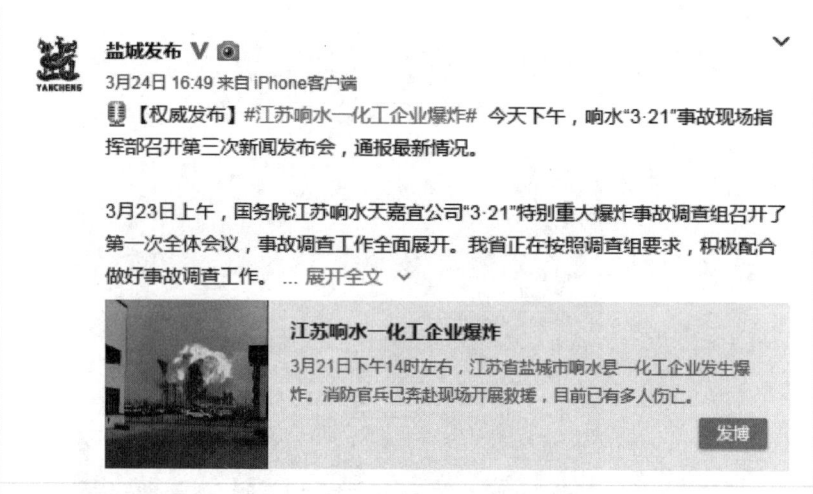

十一次回应：

响水天嘉宜公司爆炸事故现场指挥部 23 日召开第四次新闻发布会

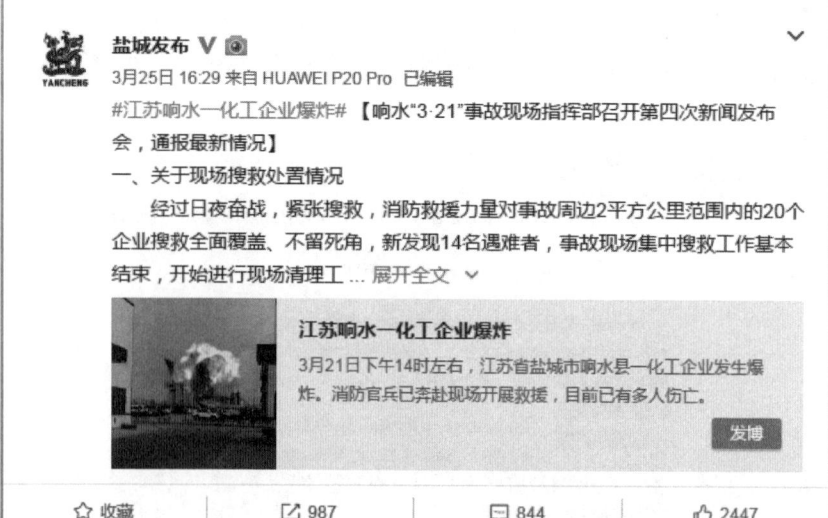

(7) 评论文章

经统计，从 2019 年 3 月 21 日到 4 月 30 日期间，最具有代表性的评论文章如下：

日期	标题	作者	来源	传播量（阅读）
3月22日	47人死亡，响水爆炸事故背后的那些魔鬼细节	余寒	澎湃新闻	7.6万
3月27日	响水困境：只要企业来，县里就很高兴	鲍安琪	中国新闻周刊	2.0万
3月27日	一场早有预兆的事故	胥大伟	中国新闻周刊	5.9万
4月5日	响水关停后丁全有的录音	化山论建	微信公众号：流动化学技术	10万+
4月18日	响水爆炸之后："宁可毒死，不要穷死"政绩观休矣	张燕	中国经济周刊	5010

评论文章一：

47人死亡，响水爆炸事故背后的那些魔鬼细节[①]

---

① https：//www.thepaper.cn/newsDetail_forward_3180682.

评论文章二：

响水困境：只要企业来，县里就很高兴[①]

响水困境

《中国新闻周刊》记者/鲍安琪

本文首发于总第893期《中国新闻周刊》

"3·21"爆炸不是响水县陈家港化工园第一次发生事故。2007年11月，园区内联化科技有限公司发生化学爆炸，导致8人死亡，5人受伤；2011年11月，该园江苏大和氯碱化工公司发生氯气泄漏，致使下风口江苏之江化工公司30多名员工中毒，40人住院。

2011年2月，因一则陈家港化工园即将发生爆炸的传言，响水县近万名居民连夜逃离，4人在那次"集体逃亡"中不幸遇难。

更严重的是，事后多位当地居民都表述，如果再有爆炸的说法，他们依然会选择相信。因为，化工园带来的安全隐患，多年来一直让他们无法释怀。

从苏南转移到苏北

响水县所在的盐城市位于苏北地区。江苏省统计局的调查资料显示，苏北和苏南虽一江之隔，但两地之间的贫富差距却已大于国内东西部的差距。经济上巨大的落差，也给苏北的地方政府带来了巨大的压力。

连云港市灌南县常务副县长李占超曾向媒体表示，**"我们不是想选择什么产业都可以的，只要有企业愿意来，县里就很高兴。"** 本世纪初，灌南县刚刚开始成立工业园区时，位置偏远、交通不便、配套也不全，只有化工企业认为这里外部干扰少，愿意来投资。

化工企业有投资少、见效快、利润高、污染大的特点。这个行业的高利润也使得其在产业转移中备受承接地地方政府的青睐。

[①] https：//mp.weixin.qq.com/s?src=11&timestamp=1557158914&ver=1590&signature=Lfw7NXiZ*UIWwY6Yv8JPUSKI9E*V1qUzcsK8Axj3GTBhn1Y*xElKffhxLzHyMAViHwwSVo9D4b2WR0f6cIXir0p7l7Dz5Ju6HzMIlo5QmAcLUzkzc28X2JaNJNr1AVUH&new=1.

评论文章三：
一场早有预兆的事故①

响水爆炸头七追问：两年七遭处罚，谁给了他们我行我素的勇气

原创：霍大伟 中国新闻周刊 3月27日

不认真、不扎实，走形式、走过场

编者按：

3月27日是江苏响水县化工厂爆炸事故遇难者头七之祭。避免悲剧的重复发生，才是对逝者最大的告慰。

我们追问，那些劣迹斑斑、隐患重重的违法企业，如何躲过了层层监管？我们追问，到底谁给了他们我行我素的勇气？

---

① http://www.chinanews.com/sh/2019/03-27/8792380.shtml.

评论文章四：
响水关停后丁全有的录音[1]

响水关停后丁全有的录音

原创：化山论建　流动化学技术　4月5日

> 如果一个想法在一开始不是荒谬的，那它就是没有希望的。
> ——爱因斯坦

惊闻响水化工园区被关停，作为化工厂的一份子，深感痛心。作为化工连续化推动者，最近和行业同仁交流感慨颇多，大家从诸多点提出的建议都很有建设性，所以汇总下录音来形成下面文字，无他，就是想叨叨……

安全、安全、还是安全！不知从何时起我们把安全管理变成猫做老鼠的游戏，本应对自己负责从个体做起的事情，却变成了说教殷难以入耳。安全一定是从内心去培养和教育出来，特别是一线的工人。因为现在缺人，一线工人的教育很难。还有一点是啥？他本身没经过系统的教育，很多地方展现的都是小农意识。现在让他们学习他很累，年轻最好的时光都不念书了，现在阶段敦促他们学这学那肯定有抵触，然后学不会，大家也不也就很少再去荒废办气培训他们。其实真正做到的化工安全，与其上装备，不如通过点点滴滴打造安全文化的形成和建设。很多情况下大家知道的都是其他人知道的，但潜伏的却没人知道，更不愿意深入、系统的思考。

还有一点是把文化融入心里面去，不能变成监督与考核，不能把安全文化变成一个猫捉老鼠的游戏，而是通过多次、标准、反复的强化训练，成为一种肌肉记忆。就像我在当兵的时候，天天做立正，向左向右看齐，天天练，日日练。为什么天天练？我当时就不理解：真正去打仗上战场了，还能用立正稍息看齐去打仗吗？我一直不理解。但经过近20年的反复思考，我才弄明白这事：这么做并不是为了让立正稍息看齐发挥多大的效用，最重要是为了让我们听命令听指挥。不能说，枪一场就跑了，要你习惯性地听命令，把这些听命令变成一个人的肌肉记忆和行为习惯。

训练一定要达到这种效果，新兵三个月就能把一个非常散漫的人，朝气蓬勃的人，变成一个听话的机

---

[1] 微信公众号《响水关停后丁全有的录音》，网址：https://mp.weixin.qq.com/s/B2pxtaJQzotKvDV3nc8J1w。

评论文章五：

响水爆炸之后："宁可毒死，不要穷死"政绩观休矣[①]

(8) 多方点评

李富永（莱芜市人民医院）：其实，污染并非在所难免，生命事故也可预防。早在天津事故时就有专家指出，危化工虽然有"危"，但不意味一定出事故，只要按规范操作，就一定能防患于未然。但在"宁愿被毒死，也不愿穷死"的逻辑下，发展的观念不仅来者不拒，而且还"进化"为对企业安全睁只眼、闭只眼。既然不惜以环境换产业、不惜以监管换产值，企业又何尝不敢以生命做赌注、以风险博重利？于是，自从化工园开园以后，每隔两三年就会出现一起严重事故。出了事故不受惩戒，

---

① https：//mp. weixin. qq. com/s?src=11&timestamp=1557158418&ver=1590&signature=zvUbPRWKBkqTCSXh3b8KMVkyi1zNvNRU4vtp3oq2yK803BKRwaa*RTCmND1dX69rBnCZZyl2AJIEmmwGH-xyF2at2lp3iptMB72O0MalSkK5s858zKFGYz9dTWR9RjrT&new=1.

企业越发毫不顾忌，最终酿成大祸。

对进口危化工业的逻辑，人们如果难以理解的话，只需看看海关屡屡查获进口"洋垃圾"的现象。竟然为了赚取堆放费，"洋垃圾"都敢进口；那些能够吸纳就业、贡献税收的产业，又何尝不是冠冕堂皇的"招商"为理由呢？响水事故再次提醒人们，不仅环保旧账非常沉重，而且牺牲环境、漠视生命的传统观念对科学发展观的离心力依然十分强大。当下，面临经济下行压力，应谨防突破环保底线的传统惯性抬头①。

微信公众号记录者王文志@王文志（3月24日）：多年跑基层得出一个经验，越是口号喊得凶、喊得怪异、喊得决绝的地方，工作越是经不起细查深究。这些年来响水县官方喊过的口号，有多么讨巧、多么高调，上网一搜便知。人们当闹剧看，他们当经验讲。形式主义总是摆出政治正确的样子。从公开的报道看，响水县官方的大会小会，从不缺少"以人民为中心"。

现在不少地方有一种很不好的倾向，即满足于体现口头上、形式上的政治正确，听他们的讲话，看他们写的文章，提的口号，都是对的。而稍加探究便知，他们只是擅长搞一些高调的政治宣示，去掩盖成堆的现实问题。比如近期有的地方主官喊，要"当民企的店小二"，"谁破坏营商环境，就砸谁的'饭碗'"，口号、段子山响，却对眼皮子底下权益受损民企的泣血求诉不当回事。形式主义自古有之，屡禁不绝、于今为甚，成了"四风"之首，为最高层所深恶痛绝。响水爆炸之惨烈，殆无复加。惊魂未定之中，不禁要问一句：类似响水，还有多少工作、责任的轮子在高调宣示中空转？②

微信公众号林孤先生@林孤（3月31日）：事故猛于虎，安全高于天。

---

① http://epaper.cbt.com.cn/epaper/uniflows/html/2019/03/26/03/03_53.htm.
② 《类似响水，还有多少轮子在高调宣示中空转》，网址：https://mp.weixin.qq.com/s?timestamp=1558403380&src=3&ver=1&signature=LhBODiEUKLSbcHYEufSm0HX4M4Oa44gHTc8jwI7yxpiOOdVvoaRJGW6dvf9xmyzW-nICV6zgQ-JDeB*milF0X9hVMIH3RGfOIbPFZ6aeYlxuMWK7eW9zg8XWx2*ShuR30PH4YoTbu4YTl6ik3euIimOk7r4NJwOGn0r*dcS2E8w=.

严格管理，加强防范是最为关键的，但是管理的强度和安全意识应该在每一个生产车间，每一天的工厂运作里，而不是在事后再来强调安全。事后无论多么严厉的处罚，那些逝去的生命，都无法重生。

大家总是希望政府加大对工厂的监督安全管理，确保工人的生命财产安全，但归根结底安全还是要靠工厂自身才能确保，光是靠政府和人民群众的监督，并不能根本上解决企业的安全问题。响水不响，昆山不爆，老百姓也不会知道工厂会有这么多隐患。如果每一次的反思和警醒，都要以人命这样血的代价为参考，着实让人有些难以承受。①

自改革开放以来，民营企业一直希望能够得到独立的发展，国家真正的简政放权之后呢？民营企业事故不断，片面地追求利益最大化，缩减开支，视生命如儿戏。一年可以只有一次"3·15"打假，但是对于生产型企业来说，每一天都是"安全警戒线"。企业要提前设立好安全生产责任，预防因安全生产管理不善，导致锒铛入狱的情形。盈利的第一成本是安全，否则就是归零变负数的操作。

知乎网友（林小凝，3月22日）：我不同意很多高赞答案对于继续建设化工企业的巨大反对情绪。每次出现事故之后，反对建设化工企业的声音就会高涨，而事实上去关注事故发生原因的却少之又少。以近年来出现的重大化工类事故举例，青岛黄岛事故直接原因是人员违章，而天津港事故则是因为管理方面的漏洞，事故的原因各不相同。恐惧来源于未知，化工企业作为高危行业，从立项开始都需要严格的审批流程，专业术语叫"三同时"，在"三同时"流程的约束下，将各类危险系数都控制在了安全范围内。而事实上，包括天津港在内，相当一部分发生事故的企业并没有执行审批程序，也就是出现所谓的"先上车再补票式"企业，这是由于历史原因造成的，我们所要做的是解决这个问题，而不是

---

① 响水之"响"，昆山之"爆"，网址：https：//mp.weixin.qq.com/s?src=11&timestamp=1557160255&ver=1590&signature=A3O-reAckg-FiM2bWDSk*OM6EvSBtUGhsuFs5xDBRUJoHh5kmER2OTON3r0sClEW7T5R7KnFRfLAz0klQkVzlRHth1B*11Aodmp5fGO3M*R--zvJ22wn*EfDuon-0Tze&new=1.

一味地反对化工厂建设,成为下一个政策性退出的行业。……化工的上下游产品利害关系太多了,一旦停止生产,那么全国50%的行业将会大大依赖于进口原料,造成的损失是无法估量的[①]。

微信公众号流动化学技术@化山论建(4月5日):安全、安全、还是安全!不知从何时起我们把安全管理变成猫捉老鼠的游戏,本应对自己负责从个体做起的事情,却变成了说教般难以入耳。安全一定是从内心去培养和教育出来,特别是一线的工人。因为现在缺人,一线工人的教育很难。还有一点是啥?他们本身就没经过系统的教育,很多地方展现的都是小农意识。现在让他们学习会很累,年轻最好的时光都不念书了,现在阶段敦促他们学这学那肯定有抵触,然后学不会,大家也就很少再去花费力气培训他们。其实真正做到的化工安全,与其上装备,不如通过点点滴滴打造安全文化的形成和建设。很多情况下大家知道的都是其他人知道的,但潜伏的却没人知道,更不愿意深入、系统地思考。还有一点是把文化融入心里面去,不能变成监督与考核,不能把安全文化变成一个猫捉老鼠的游戏,而是通过多次、标准、反复的强化训练,成为一种肌肉记忆[②]。

知乎网友(自在说法,2019年4月9日):如何不让追责变味?近些年来,安全生产"追责"这把"利剑"越来越锋利,责任追究让很多监管者难以安心履职。从多次事故的公开报道看,对失职人员的责任追究往往是舆论关注的焦点,但事故的经验教训、应当采取的防范措施才应该是一份事故调查报告最重要的部分,也是事故本身最应该被重视的部分。……追责企业主体责任?目前,相关人员均已被公安机关控制。可以说,任何一个安全生产事故发生后,都有事故的直接原因、企业的管理原因。相关公开的信息显示,江苏天嘉宜化工有限公司在安全生产方面

---

① 知乎回答,网址:https://www.zhihu.com/question/316874489/answer/629544475.
② 微信公众号《响水关停后丁全有的录音》,网址:https://mp.weixin.qq.com/s/B2pxtaJQzotKvDV3nc8J1w.

早已斑斑劣迹……追责负有安全生产监督管理职责的部门？《安全生产法》第九条第三款明确，安全生产监督管理部门和对有关行业、领域的安全生产工作实施监督管理的部门，统称负有安全生产监督管理职责的部门。同样，对这些部门的追责也难以避免……属地责任？什么叫作负有"领导责任"？其实，很难精确定义①。

6.3 信任危机——长生制药假疫苗事件后，国产疫苗还能信吗

警示：切勿遮遮掩掩

对策：专案调查，迅速果断处置责任人

原则：保障群众利益就是保障民生

（1）事件概述

2018年7月，长春长生生物科技有限责任公司被爆出生产过期狂犬疫苗，而就在事件曝光前的仅仅8个月时间，这家公司就曾抽检中被爆出百白破疫苗"效价测定"项不符合规定，并于2018年7月受到了相关监管部门的行政处罚。新闻爆出后，许多家长都在恐慌中翻找自家孩子的疫苗本，看看是否接种过长春长生公司的疫苗。他们发现，长春长生生物几乎全品类的疫苗，包括百白破、甲肝、水痘等疫苗都有销售，都打进了自家孩子的身体。一时间关于长生疫苗造假、接种疫苗安全、国家药品监督管理疏忽的一系列网络舆论风起，网友甚至表示：这也太可怕了吧！难道奶粉不能喝，疫苗不能打了吗？国产疫苗还能相信吗？

（2）进程实录

2017年11月，长生生物百白破疫苗不合格　公司回应无重大影响。

11月3日，国家食品药品监管总局发布了百白破疫苗效价指标不合格产品处置情况介绍。国家食药监总局近日接到中国食品药品检定研

---

① 知乎《盐城响水"3·21"爆炸事故的冷思考》，网址：https://zhuanlan.zhihu.com/p/61836612。

究院报告，在药品抽样检验中检出长春长生生物科技有限公司生产的批号为201605014-01、武汉生物制品研究所有限责任公司生产的批号为201607050-2的百白破疫苗效价指标不符合标准规定。

11月5日，中国疾病预防控制中心网站发布《效价指标不合格的百白破疫苗相关问题解答》称，该两批次百白破疫苗效价指标不合格，可能影响免疫保护效果。

国家食药监总局介绍，长春长生生物科技有限公司生产的该批次疫苗共计25.26万支，全部销往山东省疾病预防控制中心；武汉生物制品研究所有限责任公司生产该批次疫苗共计40.052万支，销往重庆市疾病预防控制中心19.052万支，销往河北省疾病预防控制中心21万支。

长生生物介绍，前述该批次25.26万支百白破疫苗共实现销售收入约83.38万元。鉴于百白破联合疫苗在公司销售收入总额中占比较小，因此上述事项对公司目前生产经营无重大影响。

2018年7月15日，长春长生生物科技公司违法违规生产狂犬病疫苗被立案调查。

7月15日，国家药品监督管理局通过官方网站发布通告称，国家药监局发现长春长生冻干人用狂犬病疫苗生产存在记录造假等严重违反《药品生产质量管理规范》行为。吉林省食药监局已收回长春长生《药品GMP证书》，同时已按要求停止狂犬疫苗的生产。长春长生正对有效期内所有批次的冻干人用狂犬病疫苗（Vero细胞）全部实施召回。此次停产将对长春长生的生产、经营产生较大的影响。

通告称，国家药品监督管理局始终把人民群众用药安全放在首位，对发现的违法违规问题绝不姑息，坚决依法依规严肃查处，涉嫌构成犯罪的，一律移送公安机关予以严惩。

根据通告，本次飞行检查所有涉事批次产品尚未出厂和上市销售，全部产品已得到有效控制。

长春长生紧急通告。7月15日下午，一份长春长生的内部文件在网络上流传。该文件由长生生物董事长高俊芳签发，为保证用药安全，长春长生正对有效期内所有批次的冻干人用狂犬病疫苗（Vero 细胞）全部实施召回①。长生生物工作人员表示，对有效期内全部产品的召回是长生生物自主行为，并不是国家药监局的要求。当天，长春长生生物科技有限责任公司也下发紧急通知，要求立即停止使用、就地封存该公司冻干人用狂犬病疫苗，并启动召回程序。2018 年 7 月 16 日，东莞市暂停使用并就地封存长春长生生物科技有限责任公司冻干人用狂犬病疫苗。上海同样就地封存长春长生狂犬疫苗。

长春长生生物科技有限责任公司文件

长春长生发〔2018〕18 号　　　签发人：高俊芳

紧急通知

各省推广团队：

请立即通知辖区内的区县疾控机构及接种单位：

1. 立即停止使用我公司的狂犬疫苗。
2. 立即就地封存我公司狂犬疫苗。
3. 我公司立即启动召回程序，请各单位按召回规定给予配合。
4. 各推广团队采用传真、电话、网络等形式，通知到辖区各区县及接种单位。

长春长生生物科技有限责任公司　　2018 年 7 月 15 日印发

2018 年 7 月 16 日，长生生物致歉。

---

① http://wemedia.ifeng.com/70558328/wemedia.shtml.

7月16日早间，长生生物发布公告称，长春长生对有效期内所有批次的冻干人用狂犬病疫苗全部实施召回。"长春长生对此次事件的发生深表歉意。长春长生将密切跟踪事件进展，积极配合国家药品监督管理局、吉林省食品药品监督管理局等相关监管部门开展后续工作，严格按照中国证监会、深圳证券交易所的相关规定履行信息披露义务。敬请广大投资者注意投资风险。"图片来自网络[①]。

> 长春长生将严格落实监管部门要求，积极配合监管部门对生产、质控体系开展全面自查，及时采取有效措施清除生产质量隐患，认真强化质量管控。
>
> 因暂时无法预计准确的复产时间，此次冻干人用狂犬病疫苗（Vero细胞）停产将对长春长生的生产、经营产生较大的影响，但对本报告期具体影响情况尚存在不确定性。长春长生将利用多品种优势，将本次停产的经营损失努力降低到最小程度。
>
> 长春长生对此次事件的发生深表歉意。长春长生将密切跟踪事件进展，积极配合国家药品监督管理局、吉林省食品药品监督管理局等相关监管部门开展后续工作，严格按照中国证监会、深圳证券交易所的相关规定履行信息披露义务。敬请广大投资者注意投资风险。
>
> 特此公告。
>
> 长生生物科技股份有限公司
> 董　事　会
> 2018年7月16日

2018年7月18日，多地疾控部门停用、封存长春长生狂犬疫苗。

长春长生在声明中说，已按照国家药监局要求停止狂犬疫苗的生产，为保证用药安全，正对有效期内所有批次的狂犬疫苗全部实施召回。随后，多地疾控部门已暂停使用并就地封存由长春长生生产的狂犬疫苗。

---

① http：//wemedia.ifeng.com/70558328/wemedia.shtml.

2018年7月19日晚间，长生生物发布公告称，其子公司长春长生生物科技有限责任公司（以下简称"长春长生"，长春长生生物科技有限责任公司是上市公司长生生物科技股份有限公司全资子公司）收到了《吉林省食品药品监督管理局行政处罚决定书》。决定书指出，长春长生生产的"吸附无细胞百白破联合疫苗"（批号：201605014-01）"效价测定"项不符合规定。效价指标不合格，意味着接种后可能会影响接种儿童的白喉、破伤风和百日咳的免疫效果。

为此，对长春长生处罚是：

①没收库存的"吸附无细胞百白破联合疫苗"（批号：201605014-01）186支；

②没收违法所得858840.00元。

③处违法生产药品货值金额三倍罚款2584047.60元。罚没款总计3442887.60元（叁佰肆拾肆万贰仟捌佰捌拾柒元陆角整）。

长生生物科技股份有限公司
关于子公司收到行政处罚决定书的公告

本公司及董事会全体成员保证信息披露内容的真实、准确和完整，没有虚假记载、误导性陈述或重大遗漏。

2018年7月18日，长生生物科技股份有限公司（以下简称"公司"）全资子公司长春长生生物科技有限责任公司（以下简称"长春长生"）收到《吉林省食品药品监督管理局行政处罚决定书》，现将有关情况公告如下：

一、处罚文件的主要内容

在国家药品专项抽验中，你公司生产的"吸附无细胞百白破联合疫苗"（批号：201605014-01），经中国食品药品检定研究院检验，检验结果【效价测定】项不符合规定。你公司生产的上述药品符合《中华人民共和国药品管理法》第四十九条第三款第六项"其他不符合药品标准规定的："规定的情形，应按劣药论处。

你公司的行为违反了《中华人民共和国药品管理法》第四十九条第一款"禁止生产、销售劣药。"的规定，于2017年10月27日予以立案调查。

经查明，该批药品生产数量共253338支，由吉林省药品检验所抽样552支，图片来自网络①。这里需要划一个重点：这一批不合格百白破疫苗并不是新近才发现问题的，而是在 2017 年 11 月的抽检中就发现了，只不过是在最近吉林省药监局才实施了行政处罚。当时这一批次的疫苗已全部销往山东，共计 252600 支，打入了 25 万多名儿童的身体。需要留意的是，2017 年 11 月，被查出不合格的还有武汉生物制品研究所有限责任公司生产的批号为 201607050-2 的疫苗共计 400520 支，销往重庆市疾病预防控制中心 190520 支，销往河北省疾病预防控制中心 210000 支。

据了解，百白破联合疫苗，是一种儿童疫苗。根据百度百科的解释：百白破三联疫苗是指百日咳（P）、白喉（D）、新生儿破伤风（T）三种疫苗的联合制剂（DPT），它是由百日咳疫苗、精制白喉和破伤风类毒素按适量比例配制而成，用于预防百日咳、白喉、破伤风三种疾病。DPT 是国家免疫规划程序中的疫苗之一，接种对象为（3～24）个月龄儿童，接种不良反应发生率居所有疫苗之首。

长春长生拥有多种疫苗。据长春长生公司官网介绍，该公司已拥有冻干甲型肝炎减毒活疫苗、吸附无细胞百白破联合疫苗两个一类疫苗品种以及水痘减毒活疫苗、冻干人用狂犬病疫苗（Vero 细胞）、流感病毒裂解疫苗、ACYW135 群脑膜炎球菌多糖疫苗等四个二类疫苗品种，是国内疫苗企业产品品类最为丰富的民营企业之一。

记者查询长生生物 2017 年财报显示，其全资子公司长春长生目前主要在售产品包括：冻干水痘减毒活疫苗、冻干人用狂犬病疫苗、（Vero 细胞）流感病毒裂解疫苗、ACYW135 群脑膜炎球菌多糖疫苗，涉事狂犬疫苗销量占国内市场近四分之一。长春长生生物科技有限责任公司是上市公司长生生物科技股份有限公司全资子公司。南都记者在深交所披露信息中看到，长春长生涉事狂犬病疫苗销量占国内市场近四分之一。

2018 年 7 月 20 日，深交所在官网发出《启动对长生生物公开谴责》。深交所在《公开谴责》中称，深交所第一时间采取监管措施：一是电

---

① https：//news.sina.cn/2018-12-11/detail-ihqackaa3300559.d.html.

话问询长生生物公司情况，要求立即对通报事项进行披露并作出回应；二是连续两次向长生生物公司发出关注函，督促公司核实涉事产品的具体情况、重大事项披露是否及时以及行政处罚对公司的影响；三是要求长生生物公司根据药监部门的现场督查情况及时披露进展，履行信息披露义务。

目前，高俊芳担任长生生物公司董事长、总经理、财务总监，张洺豪担任长生生物公司副董事长。据长生生物公司2017年年度报告透露，截至2017年12月31日，高俊芳和她儿子张洺豪、丈夫张友奎合计持有公司36.66%股权，为长生生物公司实际控制人。

记者在深交所2018年7月20日发布的最新的《深圳证券交易所章程》中看到，第二十四条规定："会员违反本章程和业务规则，情节严重的，本所可以单处或者并处下列纪律处分：（一）通报批评；（二）公开谴责；（三）收取惩罚性违约金；（四）暂停或者限制交易权限；（五）取消交易权限；（六）报请中国证监会认定会员董事、监事、高级管理人员为不适当人选；（七）取消会员资格。"

2018年7月21日，自媒体"兽楼处"发布《疫苗之王》文章，彻底刷屏朋友圈，文中揭露部分不良奸商偷工减料、弄虚作假、逃避监管，疫苗抗原含量低，引发公众对于疫苗安全的担忧。不过，《疫苗之王》已删除。

2018年7月22日晚，国家药监局已对长春长生立案调查，涉嫌犯罪的移送公安机关追究刑事责任。长春长生生物科技有限责任公司违法违规生产冻干人用狂犬病疫苗案件有关情况。现已查明，企业编造生产记录和产品检验记录，随意变更工艺参数和设备。上述行为严重违反了《中华人民共和国药品管理法》《药品生产质量管理规范》有关规定，国家药监局已责令企业停止生产，收回药品GMP证书，召回尚未使用的狂犬病疫苗。国家药监局会同吉林省局已对企业立案调查，涉嫌犯罪的移送公安机关追究刑事责任。7月22日晚间，李克强总理就疫苗事件作出批示，要求彻查。李克强总理就疫苗事件作出批示：此次疫苗事件突破人的道德底线，必须给全国人民一个明明白白的交代。李克强总理在批示中要求，国务院要立刻派出调查组，对所有疫苗生产、销售等全流程全链条进行彻查，尽快查清事实真相，不论涉及哪些企业、哪些人都坚决严惩不贷、绝不姑息。对一切危害人民生命安全的违法犯罪行为坚决重拳打击，对不法分子坚决依法严惩，对监管失职渎职行为坚决严厉问责。尽早还人民群众一个安全、放心、可信任的生活环境。

2018年7月22日，长生生物回复深交所：目前，公司百白破生产车间停产。同时，公司公开致歉。国家药监局回应假疫苗事件：国家药监局会同吉林省局已对长春长生立案调查，涉嫌犯罪的移送公安机关追究刑事责任。此外，还将对所有疫苗生产企业进行飞行检查。

当日媒体报道，山东查明不合格疫苗流向。

长春长生公司生产的流入山东的252600支不合格百白破疫苗，流向已全部查明，流向济南、淄博、烟台、济宁、泰安、威海、日照、莱芜8个市。这批疫苗已接种247359支，涉及儿童215184人，后续补种工作陆续开展。问题狂犬病疫苗未流入山东省。

为保证接种过不合格百白破疫苗的儿童免予发病，山东省使用合格的百白破疫苗按照国家免疫程序规定，开展后续剂次百白破疫苗的常规接种。从那时起，截至目前，全省215184名接种不合格百白破疫苗儿童中，已有208579人（占总人数的96.93%）使用其他企业生产的合格百白破疫苗，完成后续相应剂次的常规接种。其他6605名儿童将根据接种间隔时间要求等相关情况，陆续开展接种。

20省份集体发声　多地疾控部门宣布停用长春长生狂犬病疫苗。

据媒体报道，针对长春长生公司狂犬病疫苗生产违规事件，多地疾控部门已陆续做出回应。据不完全统计，截至7月22日，至少已有20个省、自治区和直辖市的疾控部门就长春长生疫苗事件进行发声。包括上海、河南、海南、重庆、山东、山西、广西、河北8个省市在内的疾控中心明确表示，全面停用或是暂停使用长春长生狂犬病疫苗。湖南、福建、广东这3个省的疾控中心表示,该省境内没有涉事批次狂犬疫苗。另外,还有西藏、北京、天津、江西四地疾控部门称,未采购长春长生公司狂犬病疫苗产品或是采购此次涉事疫苗批次。

中国疾病预防控制中心免疫规划中心:儿童家长或监护人可以查看儿童预防接种证上的百白破疫苗接种记录,与公布的疫苗生产企业和批号进行对照,判断是否接种了相应批号的不合格百白破疫苗。也可以咨询接种单位,由接种单位协助查询所接种百白破疫苗的批号,判断是否接种了相应批号的不合格百白破疫苗。还可以拨打12320卫生热线咨询。

2018年7月23日,长生生物早间公告,以拟披露重大事项为由申请临时停牌。午间,长生生物再次公告称,公司因涉嫌信息披露违规被立案调查,存在被实施退市风险警示、暂停上市或终止上市风险。同时,经申请,公司股票将于午后复牌。复牌后,长生生物跌停。同日,深交所对长生生物大股东、董监高所持有股份进行限售处理。

2018年7月24日,长生生物26日起公司股票将被实施其他风险警示(ST)。同时,公司全面停产。长春公安通报已刑拘高某芳等15名涉案人员。

2018年7月25日,国家药监局:长春长生生物公司自去年以来一直未恢复百白破疫苗的生产。

2018年7月26日,ST长生晚间公告,公司及长春长生主要银行账户和募集资金账户被冻结。

2018年7月27日,据国务院调查组消息,长春长生公司违法违规生产狂犬病疫苗案件调查工作取得重大进展,已基本查清企业违法违规生产狂犬病疫苗的事实。该企业为降低成本、提高狂犬病疫苗生产成功率,违反批准的生产工艺组织生产,包括使用不同批次原液勾兑进行产品分装,对原液勾兑后进行二次浓缩和纯化处理,个别批次产品使用超过规定有效期的原液生产成品制剂,虚假标注制剂产品生产日期,生产结束后的小鼠攻毒试验改为在原液生产阶段进行。

2018年7月29日,长春新区公安分局以涉嫌生产、销售劣药罪,对长春长生生物科技有限责任公司董事长高某芳等 18 名犯罪嫌疑人向检察机关提请批准逮捕。

2018 年 8 月 2 日，ST 长生当日晚间公告，8 月 1 日，公司子公司长春长生收到长春市公安局长春新区分局《查封决定书》，根据《中华人民共和国刑事诉讼法》第一百三十九条之规定，长春长生 9 处房产和 61 台车辆被查封。上述资产被查封对公司日常经营管理活动将产生重大影响。此外，长春市环保局发现长春长生在线监测数据和实际监测数据均超过国家规定的水污染物排放标准，责令长春长生立即改正环境违法行为。

2018 年 8 月 7 日，国务院调查组公布最新调查结果，长春长生公司从 2014 年 4 月起，在生产狂犬病疫苗过程中严重违反药品生产质量管理规范和国家药品标准的有关规定，有的批次混入过期原液、不如实填写日期和批号、部分批次向后标示生产日期。

国家卫生健康委员会下发文件，要求各地卫生部门做好长春长生公司狂犬病疫苗接种者跟踪观察和咨询服务，并提出由国家卫生健康委和省级、地市级卫生计生委组建专家组进行指导。

（3）传播路径

事情的起因：长生生物生产车间内部老员工实名举报。据一位疫苗行业资深人士透露，此次长生生物劣质疫苗事件的爆出是因为疫苗生产车间内部老员工实名举报所致。

2018 年 7 月 15 日，国家药品监督管理局发布通告称，长春长生生物科技有限责任公司在冻干人用狂犬病疫苗生产过程中存在记录造假等严重违反《药品生产质量管理规范》的行为，已责令长春长生停止生产狂犬疫苗。

2018 年 7 月 16 日，长生生物表示，子公司长春长生正对有效期内所有批次的冻干人用狂犬病疫苗全部实施召回。

2018 年 7 月 17 日，长春长生发声明称，此次所有涉事疫苗尚未出厂销售，所有已经上市的人用狂犬病疫苗产品质量符合国家注册标准。

2018 年 7 月 19 日，长生生物发布公告称，其全资子公司长春长生因生产、销售劣质百白破疫苗，被吉林省食药监局没收违法所得 85.88

万元，并处违法生产药品货值金额三倍罚款 258.40 万元，罚没款总计 344.29 万元。

2018 年 7 月 20 日，吉林省食药监局公示一则行政处罚，长春长生生产的"吸附无细胞百白破联合疫苗"经中国食品药品检定研究院检验，检验结果【效价测定】项不符合规定，按劣药论处。经检查，长春长生生物科技有限公司生产的批号为 201605014-01 的疫苗共计 252600 支，全部销往山东省疾病预防控制中心，流向济南、淄博、烟台、济宁、泰安、威海、日照、莱芜 8 个市，涉及儿童 215184 人。

2018 年 7 月 22 日，李克强总理就疫苗事件作出批示：此次疫苗事件突破人的道德底线，必须给全国人民一个明明白白的交代。

(4) 舆情源头

此次长生生物劣质疫苗事件的爆出是因为疫苗生产车间内部老员工实名举报所致。

截至 2017 年年底，长生生物拥有在职员工 1041 人，其中大部分员工都在子公司长春长生。长生生物目前在售产品包括冻干水痘减毒活疫苗、冻干人用狂犬疫苗（Vero 细胞）、冻干甲型肝炎减毒活疫苗、流行性感冒裂解疫苗、吸附无细胞百白破联合疫苗和 ACYW135 群脑膜炎球菌多糖疫苗，这些产品都由长春长生进行生产。长春长生在职员工数量在 1000 人左右，其中生产人员约 600 人。

举报此次劣质疫苗的员工便是其中一位。举报前，疫苗生产线已经换了两拨人。前述资深人士说，不清楚到底是因为内部岗位调整导致举报人利益受损进而进行举报还是有外部因素驱动。但另一位知情人士称，此次举报是因内部岗位调整所致。

至少在 2019 年 7 月 11 日之前，员工实名举报信就已经到了国家药监局。但无论什么原因驱使内部员工实名举报，都是此次长生生物劣质疫苗事件的根本爆发点。

(5) 舆情分析

①舆情的潜伏、爆发阶段——事件曝光，公众关注

舆情潜伏期（7月11~21日）

"长生生物疫苗门"事件始于7月11日，一名内部员工实名举报疫苗生产存在造假。

7月15日下午，国家药品监督管理局发现该企业冻干人用狂犬病疫苗生产存在记录造假等严重违反《药品生产质量管理规范》行为，责成吉林省食品药品监督管理局收回长春长生相关《药品GMP证书》。

7月17日，长春长生生物在官网发布声明，称"所有已经上市的人用狂犬病疫苗产品质量符合国家注册标准，没有发生过因产品质量问题引起的不良反应事件，请广大使用者放心"。

7月18日，长春长生收到《吉林省食品药品监督管理局行政处罚决定书》，按要求停止狂犬疫苗的生产。

7月18日，国家卫健委疾控局局长毛群安回应狂犬病疫苗质量安全事件：正密切关注事态发展，会与国家药品监督管理局保持密切沟通。据了解，国家药品监督管理局正组织对企业的调查工作。

7月19日，因狂犬病疫苗记录造假而被国家药监局调查的长春长生，再被曝出儿童疫苗百白破造假。

直至7月21日，问题疫苗事件持续发酵6天，在此阶段，舆情波及范围始终围绕涉事方层面，媒体主要集中在报道事件进展，网民参与热度并不高，未形成强大的舆论效果。

舆情爆发期（7月22日至今）

7月22日，《疫苗之王》一文在收获近200万人次的阅读量之后，微信公众号各自媒体、人民日报、中新网、新京报、澎湃新闻等媒体跟进报道、评论"长生生物疫苗门"事件，随后网络大V、明星微博发声让传播范围几何级扩大，新闻联播播出国家药监局负责人介绍长春长生狂犬病疫苗案件的有关情况……一场由网友、媒体、意见领袖共同参与的舆论风暴已经形成。随后，《疫苗之王》删除。但长生生物问题疫苗的舆情之火已成燎原之势。伴随各种信息的交互汇集，媒体和公众对该事件的关注度、热议度呈现极速爆发态势，持续攀升。

a. 微博大 V 助推舆情爆发

活跃度排名				影响力排名			
博主名称	发帖数	影响力	活跃度	博主名称	发帖数	影响力	活跃度
头条新闻	20	93	100	人民日报	88303	97	100
财经网	17	81	100	央视新闻	98813	95	100
新京报	11	85	100	头条新闻	142342	93	100
澎湃新闻	8	85	100	中国新闻网	101024	87	100
新浪财经	5	83	100	环球时报	143794	86	100
人民日报	5	97	100	何炅	8564	86	43
李铃铛哒	4	60	62	新京报	86251	85	100
疫苗与科学	4	59	100	新华视点	97523	83	100
共青团中央	3	83	100	财经网	141406	81	100
新华视点	3	83	100	凤凰网视频	51640	74	100
中国新闻社	3	61	100	南方都市报	11346	74	100
娱圈星探	3	63	78	稀土部队	1218	70	10
老徐时评	3	63	68	李铃铛哒	3180	60	62
环球时报	2	86	100	检察日报	32165	60	100
新浪爱问医生	2	74	100	国内外白富美揭秘	2870	58	100
中国新闻网	2	87	100	刘璇	1482	58	27
凤凰网视频	2	74	100	章蓉娅医生	8726	56	21
耿直的PallasCat	2	57	59	倒吸一口凉屁	4690	47	32
刘璇	2	58	27	史老柒	13141	46	74
中国青年网	2	76	100	法师哥	257	39	82

注：重点博主 TOP20。
数据来源：鹰击早发现，https：//www.eefung.com/hot-comment/20180723165518.

@人民日报 @光明日报 @央视网 @检查日报 @中央人民广播电台五家官媒相继就该事件发表评论，并将质疑指向问题疫苗流向、长生生物是否隐瞒事实、监管为何频频失守等焦点问题；

@疫苗与科学 @章蓉娅医生等知名医学博主从科普的角度探讨长生生物疫苗事件，试图缓解公众恐慌和焦虑情绪；

@稀土部队 @何炅 @刘璇 @黄磊微博 @刘强东等明星齐齐发声，希望严查这些问题疫苗，给天下所有的父母一个心安的答案。

b.媒体、微信公众号文章井喷式传播

> [新闻] 国家药监局:对长春长生违法违规生产狂犬病疫苗立案调查
> 中国长安网 2018/07/21 19:20　　　　　　　　传播1956次 ↓
>
> [新闻客户端] 李克强批示：此次疫苗事件突破人的道德底线，必须给全国人民一个明明白白的交代
> 天天快报 2018/07/22 00:01　　　　　　　　　传播937次 ↓
>
> [新闻客户端] 疫苗生产记录造假，致歉就能了事？
> 手机凤凰网 2018/07/20 00:00　　　　　　　　传播514次 ↓
>
> [新闻] 新华时评：保护疫苗安全的高压线一定要带高压电！
> 新疆兵团第十二师 2018/07/21 13:29　　　　　传播503次 ↓
>
> [新闻] 山东查明长春长生公司百白破疫苗流向 将开展后续补种工作
> dzcom 2018/07/23 00:03　　　　　　　　　　传播367次 ↓

注：问题疫苗事件热门文章。
数据来源：鹰眼速读网，https：//www.eefung.com/hot-comment/20180723165518.

媒体报道通常较为全面地整合了当下舆论热点，体现议程设置。目前来看，这些文章主要着眼于以下几点：

一是聚焦疫苗本身的监管和安全问题，包括《疫苗之王》及类似文章"郑渊洁：我从1995年起就不信任一些疫苗"；

二是质疑政府和官员的公信力，当年毒奶粉案中失职的监管者被处理蛰伏几年后，又到药监总局继续做官，而且是监管疫苗，"长安剑：绝不能让疫苗之殇成动摇对政府的信任之殇"；

三是监管发力及时止损，从顶层设计到末端治理让疫苗管理更规范，人民日报评论"一查到底，方可纾解疫苗焦虑"；

四是问责长生生物仍有四大疑问尚待解开，道歉远远不够，"长生生物疫苗事件罪不容诛"。

②舆情的成长——问题疫苗事件最新进展

a. 山东省疾控中心回应

> **山东查明长春长生公司百白破疫苗流向 将开展后续补种工作**
>
> 信息来源：新锐大众　发布日期：2018-07-23　浏览次数：7171　字号：【大 中 小】
>
> 　　7月22日，记者从山东省疾控中心获悉，长春长生公司生产的流入山东的252600支不合格百白破疫苗（批号201605014-01），流向已全部查明，涉及儿童未发现疑似预防接种异常反应增高。
>
> 　　省委、省政府针对近日公众对长春长生公司不合格百白破疫苗流入山东事件的关注，立即责成省卫计生委和省疾病预防控制中心，对不合格疫苗的采购、使用等情况进行严肃、认真、细致、一个环节不漏地排查。省委、省政府要求，对于接种过不合格百白破疫苗的儿童，要以高度负责的态度一个不落地进行补种，坚决维护人民群众的生命安全。

7月23日，山东省疾控中心回应称"长春长生公司销往山东省的不合格百白破疫苗共计252600支，占全省年使用量的3.96%，流向济南、淄博、烟台、济宁、泰安、威海、日照、莱芜8个市。这批疫苗已接种247359支，损耗、封存5241支，涉及儿童215184人，儿童接种信息在预防接种单位均有详细登记"。此前，山东疾控中心于7月18日宣布已全面停用长春长生生物科技有限责任公司生产的人用狂犬病疫苗[①]。

b. 国家药监局回应

7月22日，国家药品监督管理局副局长徐景和：现已查明，企业编造生产记录和产品检验记录，随意变更工艺参数和设备，上述行为严重违反了《中华人民共和国药品管理法》《药品生产质量管理规范》有关规定，国家药监局已责令企业停止生产，收回药品GMP证书，召回尚未使用的狂犬病疫苗，国家药监局会同吉林省局对企业立案调查，涉嫌犯罪的将移送公安机关追究刑事责任。

c. 长生生物、康泰生物回应

7月22日晚，长生生物（002680）回复深交所称，目前公司百白破

---

① http://www.sohu.com/a/242821813_771958.

生产车间已停产，公司正积极研究百白破组分疫苗以及以此为基础的多联疫苗。根据目前了解的情况，有部分地区疾控机构暂时停用公司其他疫苗产品。对于此次事件的发生，我们感到十分的自责和愧疚，再次向各位接种者和投资者表示深深歉意。公司将引以为戒，制定切实可行的纠正措施，进行彻底整改，确保生产的合规性、真实性、可靠性、可追溯性以及疫苗质量的安全性。

7月22日晚，康泰生物（300601）就网络相关报道发布澄清公告称，"疫苗之王"文章多处不实，公司与其他疫苗企业没有股权关系和业务往来，目前该文已被微信公众号平台删除，但仍造成了部分媒体的转发和公众的误解。公司与事件无关，经营有序，产品质量稳定，一切正常。

③舆情的消减——长生生物问题疫苗事件如何落幕

2018年7月27日，据国务院调查组消息，长春长生公司违法违规生产狂犬病疫苗案件调查工作取得重大进展，已基本查清企业违法违规生产狂犬病疫苗的事实。该企业为降低成本、提高狂犬病疫苗生产成功率，违反批准的生产工艺组织生产，包括使用不同批次原液勾兑进行产品分装，对原液勾兑后进行二次浓缩和纯化处理，个别批次产品使用超过规定有效期的原液生产成品制剂，虚假标注制剂产品生产日期，生产结束后的小鼠攻毒试验改为在原液生产阶段进行。

2018年7月29日，长春新区公安分局以涉嫌生产、销售劣药罪，对长春长生生物科技有限责任公司董事长高某芳等18名犯罪嫌疑人向检察机关提请批准逮捕。

2018年8月2日，ST长生当日晚间公告，8月1日，公司子公司长春长生收到长春市公安局长春新区分局《查封决定书》，根据《中华人民共和国刑事诉讼法》第一百三十九条之规定，长春长生9处房产和61台车辆被查封。上述资产被查封对公司日常经营管理活动将产生重大影响。此外，长春市环保局发现长春长生在线监测数据和实际监测数据均超过国家规定的水污染物排放标准，责令长春长生立即改正环境违法行为。

2018年8月7日，国务院调查组公布最新调查结果，长春长生公司从2014年4月起，在生产狂犬病疫苗过程中严重违反药品生产质量管理规范和国家药品标准的有关规定，有的批次混入过期原液、不如实填写日期和批号、部分批次向后标示生产日期。

国家卫生健康委员会下发文件，要求各地卫生部门做好长春长生公司狂犬病疫苗接种者跟踪观察和咨询服务，并提出由国家卫生健康委和省级、地市级卫生计生委组建专家组进行指导。

劣质疫苗，举国刷屏。众所周知，打疫苗是防治流行病、传染病的最佳方法，失去效力的问题疫苗则将民众置于在疾病风险下，显然这不仅仅是造假，更是在谋财害命，何况直接受害人是最无辜的孩子。

此次长春长生狂犬病疫苗造假、百白破疫苗效价不合格等事件，给无数接种者埋下了巨大安全隐患，产生极其恶劣的社会负面影响，触发网友集体愤怒。

疫苗无小事，不管对于政府还是个人都是如此。今天，我们需要进一步明确长生生物问题疫苗事件的真相、后果，企业应当承担的责任和采取哪些补救措施，以及对政府监管、疾控部门带来的冲击和倒逼。

(6) 评论文章

长生问题疫苗事件评论文章一：

对狂犬病疫苗造假应"罪加两等"[①]

7月15日，国家药品监督管理局发布公告，在对长春长生生物科技有限责任公司飞行检查中，发现该企业冻干人用狂犬病疫苗生产存在记录造假等行为。药监部门已责令该企业停止狂犬病疫苗生产。本次飞行检查所有涉事批次产品尚未出厂和上市销售，全部产品已得到有效控制。(7月16日《新京报》)

---

① http：//views.ce.cn/view/ent/201807/17/t20180717_29764403.shtml.

《药品生产质量管理规范》规定,与药品生产有关的每项活动均应有记录,以保证产品生产、质量控制和质量保证等活动可以追溯。即使记录出错需进行修改或重新誊写,原有记录也不得销毁,应作为附件保存。之所以对生产记录要求如此严格,是因为它是药品生产的原始痕迹,是查验质量不可替代的事实依据。

这家企业在生产记录上造假,存在直接与间接两方面的风险。从直接风险来看,既然企业要在生产记录上动手脚,很可能为了掩盖一些拿不上桌面的事,比如原材料以次充好、生产工艺简化、质量控制走过场等,这将直接影响产品质量。从间接风险来看,抹去痕迹或者干脆在记录上造假,意味着药品质量已失去控制,规则失守就是安全堤坝倒塌,潜在的安全隐患更加巨大。

药品是一种特殊商品,药品质量低劣导致的后果,比其他商品严重得多。制售假药应比制售普通假商品罪加一等。而疫苗又是特殊的药品,疫苗质量低劣导致的后果比普通药品更严重。普通药品用于治疗当前的疾病,但疫苗却是预防未来的疾病。

由此看来,这家企业暴露出的问题非同小可。但从另一个角度看,类似事件也应谨防被误读,进而产生疫苗恐慌,监管严格和敢于揭露问题,将使疫苗安全更有保障,不能反而被可控性问题吓倒。当然,为消除民众疑虑,案件细节还有待进一步披露,民众能够知道企业记录造假的具体内容,才能更加客观看待这起事件。

长生问题疫苗事件评论文章二:

痛定思痛,举一反三[①]

在党中央坚强领导下,长春长生公司问题疫苗案件情况得以基本查清,多名领导干部受到严肃处理,充分体现了以习近平同志为核心的党

---

① http://news.sina.com.cn/s/2018-08-19/doc-ihhxaafy4175262.shtml.

中央维护人民群众切身利益的坚定决心，彰显了严肃党的纪律、全面从严治党的鲜明态度。

这是一起疫苗生产者逐利枉法、违反国家药品标准和药品生产质量管理规范、编造虚假生产检验记录、地方政府和监管部门失职失察、个别工作人员渎职的严重违规违法生产疫苗的重大案件，情节严重，性质恶劣，造成严重不良影响。

痛定思痛，举一反三。疫苗关系人民群众健康，关系千家万户幸福，关系公共卫生安全和国家安全。在这起案件中，监管部门失职失察，负有直接责任和领导责任的相关人员履行监管职责不力、履行属地管理职责不力是重要原因之一。在一定程度上反映出有些领导干部存在思想认识不足、不作为、不负责、官僚主义、形式主义等方面的问题。这些问题不解决，再好的发展机遇都会错过，再宏伟的蓝图也会沦为空中楼阁。

去病除弊当有壮士断腕、刮骨疗毒的决心。全省各地各部门要深刻检查，吸取教训，充分认清做好安全发展和市场监管工作的极端重要性，坚持人民生命至上，牢固树立"大安全"理念，坚持问题导向，做到知责明责、履责尽责、问责追责。要把贯彻落实中央决定作为践行"两个坚决维护"的实际行动，作为对党性的一次重大检验，作为提高政治觉悟和政治站位的具体体现，坚定政治立场、严明政治纪律，不折不扣把中央决定落到实处。

从某种意义而言，长春长生公司问题疫苗案件给全省广大党员干部上了一堂警示课。我们要深刻反思、深入查摆在思想作风方面存在的问题，剖析原因，即知即改，立行立改。要牢固树立"四个意识"，强化严实深细的作风，强化责任担当作为；要增强底线意识和红线意识，认真履职尽责，始终做到"心中有党、心中有民、心中有责、心中有戒"；要把对案件的反思反省体现在具体行动上，落实到具体工作中，振奋精神，勤奋工作，更加奋发有为地加快推动吉林全面振兴。

长生问题疫苗事件评论文章三：

坚决维护最广大人民身体健康[①]

"坚决守住公共安全底线,坚决维护最广大人民身体健康。"8月16日,中共中央政治局常务委员会召开会议,听取关于吉林长春长生公司问题疫苗案件调查及有关问责情况的汇报,并进行严肃问责。这充分体现了以习近平同志为核心的党中央对人民群众切身利益的高度负责,对药品安全质量监督工作的高度重视,对全面从严治党、坚定去疴除弊的有力担当。

疫苗关系人民群众健康,关系公共卫生安全和国家安全。这起问题疫苗案件发生以来,习近平总书记高度重视,多次作出重要指示,要求立即查清事实真相,严肃问责,依法从严处理,坚决守住安全底线,全力保障群众切身利益和社会稳定大局。药品安全性命攸关,容不得半点马虎。维护疫苗等药品安全,就要进一步完善法律法规和制度规则,明晰和落实监管责任,尤其要严厉打击那些利欲熏心、无视规则的不法企业,打击那些敢于挑战道德和良知底线的人。

举一反三,重典治乱。综观这起案件,从疫苗生产者逐利枉法,到地方政府和监管部门失职失察,吉林长春长生公司问题疫苗案不仅暴露出监管不到位等诸多漏洞,也反映出疫苗生产流通使用等方面存在的制度缺陷。这充分说明,药品安全一丝都不能放松,监管检查一刻都不能松懈,只有坚持最严谨的标准、最严格的监管、最严厉的处罚、最严肃的问责,才能维护好最广大人民身体健康。

药品安全是最基本的公共安全,既是民生问题、经济问题,也是政治问题,承载着人民群众对美好生活的向往。各级党委和政府要认真落实习近平总书记的重要指示精神,深刻认识药品安全的敏感性和重要性,切实承担起应有的责任,为维护最广大人民身体健康构筑牢不可破的堤坝。

(7) 多方点评

针对问题疫苗事件,媒体评论的几个角度:

[①] http://www.12371.cn/2018/08/17/ARTI1534460091297450.shtml.

对涉事企业责任认定及处罚

中国之声采访了多位法律界人士,结论为:"在现有法律框架内,三倍处罚的确已是'从重处罚';至于是否'情节严重',认定存在难度,暂无证据佐证涉事百白破疫苗造成了较大影响。不过,他们也同时表示,我国目前对于类似违法违规行为处置较轻,警示不够。"

健康报官方微信则发表题为"对疫苗造假应'罪加两等'"的文章,指出"药品是一种特殊商品,药品质量低劣导致的后果,比其他商品严重得多。制售假药应比制售普通假商品罪加一等。而疫苗又是特殊的药品,疫苗质量低劣导致的后果比普通药品更严重。普通药品用于治疗当前的疾病,但疫苗却是预防未来的疾病"。

疫苗问题产生的原因

《新京报》"疫苗焦虑,何以解忧"一文则聚焦问题疫苗产生的原因:权利的匮乏使公众没有能力参与规则的制定过程,进而造成规则体系向医药行业倾斜;而权利之所以匮乏是因为公众"很多人像斑马一样,安静地吃草,即便同伴被狮子吃掉,只要不是自己就毫不关心",而权利与公共性息息相关,有公共讨论、公共参与、舆论监督,才能有各个群体的公共性,以及获得更好的公共服务。

澎湃新闻"深观察｜守卫疫苗,充分的民事赔偿比死刑更现实"一文认为,问题疫苗产生的原因之一在于:政府监管的失灵:政府食药监机构不可能掌握食药生产经营者的全面信息;监管者常常出于自身私利考虑,可能会同被监管者私下勾结起来;甚至会根据被监管者的利益来制定或采取监管措施。

微信公众号侠客岛发布名为"解局｜关于疫苗,公众的恐慌该如何平息"的文章,表示"关于这类疫苗如何监管,2005年6月1日正式实施的《疫苗流通和接种预防管理条例》,为如今的局面留下了可乘之机"。制度原因成为其关注的重点。其在文章中还指出"一言以蔽之,监管中的漏洞,才是核心问题","漏洞,正是从三者(食药监总局、卫生计生委、公安部)之间的权力与责任分配"中来,这是疫苗事件带给我们很深的启示。

如何处理此次的问题疫苗舆情事件

《新京报》刊载"'疫苗危机':别让信息黑洞加剧恐慌"的评论认为:避免恐慌情绪蔓延的正确方法,不是简单呼吁民众保持足够的理性,而是相关信息必须及时、全面、准确地公开;对于一些模棱两可的权威信息,有关部门要及时发声;对于后续事件的处理要给出一个清晰的处理思路。

微信公众号侠客岛在"解局 | 关于疫苗,公众的恐慌该如何平息"一文中写道:"公众的焦虑并非来自专业医学知识的匮乏,而是事件真相的缺席。"

自媒体"崔紫剑先生"的"发布关于问题疫苗评论时的基本逻辑参考"提出媒体在缓解民众恐慌中应该发挥一定的作用:"任何讨论、评论这个个案的媒体、自媒体从业者们,务必理性、冷静、客观,因为这个案子非比寻常,所有关于疫苗的相关内容,理应以科学的角度进行科普讲解,以法律的角度来进行普法,不适宜上升到太高的层面上,也不适宜扩大到不相干的范围。"尤其要避免"妖魔化国产疫苗""拒绝接种疫苗"的论调。

风声评论发表"彻查严管,给民众一个明明白白的交代":必须彻查吉林长生生物到底是一个什么样的存在;也要查一查监管是如何失守的,在长生生物扩张的过程中,是否存在官商勾兑、利益关联?与彻查同步,对于那些已经查实的问题又将如何问责?问到哪一个层级?以彻查还原真相。

中国之声在题为"四问长生生物百白破疫苗旧案:25万支劣药今何在?"的文章中则直接发问:"究竟有多少疫苗流入市场?是全部封存了,还是的确有孩子注射了问题疫苗、有多少?有没有孩子因为问题疫苗患病、健康受损?家长们如何判断自己的孩子接种的是不是问题疫苗,有无救济渠道?"

疫苗安全问题如何破解

人民日报发布评论强调:"一方面是政府机构在疫苗生产、使用上的监管,需要更有力""同样重要的是,企业不能为了追求利益,把儿童的健康和家庭的幸福当作谋取非法利润的代价"。"对于问题疫苗，发现一起查处一起很重要；但更重要的是在每次事件中找到问题的根源，否则就会陷入'亡羊补牢'的被动之中。"因此，要关注"如何强化事前事中事后的全链条监管，形成疫苗安全管理的长效机制？如何加强处罚力度，让企业不想、不能、不敢有违法行为？不仅要严肃追责涉事药企，更要规范市场秩序、完善监管制度，避免类似事件再次上演"。

澎湃新闻"深观察——守卫疫苗，充分的民事赔偿比死刑更现实"认为，我国侵权责任立法太过于保守，片面要求侵权行为与损害后果之间存在"因果关系"，尽管侵权责任人被罚没了一部分财产，这些罚金被收归国库，但是跟潜在受害者基本上关系不大。可以要求造假掺假者提供一定时段的身体健康检查、检测，并给予相应精神恐惧之抚慰金。目的很简单，让造假掺假者承担足够的违法成本，产生真正的法律威慑力。至于其诉讼方式，可以通过公益诉讼途径实现。

风声评论"疫苗之殇——人性之恶何以泛滥"中认为：为善者理应获得市场的奖赏，不能让良币被劣币驱逐，这是我们需要为善者付出的成本。为恶者理应获得严厉的惩罚，不能让劣币有二次生存的机会，这是为恶者需要付出的代价。唯有监管动真格，大幅度提高违法的成本，处罚上不封顶，哪怕罚到违法药企倾家荡产也在所不惜，才能以儆效尤，避免问题疫苗的卷土重来。

6.4 范冰冰"逃税门"事件

警示：切勿拖延调查时间

对策：公开透明，依法处置

原则：公共部门必须坚守民主程序透明决策

（1）事件简述

2018年5月28日和5月29日连续两天，崔永元在微博上曝光范冰冰采用"阴阳合同"偷税漏税。该消息一经发出便引发舆论关注和热议，网友纷纷感叹，明星拿着天价片酬，交税比例却比普通人还低。2018年10月3日，新华社发文《税务部门依法查处范冰冰"阴阳合同"等偷逃税问题》，称范冰冰"阴阳合同"涉税问题目前已经查清，范冰冰在电影《大轰炸》剧组拍摄过程中及其公司经营方面存在偷税漏税行为，江苏省税务局已责令其按期缴纳税款、滞纳金、罚款超8.83亿元。同日12时许，范冰冰发布道歉信称，对税务机关调查后依法作出的一系列处罚决定完全接受。2018年10月9日，国家税务总局责成江苏省税务局对在范冰冰偷逃税案件中，因管理不力、负有领导责任的无锡税务局5人，依规依纪进行了问责。

（2）进程实录

曝光阶段

2018年5月28日，崔永元先后晒出几张演艺合同照片，合同中有范冰冰的名字，曝光合同约定片酬为税后1000万元。

2018年5月29日，崔永元其后又曝光称，再度曝范冰冰采用"大""小"合同，另行约定片酬为5000万元，两合同共拿走片酬6000万元，而实际上范冰冰只在片场演出4天。

2018年5月29日，范冰冰工作室严正声明，崔永元公开涉密合约，破坏商业规则，侵犯范冰冰的权益，工作室保留追究法律责任的权利。

调查阶段

2018年6月3日，国家税务总局发声，表示高度重视此事，并责成江苏相关税务机关核实有关影视从业人员"阴阳合同"中的涉税问题。

2018年7月26日，某知名媒体人称范冰冰公司一法人代表、一财务主管、一行政助理已被警方采取司法强制措施。

2018年7月28日，有媒体爆出，警方近日介入调查"阴阳合同案"，范冰冰被限制出境。随后记者走访位于江苏省无锡市的范冰冰工作室，发现工作室大门紧锁，办公室的文件已被全部清走。

补税阶段

2018年9月26日，江苏省税务局依法向范冰冰下达《税务行政处罚事项告知书》，对此范冰冰未提出听证申请。

2018年9月30日，江苏省税务局依法向范冰冰正式下达《税务处理决定书》和《税务行政处罚决定书》，要求其将追缴的税款、滞纳金、罚款在收到上述处理处罚决定后在规定期限内缴清。

2018年10月3日，新华社发文称范冰冰"阴阳合同"案件事实已查清，范冰冰被责令按期缴纳税款、滞纳金、罚款超8.83亿元。国家税务总局将从10月开始，到2019年7月底前结束，逐步推进规范影视行业税收秩序工作。当日12时许，范冰冰公开发表致歉信，承认偷税、漏税，表示对税务机关调查后依法作出的一系列处罚决定完全接受，将积极补缴税款。

2018年10月9日，国家税务总局责成江苏省税务局对在范冰冰偷逃税案件中，因管理不力、负有领导责任的无锡税务局5人，依规依纪进行了问责。

（3）传播路径

| 2018年5月25日，崔永元在个人微博晒出一份1000万元的演出合同截图并配文：一个真敢要，一个真敢给。网友纷纷猜测此举是影视当红明星范冰冰的天价片酬。 | 2018年5月29日，崔永元其后又曝光称，再度曝范冰冰采用"大""小"合同，另行约定片酬为5000万元，两合同共拿走片酬6000万元，而实际上范冰冰只在片场演出4天。 |

2018年6月3日，国家税务总局发声，表示高度重视此事，并责成江苏相关税务机关核实有关影视从业人员"阴阳合同"中的涉税问题。

2018年9月30日，江苏省税务局依法向范冰冰正式下达《税务处理决定书》和《税务行政处罚决定书》，要求其将追缴的税款、滞纳金、罚款在收到上述处理处罚决定后在规定期限内缴清。

2018年10月9日，国家税务总局责成江苏省税务局对在范冰冰偷逃税案件中，因管理不力、负有领导责任的无锡税务局5人，依规依纪进行了问责。

(4) 舆情源头

舆情的引爆始于 5 月末，崔永元在新浪微博上爆出"阴阳合同"的存在，直指范冰冰有"偷税漏税"的嫌疑。随后，范冰冰工作室的回应间接坐实了"阴阳合同"的存在，舆情持续发酵。时间进入 6 月初，在《北京日报》等媒体的介入下，此事性质上升了一个高度，从娱乐版划入了法制版。舆情的反转来自"火星试验室"对崔永元的采访，"火星试验室"称电话采访了崔永元，崔永元向范冰冰等人"致歉"，并说 4 天 6000 万元合同与范冰冰无关。不久，这段采访的真实性被网友质疑，"火星试验室"的相关背景也被网友扒出。但随着《人民日报》《北京青年报》《新京报》等平面媒体的陆续介入报道，促使了"阴阳合同"事件不断发酵。

曝光演艺圈"阴阳合同"且矛头直指范冰冰的崔永元 6 月 3 日在微博上称，遭实名认证微博"国际试飞员徐勇凌"死亡威胁。随后徐勇凌多条微博内容曝光，引发关注。这些争议性内容随后被删除。

6 月 4 日，中国空军官方微信公众号"空军发布"发文回应此事。文章称，"最近，退役人员徐勇凌通过实名认证微博'国际试飞员徐勇凌'发表言论，引发网络舆论关注。空军有关部门已迅速协调其地方管理单位责成徐勇凌，要求其不得以现役军人身份发表任何言论和参加一切社会活动。徐勇凌已于 2014 年 12 月退出现役，2015 年 9 月移交地方"。

(5) 舆情分析

萌芽阶段

2018 年 5 月 28 日、29 日连续两天，崔永元在其个人微博曝光两份带有范冰冰名字的天价演出合同，直指娱乐圈普遍采用"阴阳合同"拆分报酬金额以达到逃税的目的，引发网友关注。

2018 年 5 月 29 日，范冰冰工作室发布严正声明，指责崔永元破坏商业规则，侵犯范冰冰的合法权益。但随即被网友指出声明中并未否定"阴阳合同"，引发媒体关注，网友纷纷好奇是否明星拿着天价片酬却缴着比普通人还低的税率。

成长阶段

2018年5月31日，崔永元接受相关媒体采访，详细披露事情原委及经过。

2018年6月3日，国家税务总局发声，表示高度重视此事，并责成江苏相关税务机关核实有关影视从业人员"阴阳合同"中的涉税问题。

爆发阶段

10月3日上午，新华社官方微博@新华视点发布报道《税务部门依法查处范冰冰"阴阳合同"等偷逃税问题》，指出范冰冰确以拆分合同手段偷逃税款，其担任法定代表人的企业也存在少缴税款情况，被依法责令缴纳税款、滞纳金、罚款超8.83亿元。消息一经发布，迅速引发"中国新闻网""法制网""中华网"等多家媒体转载报道和网民聚焦。当日中午，范冰冰通过其微博账号@范冰冰发表致歉信，舆论随之进一步发酵升级，助推舆情达到传播最高峰。

10月8日，依据相关条例、法规，国家税务总局责成江苏省税务局对在范冰冰偷逃税案件中，因管理不力、负有领导责任的相关单位和人员进行问责。"中国新闻网""中国经济网""中国网"等媒体对此进行跟踪报道，舆情出现小幅回温。

消减阶段

随着相关责任人被问责和时间的推移，舆情逐渐平息。

在"范冰冰'逃税门'"事件中，微博作为最主要的舆论场，以85.86%的占比大幅领先其他平台①。事件最先由"新华社"经微博平台发布，微博凭借其权威性裂变式的传播效果，短时间内吸引大量网民转评，引发舆论聚焦。事发不久，范冰冰通过个人微博@范冰冰公开发布致歉信，这也是其自2018年6月从公众视野中消失后首次通过微博账号发声，基于明星效应和千万级的粉丝群体，该博文更是直接引发了31.87万人次的转发量。与此同时，@头条新闻（媒体博主）、@国家税务总局（政

---

① https://www.eefung.com/hot-report/20181012141921。

府博主)、@王旭明(名人大V)等不同类型的微博用户一直持续关注并发布事件相关信息,不断推进事件传播扩散。

新闻客户端的占比虽然较小,但在此次事件中充分展示着新媒体的快速有效传播优势,在传播平台中位居第二。"天天快报""今日头条""搜狐新闻"等客户端在事件发生后迅速发布、转载相关信息,以惊人的速度聚拢传统媒体内容,再加上这些平台下所进驻的娱乐、财经等不同领域的自媒体,围绕事件发表相关评论性文章表达自身观点,进一步促进了舆情信息量在该平台的增长。

(6) 评论文章

范冰冰逃税门事件评论文章一:

化解"阴阳合同"嫌疑,不能回避税务二字[①]

针对近日网上曝光的有关影视从业人员签订"阴阳合同"中的涉税问题,国家税务总局已责成江苏等地税务机关依法开展调查核实。如发现违反税收法律法规的行为,将严格依法处理。(据国家税务总局网站消息)

有人说,崔永元"怒撕"范冰冰,或许只揭开了影视明星避税逃税的"冰山一角"。对公众来说,暂且把两人恩怨放一边,是否逃税,才是关乎公共利益的大事。

税务部门的介入,会让此事逐渐明朗,甚至有望揭开一个早已沦为潜规则的"阴阳合同"谜底。正如一些网友所称,崔永元在微博上贴出的"阴阳合同"就是一封举报信,何况他声称有一抽屉这样的合同。对此,税务部门没有缄默,没有置身事外,而负责任地把崔永元的"举报"当成了重要的线索。

值得肯定的是,从无锡市滨湖区地税局调查取证,到国家税务总局责成江苏等地税务机关依法开展调查核实,无不说明税务机关在积极作为,

---

① http://www.china.com.cn/opinion/think/2018-06/04/content_51634745.htm.

履行法律职责，回应公众的殷切期待。

范冰冰是否逃税？崔永元所晒的"阴阳合同"与她有无关系？须用事实说话，也需用权威调查得出结论。毋庸讳言，在影视圈内，"阴阳合同"早已成为公开的潜规则。早在2011年，《光明日报》就报道，一位制片人向记者透露：现在几乎每个剧组都有一套"阴阳合同"，演员的"阳"合同是骗税务局的"税后"合同，是收税的依据，由剧组代扣代缴，大多按2万元一集的收入交税；"阴"合同，是剧组与演员的私下协议，是真实的薪酬合同，20万元一集，整整相差十倍。

时至今日，"阴阳合同"并未绝迹，反而愈演愈烈，不免让人深思。当事双方之所以签订"阴阳合同"，最直接目的就是逃税。法律明确规定："纳税人必须依照法律、行政法规规定或者税务机关依照法律、行政法规的规定确定的申报期限、申报内容如实办理纳税申报，报送纳税申报表、财务会计报表以及税务机关根据实际需要要求纳税人报送的其他纳税资料。"作为高收入、高关注度的社会群体，明星更应该依法纳税，尽到应尽的公民义务，履行基本的社会责任。但是，仍有一些明星置法律法规于不顾，逃税，不仅该受到谴责，更应该被追究法律责任。

法律面前，谁都不能享受特权，名气再大，"粉丝"再多，人脉再广，也绝不能凌驾于法律之上。按照国家税务总局的部署，接下来相关部门将在对部分高收入、高风险影视从业人员依法纳税情况进行评估调查的基础上，进一步强化风险防控分析，加大征管力度，依法查处违法违规行为。换言之，国家税务总局"盯"住的绝不是"范冰冰事件"这一个案，而是"部分高收入、高风险影视从业人员"。其实，逃税从来都不是单方面的，"阴阳合同"既牵涉明星，也牵涉制作公司，还牵涉投资方等，每一个责任主体都不能放过。故此，从个案入手，逐步深入调查，掀起一场全方位的查税行动，显然更值得期待。

多年前，就有人质疑，当明星逃税已成普遍现象，逃税数额高达几百万元，听说过哪个明星因逃税获罪吗？所有这一切都倒逼我们的执法机关更要有作为。查处一个乃至一批逃税者并不难，难的是如何清理逃税存在的土壤。坚决捍卫法治尊严，坚决维护公共利益，通过严格执法、严加防范，绝不让"阴阳合同"大行其道，不容忍少数人占便宜、国家和民众受损失。

范冰冰逃税门事件评论文章二：

崔永元撕开了什么①

崔永元曝光"阴阳合同"，可以向税务机关提供不可多得的举报材料，也有助于推动税务机关加大税收征管和稽查力度，推动其他职能部门加大监管执法力度。这应当成为群众监督和舆论监督推动政府部门工作的一个典型案例。

江苏无锡市地税局昨天通过官微表示，已经按照国家税务总局和江苏省地方税务局的要求依法开展调查核实，如发现违反税收法律法规的行为，将严格依法处理。国家税务总局官网昨天发布消息称，针对近日网上反映有关影视从业人员签订"阴阳合同"中的涉税问题，已责成江苏等地税机关依法开展调查核实，如发现违法违规行为将严格依法处理。据报道，无锡市滨湖区地税局目前已经介入调查取证。

此次税务机关开展调查核实的网传"阴阳合同"涉税问题，源起于前央视主持人崔永元前几天通过网络曝光的材料。崔永元发布几张合同图片，曝光演员范冰冰与相关电影剧组签订一大一小"阴阳合同"，掩盖真实收入并涉嫌偷逃税款。注册地位于江苏无锡的范冰冰工作室发布声明，称从未通过"阴阳合同"的方式签约，会全力配合相关部门依法核查，希望相关部门尽快公布权威调查结果。崔永元同时怒怼相关电影的导演、编剧等主创人员，后者均无正式回应。舆论呼吁税务部门就崔永元曝光的问题依法展开调查，国家和地方税务部门昨天的表态，是对公众关切的热点事件作出的积极回应。

---

① http://finance.sina.com.cn/review/jcgc/2018-06-04/doc-ihcmurvh2928334.shtml.

此次崔永元"怒撕"范冰冰等相关电影主创人员，源起于十几年前范冰冰等人主演、摄制的一部电影，崔永元认为该电影影射自己，给自己的身心和家庭造成了巨大伤害。现在，包括范冰冰在内的原班人马开始拍摄那部电影的续集，崔永元一怒之下愤然出手，以曝光范冰冰涉嫌签署"阴阳合同"为切入口，实际上是举报范冰冰与相关剧组合谋偷逃税款，涉嫌严重违法犯罪。

应该说，十几年前那部电影是否影射了崔永元，现在拍摄的续集是否会继续影射他，范冰冰等人与崔永元之间究竟有多深的恩怨，原本属于娱乐圈的八卦话题，舆论不必过分关注。但是，当崔永元将自己掌握的"阴阳合同"公开曝光，从这一刻起，范冰冰等人与崔永元之间的恩怨，就不是娱乐圈虚实莫辨的八卦和无聊无谓的炒作，而变成了一方实名举报另一方涉嫌逃税犯罪的重磅"炸弹"。而且，崔永元向媒体透露，他掌握的类似"阴阳合同"有满满一抽屉，涉及一批影视从业人员，尽管他尚未将这些"阴阳合同"一一曝光，也尚未送交税务机关和公安机关，但也相当于向税务机关和公安机关做了初步的举报。

如果崔永元所言属实，曝光的材料也经得起法律的审视，那么大致可以证实，影视从业人员以"阴阳合同"偷逃税款不是个别人偶尔所为，而可能是在较大范围内盛行的一种"潜规则"。如果崔永元撕开的不只是自己的伤疤，而是影视从业人员以各种手法偷税漏税的黑幕，面对如此严重的问题，税务、公安等职能部门和司法机关应当依法积极履职，迅速介入进行调查核实，对违法犯罪行为依法严肃查处。崔永元此番"怒撕"客观上推动了税务机关依法履职，无疑是值得赞赏的，税务机关以务实态度和积极作为回应公众的关切，同样也值得赞赏。

国家税务总局昨天表示，将在已经部署开展对部分高收入、高风险影视从业人员纳税情况进行评估调查的基础上，进一步强化风险防控分析，加大征管力度，依法查处违法违规行为。这从一个侧面表明，影视从业人员涉税违法问题已经引起了税务机关的高度警惕，税务机关已对部分影视从业人员纳税情况进行评估调查，准备进一步开展监管执法行动。

崔永元在此当口曝光"阴阳合同",可以向税务机关提供不可多得的举报材料,也有助于推动税务机关加大税收征管和稽查力度,推动其他职能部门加大监管执法力度。这与其说是一个可遇不可求的巧合,毋宁说是群众监督和舆论监督推动政府部门工作的一个典型案例——至少从目前的进展看是十分典型的。

崔永元撕开了什么?答案或许很简单,或许比人们想象的复杂得多。

范冰冰逃税门事件评论文章三:

演艺明星理应是依法纳税模范[1]

在依法治国的背景下,一些演艺界人士若是通过"阴阳合同"逃税,显然不会获得舆论支持,而且,也会损害社会公平。

近日,网上持续多日讨论的关于影视从业人员存在涉嫌签订"阴阳合同"逃税一事,国家税务总局于昨日下午发通报称,目前国家税务总局已责成江苏等地税务机关依法开展调查核实。如发现违反税收法律法规的行为,将严格依法处理。

据最新报道,某女明星工作室负责人于昨日晚些时候接受采访称,本工作室及演员从未通过"阴阳合同"的方式进行签约,接下来会全力配合相关部门依法核查,希望相关部门尽快公布权威调查结果。

此案是否存在"阴阳合同",这需要税务部门调查核实清楚。但纵观此事舆论关注的焦点,恰恰是因为一场口水之争,而带入了一个演艺明星是否存在偷税漏税的法律问题。大众对此事的聚焦,也恰恰是因为,大家也都存在着法治共识。

于法于理而言,"阴阳合同"都是不该存在的现象。因为"阴阳合同"现象关涉法律权威、尊严,不容触犯。若此次曝光的6000万元片酬"阴阳合同"为真,如果只有签订"阳合同"的1000万元缴税,而剩余5000

---

[1] http://www.bjnews.com.cn/opinion/2018/06/04/489596.html.

万元签订"阴合同"的却未缴税,那么,按照《个人所得税法》相关规定,这位女明星应补缴税款1600万元。这仅是一部片酬所逃税款,数额却是如此巨大,若这是业内普遍现象,一年逃掉多少税款?

多年前,女明星刘晓庆因为逃税而获刑,彼时的民众纳税意识较为淡薄。如今,"依法纳税是每个公民应尽的义务"理念已经深入民众内心。

依法纳税,演艺明星也不能例外。因为,依法行事是演艺明星能够得到各界认可的前提,也是他们能够在自身演艺事业中熠熠生辉的根基。而就演艺明星在社会上的影响力而言,他们理应为依法纳税起到模范带头作用,而不能因为报酬更高,有更多"门路"而想方设法逃税。

在依法治国的背景下,一些演艺明星若是通过"阴阳合同"逃税,显然不会获得舆论支持,而且,也会损害社会公平。费尽心机逃税,终将伤害演艺圈乃至相关演艺明星自身的声誉。

对此,国家税务总局明确表态,将在已经部署开展对部分高收入、高风险影视从业人员依法纳税情况进行评估调查的基础上,进一步强化风险防控分析,加大征管力度,依法查处违法违规行为。

就此而言,演艺明星们签订"阴阳合同"的现象本来就不应存在。当然对于被指控签订了"阴阳合同"的演艺明星们,也需要有关方面基于事实依法调查。如果事实确凿则应依法予以惩处,如果被证明是子虚乌有,那么,也理应还以清白。社会不会辜负任何一个有才华的人,法律也会对每个人公平以待。

(7) 多方点评

律师观点

所谓"阴阳合同"是人们对同一事项做出的内容并不一致的约定,并非法律概念。这一现象的出现,多数是为了规避某种规定,进而实现自身的不恰当利益。具体到这一事件,从税收法律的角度分析,应是为了避税。为此,税务机关会依职权启动监管调查程序,核实是否存在偷漏税款情况。从企业长远发展的角度来说,依法纳税,是义务和责任,也是对自身权益的保障。依法纳税是每个公民应尽的义务,法律面前每个人都是平等的。明星作为公众人物，理应带头学法、守法。明星对于应税所得依法纳税，不仅是自身价值的体现，更是社会价值的体现。诚信纳税，是每个人的应尽之责。

网友观点

@思绪走光中：静待结果，相信法律，不要让我们老百姓失望~

@阿宅秋的日常：有些人为国家奋斗了大半辈子，也才拿个国家最高科学技术奖，仅仅五百万，某些所谓的明星，跑片场几天就有六千万。

@姚珊珊ANY：演员也好，歌手也罢，其实就是个普普通通的职业而已，与司机、厨师，乃至各行各业的从业者无异。为什么片酬高？为什么架子大？问你们自己啊，还不是你们把这个普普通通的职业，捧上神坛的？媒体的吹捧和包装亦如是，"明星"这个词，难道不是娇惯纵容的结果？就不能称为演员？

@开心丽子forever：真的佩服崔永元，范冰冰都快无法无天了，在圈里混得风生水起，都捧得快上天了，贴乎都来不及，竟然敢公然对抗，崔永元牛！正直！不畏强权！

@Lam妞妞儿：我们国家真是太放纵所谓的网红、明星了，特别是网红！直播一下一晚都是别人小半年的工资，如果再这样下去，会有更多的人学这些网红，都不去工作了，就想着能不劳而获。

媒体观点

新华社《范冰冰案教育警示文艺影视从业者遵纪守法》[①]

税务部门3日公布范冰冰案情况，范冰冰被责令按期缴纳税款、滞纳金、罚款8亿余元。开出巨额罚单的处罚依据是什么？为何对范冰冰处以行政处罚而没有追究刑事责任？此案对文艺影视界有何教育警示意义？新华社记者采访了法学专家和文艺影视界人士。

处罚金额体现宽严相济

记者了解到，范冰冰案是我国税务部门近年来处理的个人偷逃税款金

---

① http：//www.xinhuanet.com/legal/2018-10/03/c_1123517342.htm.

额最大的案件。税务部门对范冰冰及其名下公司的4类逃避纳税行为分别处以0.5倍至4倍罚款，其中针对范冰冰拆分合同的行为开出的4倍罚款达到2.4亿元。

法学专家和文艺界人士认为，税务部门依法作出的处罚，有利于维护我国税法的权威性、严肃性，有利于促进影视行业持续健康发展，有利于增强全社会依法纳税的意识。

根据我国税收征管法，对纳税人偷税，不缴或者少缴应纳税款的，由税务机关追缴其不缴或者少缴的税款、滞纳金，并处不缴或者少缴的税款百分之五十以上五倍以下的罚款。

"'阴阳合同'是一段时间以来社会各界反映较为强烈的问题。"中国政法大学财税法研究中心主任施正文说，因此税务部门对于范冰冰拆分合同的处罚较为严厉，体现了过罚相当的基本原则，对今后类似涉税违法行为起到强烈教育警示作用。

中央财经大学财税学院教授樊勇认为，税务部门处罚决定总体上兼顾了法律、社会和政策效果，体现了宽严相济、实事求是、区分情形、综合考量的宗旨。

未被追究刑责符合刑法规定

为何对范冰冰处以行政处罚而没有追究刑事责任？这是社会公众普遍关心的问题。

我国刑法规定，纳税人采取欺骗、隐瞒手段进行虚假纳税申报或者不申报，逃避缴纳税款数额较大并且占应纳税额百分之十以上的，处三年以下有期徒刑或者拘役，并处罚金；数额巨大并且占应纳税额百分之三十以上的，处三年以上七年以下有期徒刑，并处罚金。

刑法同时规定，经税务机关依法下达追缴通知后，补缴应纳税款，缴纳滞纳金，已受行政处罚的，不予追究刑事责任；但是，五年内因逃避缴纳税款受过刑事处罚或者被税务机关给予两次以上行政处罚的除外。

中国人民大学法学院教授黄京平说，刑法这样规定的目的，就是要以刑罚为后盾，保障国家税收安全。目的在于及时追缴税款，督促纳税人依法纳税。

中国社科院财经战略研究所研究员张斌说,随着我国税制改革的推进,税收制度不断完善,公民牢固树立依法纳税意识尤为重要而紧迫。范冰冰案对那些藐视税法、心存侥幸的人来说是一个强烈警示,对广大公民也是一次普法教育。

规范税收秩序推动影视业健康发展

中央宣传部、文化和旅游部、国家税务总局、国家广播电视总局、国家电影局等部门6月底联合印发通知,要求加强对影视行业天价片酬、"阴阳合同"、偷逃税等问题的治理,控制不合理片酬,推进依法纳税,促进影视业健康发展。

影视演员作为公众人物,承担着重要的社会责任,范冰冰的偷逃税行为也引发业内反思。中国文艺评论家协会主席仲呈祥指出,中国影视艺术发展,需要在社会主义市场经济条件下,在执行国家相关的税收法律法规的环境下,规范有序进行。人民群众对影视界的天价片酬、"阴阳合同"、偷逃税等问题反映强烈。税务部门的处罚决定顺民意、聚民心,有助于推动新时代文学艺术健康发展。

他认为,这对广大文艺工作者的健康成长也极有帮助,提醒大家遵纪守法,依法纳税,按照人民的要求和时代的呼唤,自觉走德艺双馨的道路。中国电视艺术家协会副主席、中国文联文艺工作者职业道德建设委员会委员林永健说,必须正视影视业存在的偷逃税现象。"影视演员成了名,站在那儿就是成本,开口就有利润,出了名、得了利,还不依法纳税,不履行公民应尽的义务,这无论如何是说不过去的。"

他说,对这件事的及时依法处理,也有利于促进行业内公平合理分配,治理文艺界乱象。"我想,广大文艺影视工作者从内心里都是赞成和支持的。"

记者了解到,国家税务总局即将开展专项行动,规范影视行业税收秩序,对在2018年12月31日前自查自纠并到主管税务机关补缴税款的影视企业及相关从业人员,免予行政处罚,不予罚款;对个别拒不纠正的依法严肃处理。

　　林永健认为，这样的方式既能够保障依法纳税者的合法权益，又能够促进我国影视业规范健康发展。

　　"浙江在线"发文称，影视行业资本乱象早已是冰冻三尺寒，并衍生出一条条牢固的利益链。无论是通过资本市场圈钱也好，还是通过拍电影洗钱也罢，这些乱象危害的都是影视行业的健康发展和公共利益……涤荡影视圈乱象，唯有国家机器方能担此重任，长远来看，公权力部门的担当和作为是根本。

chapter 7
第 7 章 网络舆情生态系统善治模式

7.1 善治理论基础

20世纪50年代以来,公共事务治理呈现出三种治理模式。以政府为主体的科层治理模式、企业为主体的市场治理模式和以公民社会为主体的网络治理模式。由于全球化的发展,公共事务的治理复杂性越来越大,治理方式越来越多样化,任何一种公共事务都不可能仅仅依靠单一的一种治理模式来解决,科层治理、市场治理、网络治理三足鼎立的局面被打破,政府失灵、市场失灵、网络治理失败对新的治理理念的渴求越来越大,迫切需要一种治理理念将三种治理模式统筹起来,针对特定治理目标发挥出他们各自最大的功效。基于这种需求的紧迫性,善治理论应运而生。善治理论是为解决治理失败而生的,它的本质在于国家政府和公民共同治理社会事务,建立相互间新的合作关系,实现公共利益最大化。我国学者俞可平曾提出善治是"一个上下互动的治理过程,它主要通过合作、协商、伙伴关系、确立认同和共同的目标等方式实施对公共事务的治理。治理的基础在于建立在市场原则、公共利益和认同之上的合作"。[①] 俞可平认为善治的基本要素包括以下六个要素:

合法性,指社会秩序和权威被自觉认可和服从的状态。政治学中的合法性,并不是直接意义上的法律规范,而是在一定范围内的人们内心所公认的权威和秩序。增大合法性的有效途径在于增加公民内心的共识和政治认同感,在公共治理活动中,善治要求相关的治理机关和治理者

---

① 俞可平.治理与善治[M].北京:社会科学文献出版社,2000:9-11.

协调各种利益关系，调解相互间的矛盾，以取得公民对治理活动的认同。要想使善治的程度越高，增加治理的合法性是可靠的途径。

透明性，指大众能够通过合法途径获得其应该知晓的相关政策与政府战略的信息。因此，透明性要求政府公开政治信息（立法活动、政策制定、政策实施、公共开支等），通过各种传媒将信息传达给公众，为公众提供参与政府决策与执行的机会，允许公民对相关政策进行讨论，对公共过程实施有效的监督。要想提升善治的境界，提高治理的透明性是非常实用的方法。

责任性，指的是人们应该对自己的行为负责。即公众特别是政府工作人员对自身、国家以及社会的责任感以及自觉承担责任、履行义务的自觉态度。在公共治理活动中，它特别指治理主体的权力与义务的匹配。善治理论要求运用法律和道义双重手段来增大治理主体的责任性。增强治理的责任性，那么善治的程度越高。

回应，指的是公共治理主体在治理中应对公民的疑问和诉求及时、负责地做出反应。如果有必要，公共治理主体需主动征询公众意见，公开解释政策，为公众解惑。增强治理的回应性越大，越有利于提高善治的程度。

法治，指一个完善的法律框架，公正合理且能被严格地执行。法律是公共治理的最高的行为准则，它保证公民在公共治理事务中人人平等，它既规范着公民的行为也约束政府的治理行为，它既保护公民的权利又坚持违法必究的原则。法治是最根本的因素。

有效，主要是指公共事务治理的效率。"有效"具有两层含义：一是公共事务的治理，其机构设置合理，其治理程序科学，其治理活动灵活；二是最大限度地降低治理成本。提高善治的程度，治理的有效性也会相应地提高。

善治理论非常注重国家权力向社会的转移，公共事务实现善治的过程其实就是一个还政于民的过程。本章将善治理论运用于网络舆情生态治理中，是因为二者存在较高程度的契合性。善治理论的基本要素如合法性、透明性、责任性、有效、法治、回应，都对公共事务的治理提出了较高的要求，如治理主体多元化、治理方式多样化等。而现阶段网络舆情生态系统的治理正需要像善治理论这样的治理理念来指导，才能达到事半功倍的效果。

第一，善治理论强调了公共事务治理主体的多元化。善治的本质诉求在于其强调政府与社会、市场、公民在公共事务治理中的互动与合作，它表达的是国家与公民社会在公共事务治理中的一种互促互进的最佳状态。实现善治就必须妥善处理政府与市场、政府与公民之间的关系，促进三者之间良性互动与合作。因而公共事务的治理主体不再只是政府这样的权威机构，还包括社会组织和公民。网络政治舆情治理问题具有较强的公共性，仅仅依靠政府来治理是不可能成功的。一方面，在当代中国政治文化氛围浓厚的环境下，政府在治理网络政治舆情时主要采取的是自上而下、单一向度的治理，依靠政府权威制定网络安全相关的规章制度，强调网络传媒和网民的道德自律，以保障网络环境的稳定。在强制执行政府决策的过程中，由于缺乏与网络传媒和网民沟通交流，网络传媒和网民的利益诉求难以得到政府的回应，导致配合政府决策的执行力不够。到目前为止，中国的网络治理一直以来是受国家相关部门重视的，如文化部、中宣部、公安部等，制定了完善的网络政治舆情治理相关的规章制度，但是很大部分行政法规只是在行政部门办公室内表决通过的，并没有在社会大范围内民主通过，以致在政策实施时遇到的困难重重。另一方面，政府的治理行为带有浓厚的政治色彩，为保证社会稳定，往往直接采取网络过滤技术屏蔽可能对社会有危害的信息，或者加入强烈的政治意愿在网络信息之中，大大降低了信息的真实性，这样民众的知情权得不到保障。一旦某一事件被挖掘出来，与政府公布的事实不符，必然影响政府声誉，引起社会矛盾，危害社会和谐稳定。

网络舆情生态系统要想实现善治，它的治理主体除了政府，还应包括网络传媒和网民。这是因为在网络环境中，网民和网络传媒才是网络舆情事件发生、发展的直接推导者，二者的参与将为网络治理提供非常好的助力。一些网络传媒运营者出于营利性，当出现网络政治舆情问题时，他们常常把自身利益放在首位，甚至可能对一些网络事件添油加醋，来吸引众多网民的眼球，以此来提高网站的关注度。此时，网民接触到的信息可能是被篡改过的已经失真的信息，被牵着鼻子走而不自知，再加上网民对网络上的事件不辨真假，一味地表达个人观点，网络政治舆情的负面效应被无限放大。如果网络传媒和网民被要求参与到网络舆情负面效应的治理过程中，提高他们自觉参与网络舆情生态系统治理的觉悟，将会大大减少网络舆情的负面效应。

第二，善治理论明确了政府的重要职责。

首先，善治的法治理念要求公共事务治理必须要有相应的法律法规做支撑。这是社会治理最高的行为准则，政府则是众多法律法规的执行机关。在多数公共事务治理中政府被定义为众多治理主体中的长者，它能提供治理的基本规则、秩序，确保不同的治理主体合理合法地参与公共事务治理活动，协调各个政策社群之间的利益，从宏观上调动资源和信息，整合社会凝聚力，让公众主动承担社会事务治理的责任。虽然政府不是万能的，网络政治舆情的治理也不可能依靠政府单方面的努力就能成效显著，但是网络政治舆情治理必须靠政府提供相应的网络运行的基本规则、制度来为网络政治舆情治理提供依据。

其次，善治的责任性、回应性要求政府行政人员必须以负责任的态度对公众关心的社会事务作出及时有效的回应。这就对政府行政人员的公共事务敏感度提出了更高的要求，当某一社会事件出现时政府必须第一时间出面解决问题。在网络舆情治理中，一方面政府需提高网络政治舆情事件的敏感性，时刻关注网络政治舆论的导向，以便对网络政治舆情事件作出及时的回应；另一方面政府需了解网络政治舆情事件的发展规律，以便根据每一阶段的特点提出具体的及时的治理措施。

综上所述，善治理念对网络舆情生态系统治理具有非常大的指导意义，将善治理念运用于网络舆情生态系统治理过程中，将会促进网络舆情治理的进程，推动网络舆情生态系统治理的创新。

7.2 加强顶层设计

网络舆情具有正负两方面的社会效应,因而,充分发挥网络舆情正面效应或将负面影响转化为正面效应,理应成为舆情治理的指导思想。目前,世界各国对这一理念基本达成共识。其中,国务院新闻办公室在 2010 年 6 月发布的《中国互联网状况》白皮书中提出的中国政府基本互联网政策,即"积极利用,科学发展,依法管理,确保安全",也正是按这一理念制定的。同时,由于各种网络舆情行为具体走向不同,不同性质的网络舆情也需要区别对待。大致来说,对那些随集群言论良性交流而消散的网络舆情,应充分发挥其疏导安抚作用;对那些受群体心理影响而急剧膨胀的网络舆情,应视情况展开引导;对那些加剧压力并有向现实危机事件转化倾向的网络舆情,应采取防控并举的措施。此外,从网络事件类型看,不同事件的网络舆情也呈现出不同面貌,因而也需要加以区分对待。对于联动性网络舆情行为,要广泛听取民众的意见建议,将保障群众的切身利益、解决或阶段性解决现实具体问题作为关键环节;对于典型性网络舆情,要针对网民情感和利益诉求点,及时作出回应,或针对网民提出的有关建议批评,及时吸纳反馈,对有关政策予以修改和完善,或针对网民反映的各类违法违规事件或行为,进行彻底调查,依法处置;对诱发性网络舆情,要加强网上干预和防控,避免因网上煽动引发现实社会行为失序失范。一言以蔽之,网络舆情善治的顶层设计应遵循如下原则:对一些公开主张正当权益的网络舆情行为,要允许甚至鼓励网民按照法律允许的框架行使自己的权利;对一些秘密的、不敢见阳光的,要慎重、严格地对待,进行必要的审查和监督;对于具有社会危害性的违法集会,则要严厉禁止。

7.2.1 健全完善我国互联网舆情管控法律体系

(1)修订完善现行互联网舆情管控法律体系,及早推出网络基本法。要以国家利益为根本,以公众长远利益为标的,以符合宪法精神为基本要求,采取整体修法的方式,对现有互联网舆情管控的法律、行政法规、部门规章和规定、办法等,进行有计划有步骤地修正完善,通过先期梳理整顿,发现彼此相抵触、与实践不相适应等情况,要及时开展解释、修订、补充、废止等工作。要根据互联网发展新形势,针对互联网舆情管控过程中出现的新情况新问题,如管辖权、责任主体、新罪名的确立、舆情内容过滤审查、权利救济等问题,做到与时俱进,进一步制定出台新的法律法规,使执法部门的工作始终能够有法可依。同时,为提高互联网舆情管控的权威和效力,要加快推进网络基本法的制定历程。当然,制定网络基本法要由中央统一立法,要综合考虑国情,制定过程要严谨,论证要充分,内容要具体,实际操作要可行,且其中不仅要制定禁止性、惩罚性的法律规定,还要有引导、促进互联网从业单位行业自律的规定,从而逐渐形成由基本法、行政法规、司法解释等相融合的互联网舆情管控法律体系。

(2)营造法制氛围,推行以网治网。为进一步提升网民和互联网单位的法制意识,政府平时要注意培育先进的网络文化,推树网民文明上网观念;要采取多种方式方法,加大对互联网管控法律法规的宣传力度;要开展网民思想道德和法律意识教育,督促广大网民严格自律,坚守理性、公正、客观、谨慎的理念,不散播不良的、虚假的、未经确认的舆情信息。同时,要鼓励网络技术创新,借鉴美韩国家管控做法,鼓励互联网接入、联网单位充分利用技术手段对互联网舆情信息进行监测与管控;要激发互联网企业的社会责任感,鼓励行业自律,指导和协助互联网行业建立健全一种自我管理机制;要建立健全举报制度,如可以建立从违法有害信息发布者罚款中提取奖金的"悬赏举报"制度,甚至可以采用政府补贴的方式进行奖励;要发动组织成立互联网巡逻自愿者、协管员队伍,加大对互联网违法有害信息举报中心和网上报警岗亭的人力、资金、设备等方面的投入,从而实现以网治网的目标。

(3)多措并举,进一步提升互联网舆情管控能力和水平。要加强对互联网接入、联网单位和网民的管理,严格落实上网实名制,对发现有问题的网站,要督促其及时整改,对于拒不改正的网站,列入黑名单进行公开曝光,情节严重者交有关执法部门处理;要明确规定互联网违法、不良、有害舆情信息提供者、使用者、互联网经营者、互联网服务提供者的连带责任;要借鉴美国等国家的分级分类管控方法和特殊时期封网等管控经验做法,全方位开展互联网舆情事前、事中和事后管控工作;要进一步健全完善事前审批与事后管控相结合、分级管理与属地管理相结合、政府管理与行业自律相结合、网上监控与网下管理相结合的工作机制。此外,要加强国际、国内各部门之间的协调交流沟通,加强法规研究、技术应用、数据共享等方面的合作,加强打击网络违法犯罪的区域性合作,建立健全跨区域协同处置机制和多边合作机制,提升互联网管控能力和水平。

(4) 明确互联网舆情管控要求,正确把握互联网管控程度。管控部门要事先把互联网管控原则、依据、权限、程序、范围和处罚措施,以及侵权后的救济机制等向民众公布,让民众全面知晓互联网管控的法律内容、适用范围、适用方式、适用条件、法律责任和法律后果等。同时,在互联网舆情管控过程中要始终坚持公开、公正、公平原则,做到慎重从事、依法从事,不能滥用行政裁量权,不能任意扩大管控的范围,不能侵犯正当的言论自由,而要保障公民意见的合理表达,在确保安全的前提下,在国家利益、用户个人利益和行业利益之间寻求合理的平衡,做到正确把握好知情权与隐私权、政务公开与党政机密、社会监督与造谣诽谤、言论自由与人身攻击之间的度,力争把对互联网舆情的管控限制在合理的、必要的最小程度之内。此外,要遵照"打击和防范相结合、惩戒和教育相结合、事先公布和事后惩处相结合、日常监管和集中整治相结合"的方针,做到刚柔相济、有所侧重。一方面,要进一步加大对网上虚假、负面舆情信息的打击力度,特别是对那些危害国家安全与社会公共利益的违法有害舆情信息,要依据情节轻重和危害程度,采取多种法律手段进行制裁和惩处;另一方面,对于其他一般性的互联网舆情信息,尽量通过指引、评价、教育等手段,依法有效地加以引导和规范。

7.2.2 政府治理能力提升

网络舆情的扩散在很大程度上改变了我国的行政生态，如何客观、科学地应对舆情引发的网络公共事件准确把握好社情民意，促进社会稳定健康地发展，这对政府治理能力提出了更高要求。

在古希腊时期，亚里士多德曾经提出，一个好的社会应该是一个中道的社会，从结构上看，应该是一个中等阶级占主导地位的社会。然而，现代化的发展，恶意的市场竞争以及政府不恰当的表现，造成了弱者生存困难、社会矛盾凸显、群体性事件不断，政府信任的下降已经成为全球面临的共同难题。因此，政府信任重建已成为世界各国政府改革的重心之一，构建责任型政府成了政府改革必然趋势。"大众麦克风时代"的网络舆情正在逐步推动政府的施政理念从单一的"管理"转向多元的"治理"，以实现政府良政善治的政策表达与突发舆情的及时应对。

因此，面对因网络舆情而放大的社会矛盾，政府应从刚性的压制转向柔性的治理思维，以求达到社会的柔性稳定。柔性稳定，就是借助于各类社会力量，通过新媒体让各种利益诉求有效表达以化解矛盾、解决问题的方式，来处理社会管理中发生的事件，而不是用刚性强制或高压来实现社会稳定。概言之，不仅依赖法律规范，更彰显道德伦理、文化民俗，有效沟通，进行劝导，达到良好治理的愿望。应把复杂的政治社会问题解决柔性化、人本化，积极引导，冷静应对。不是简单化，意识形态化。政府要强调公共服务意识职能，借鉴"顾客导向"意识，因为"顾客驱使的制度迫使服务提供者对他们的顾客负有责任"。[①] 英国政府实施的最优价值与公民"宪章运动"，美国政府"顾客至上"的公共服务运动，都致力于满足公众日益发展的公共服务需求。借鉴西方国家的改革经验，政府应具有"顾客导向"意识，在网络互动中构建公民与政府的信任关系，超越传统的静态信任而更加关注公众与政府网络互动中的情感需求

---

① [美] 戴维·奥斯本，特德·盖布勒. 改革政府：企业家精神如何改革着公共部门 [M]. 周敦仁等译，上海：上海译文出版社，2006：130.

的满足以及信任的直观体现。"应该习惯性地把群体诉求看成推动建立公平公正的利益表达机制和社会分配体制的正常推力和正面动力"。[①] 人民网舆情监测室曾提出了"政府治理 2.0 时代"的概念，鲜明概括了在信息时代，面对网络舆情，政府应该如何获得民意后即时进行意见表达和迅速回应。政府在治理网络舆情时要切实转变观念，要真正体现"公民本位"与"社会本位"的原则，把"善待网络"的理念落到实处，充分认识到网络舆情在提高政府执政能力方面不可替代的作用。

7.2.3 加强网络治理，由"政府本位"向"公民本位"转变

网络空间的公共治理能力彰显政府满足公众需求、解决现实问题的可能性，政府公共治理能力越强，公众对于政府解决现实问题的预期越有信心，从而对政府的信任度也越高；反之，当政府不能有效解决或应对网络舆情等社会治理的议题时，或网络治理出现舆论失控或恶化失态时，社会公众就会对政府的观点、言行持怀疑态度，并减少对政府治理能力的依赖，从而降低了对政府的信任。如何从网络的治理出发，寻找提升新媒体时代政府形象传播能力的对策，是当前政府完善公共服务的核心问题。党的十八大明确提出，"推动政府职能向创造良好发展环境、提供优质公共服务、维护社会公平正义转变"。网络舆情的发生在很大程度上是由于民生问题与公共服务的缺失。也就是说，公共服务供给和民生问题是形成网络舆情的主要话题。据《中国新媒体发展报告（2011）》透露，"网络舆论最关注腐败与民生问题，并且，67% 的重大舆论事件中，网络舆论起到了推动政府解决问题的正面积极作用"[②]。2012 年，"在中央和地方政府财税与金融杠杆作用下，CPI 和 PPI 双双下滑，房价、电价、油价上涨趋缓，先跌后涨，与普通市民日常消费的切身体验、观感和愿望仍

---

① 戴建华. 寻求社会的柔性稳定 [N]. 新华日报，2012-08-28.
② 笔文. 网络舆论最为关注反腐民生，正面推动近七成重大事件 [N]. 北京晚报，2011-07-12.

存在差距"①。"民生主题凸显"为当年网络舆情的一大特征。

传统理念的政府以资源控制为核心，对社会公共服务实施垄断性控制和管理是其典型的特征。而现代社会公共服务改革的一项重要任务，就是打破过去在公共服务供给方面实行的政府主导模式。服务型政府建设要求公共服务的方式从政府主导变为公民主导，要不要服务、要什么样的服务、要多少服务以及服务效果的测评等，都要以公民需求为中心，由公民来决定。因此，必须开放政府公共服务的关键性程序，让公民参与公共服务的政策制定、公共服务的问责、公共服务的流程再造以及公共服务的绩效评估等，用柔性的开放思维，对网络舆情及公众持续关注的热点问题和涉及民生的重大舆情，政府各部门按照主管责任联络沟通、厘清权责关系，迅速做出对策回应和处置意见，缓和内在的矛盾冲突。

7.2.4 规范网络生态秩序，由"倒逼"向"自觉"转变

随着网络舆情事件的频繁上演和不断扩散演化，网络舆论监督力量正在日益增强，基于舆情本身所引发的网络炒作，成为倒逼政府部门转型，推动权力关系调整、促进官民互动的新生力量。2013年1月15日，中国互联网络信息中心（CNNIC）发布的《第31次中国互联网络发展状况统计报告》的数据显示："截至2012年12月底，全国网民规模达5.64亿人，全年共计新增网民5090万人，2012年中国互联网普及率为42.1%，较2011年底提升3.8个百分点。"② 网络舆情为加速推进公共事务的讨论和解决，凸显舆论监督和网络反腐力度提供了一个广泛平台的同时，大量的网络公共事件所带来的网络体验表明，网络监督的相关法规尚不健全，网络生态环境监管治理仍不到位，网络公共事件所体现的负面效应也不容小觑，一些有组织的"网络水军"能在一定程度上左右网络舆情，甚至

---

① 民网舆情监测室：《2012年中国互联网舆情分析报告》人民网. http://www.peopleyuqing.com/topnews/ topcmtait/2012 12 21/6046. html D.
② 2012年中国互联网络信息中心：《第31次中国互联网络发展状况统计报告》。

绑架主流的网民,打破了网络舆论的生态平衡,导致网络生态环境有失健康。法国社会学家涂尔干提出,当社会存在法律和道德的失范时,无论是整个政治社会还是国家,都不能建立起现在所缺的规范体系。

面对纷繁复杂的网络舆情,从"网络水军"的置顶造势,到"网络暴力"的"人肉搜索",再到一些网民的情绪鼓噪和宣泄,发布虚假信息、操纵舆论以及网络"围攻"、发泄私愤等,使得网络舆情生态环境波诡云谲,网络舆论生态环境令人担忧,搞"人肉搜索"侵犯他人隐私、践踏网络生态环境等行为已经走到法律的边缘了,这些消极甚至偏激的心态和行为都在不断稀释着网络的正能量,无限放大了社会群体之间的利益矛盾与冲突。对此,亟待加以规范。完善网络法律法规,创造健康文明的网络舆情生态环境,离不开法治的规范和公民的理性参与。党的十七届六中全会提出,加快形成法律规范、行政监管、行业自律、技术保障、公众监督、社会教育相结合的互联网管理体系。可见,营造网络生态环境,首先要从法规制度上加以规范,构建网络舆情监督的法治规则,做到依法治网,按照《全国人大常委会关于维护互联网安全的决定》《互联网信息服务管理办法》《互联网新闻信息服务管理规定》等一系列法律法规,抵制网络不良现象,增强网络安全意识,规范网络生态秩序。其次,在自律上加强网络道德建设,培育网民的理性思考能力,自我规范网络行为,明确监督主体的权利及义务,丰富网络社会治理方式,与网络法规形成刚柔并济的治理模式。再次,从现有网络的相关法规来看,还有与网络发展进程不相适应的地方,亟待加强完善。在网络立法方面,发达国家的有益经验值得借鉴。因此,政府在与网络的互动的生态治理中,除了完善法规制度外,更应以平等的姿态、真诚的交流、高效的处置和积极应对,在互动的过程中重塑政府信任。对自身失责行为要勇于认错,避免言行失当诱致新的舆情事件,用实际行动凝聚多元共识,寻求"公约数",由以往的单向、强制、权威向合作、柔性、信任方向转变,由"压抑"向"包容"转变,由"被动"向"主动"转变,由"倒逼"向"自觉"转变,消除分歧,重塑社会信任,再造政府公信力,修复事件产生的各种矛盾，还公众一个健康和谐的网络舆论生态。

7.3 重视中间环节

网络舆情是一个不断发展演变的动态过程，政府、媒体、网民等不同舆情主体均在其中发挥着重要作用①。顶层设计落地过程中，更要善于运用法治思维，重视中间环节的制度机制建设，承上启下，做到"立治有体、施治有序"，避免零敲碎打、碎片化修补。一是逐步完善网络舆情监测预警机制。在热点诱发因素"脱颖而出"之前，网络舆情处于相对平稳状态。因此，互联网信息内容管理的各职能部门和新闻媒体要树立网络舆情监测和预警意识，逐步完善互联网监测和分析系统，对海量网络信息进行风险评估、价值筛选，以及时发现风险性、苗头性问题，并制定相应的预警和应急措施，进行科学决策，防患于未然。二是构建公开透明的舆情信息疏导通道。网络舆情演进的过程中，不通畅、堵塞的传播渠道和有效信息的遮蔽会加剧猜测、凸显压力，造成谣言、流言以及非正规渠道获得的小道消息等兴起盛行，而畅通的言论表达渠道则会发挥类似"安全阀"的功能，起到舒缓不良情绪，维护社会稳定的作用。三是强化对不良违法舆情信息的干预控制。网络舆情发展演变过程中，各类干预控制力量和手段在促使其从无序回归到有序状态中发挥着重要作用。目前，我国舆情信息管理主要依照党的十七届六中全会提出的互联网管理体系，即"加快形成法律规范、行政监管、行业自律、技术保障、公众监督、社会教育相结合"为执行标准。从信息控制管理的方式看，可以把上述制度措施分为"硬性"和"软性"两大类目。"硬性"控制主要是指以法律法规、技术手段等实现的内容管理，"软性"控制则指以道德建设、媒介素养以及行业自律、公众监督等为主要形式的信息自律手段。前者中，最重要的是建立健全互联网法治体系。后者则主要通过规范网络行

---

① 王釜屾，林敏. 网络舆情善治之道[N]. 中国社会科学报，2017-09-15 (5).

业行规、创建评比文明网站、培养提高媒介素养等方式展开。安全与社会公共利益的违法有害舆情信息，要依据情节轻重和危害程度，采取多种法律手段进行制裁和惩处；另外，对于其他一般性的互联网舆情信息，尽量通过指引、评价、教育等手段，依法有效地加以引导和规范。

7.3.1 互联网舆情引导策略

（1）树立正确的互联网舆情引导指导思想

网络舆情是公众民意在网络空间的表达，应引起各级政府部门和领导干部的高度重视。舆情引导者必须树立正确的网络舆情引导指导思想，在舆情引导过程中始终坚持社会主义核心价值观，坚持走群众路线，坚持正确的舆论导向。互联网舆情在很大程度上体现了公众的真实想法，这些想法既有理性客观一面，也有冲动主观的一面，必须从实际出发，客观分析、区别对待。在突发事件中，媒体和互联网既不是事件的起点，也不是终点，诚恳回应公众利益诉求是根本。"防民之口，甚于防川"，对于互联网舆情，"防、堵、删"不是解决问题的办法，只有及时、公开、坦诚的网络声音占据舆论主阵地，才能消解网络中的误解、质疑与不满。网络再虚拟，也是人类真实世界的忠实镜像。舆情危机的处理应做到事件处置第一位，舆论引导第二位。舆情引导者要善于利用媒体报道和互联网舆论"灭火"和"造势"，及时将事件处理情况公之于众，安抚公众情绪。舆情引导者更要变被动为主动，学会如何利用互联网推动工作。如现在兴起的政务微博就提供了政府沟通民间、接受公众监督的新渠道。

（2）构建有效的互联网舆情引导管理体系

互联网舆情引导的管理体系应是各环节流程顺畅、接口清晰、配合紧密、责权明确、运作高效的统一整体。构建有效的互联网舆情引导管理体系，首先要做到制度化，即对网民有效留言的搜集、回复、跟踪要落实到工作制度中，明确时间和责任人，规范各项工作程序，使政府与民众的互动得到制度保障。其次要做到常态化，即在舆情引导中不仅要对网民的意见及时反馈，还要善于将网民的合理诉求在现实社会研究解决。有关部门可以通过采取有效措施，将网民反映的问题转化为实际工作的内容之一，有助于提高问题处理的速度和效果，提高政府在网民心中的公信力和影响力。最后是做到日常化，即收集舆情信息应做到时刻关注舆情信息的走向和新的舆情热点。当前舆情信息搜集渠道很多，微博、微信、论坛等都成为民意表达的重要场所。通过对这些信息进行收集、梳理，借助软件科学分析、预测舆论的走向，为决策提供依据。

7.3.2 媒体应加快结构化转型，以增强公信力来提升影响力

网络时代，传统的媒体不再是一家独大，其影响力也在垂直下降。中国社会科学院社会学研究所的调查显示，在开通了微博的人群中，有44.4%的人更相信微博发布的信息，高于央视权威的新闻联播38.7%的信任度[①]。有人甚至提出，记者已死，媒体不在。传统媒体遭受了来自新兴媒体的挑战与围攻，自身发展存在前所未有的变数，也遭遇到总体性困境。传统媒体必须顺应时势，进行结构化转型，实现与新兴媒体对接与融合，正如时任中宣部部长刘奇葆指出："推动传统媒体和新兴媒体融合发展，是党中央着眼巩固宣传思想文化阵地、壮大主流思想舆论作出的重大战略部署。"网络媒体对网络舆情的引导作用非常大，能够引导问题进入公共领域，并引起群体极化与蝴蝶效应，最后进入政府的政策议程并得到最后解决。由此，重视媒体对网络舆情的引导并发挥其效用成为了政府应对网络舆情的关键。在了解舆情基本规律的基础上，利用媒体及时、准确、全面地传播事件或问题的有关信息，让流言消失在真相面前，塑造有利的舆论氛围，进而促进问题或事件的尽快解决。同时，媒体是社会主体，也具有自身利益诉求，媒体应该在社会责任、媒体自身利益之间寻求适当的均衡点，做好媒体的自律与发挥主流信息传播的社会作用。

---

① 莫文广. 提升媒体公信力，更好发挥桥梁纽带作用 [J]. 中国广播电视学刊，2014 (8).

只有与新兴媒体融合联姻,强化互联网思维,才不会缺席网络舆情场,才能进入到网络舆情生态系统中,这是基本的准入资格条件。进入网络这个全新的生态系统中的传统媒体必须通过自己的专业能力把自己的优势在这个新的舆情场中极限般地发挥出来,传统媒体的记者具有一般的网民不可能具有的那么多时间精力和专业化知识,媒体必须以专业能力获取主体身份与主体地位,这也是处于主体间性中的媒体之主体性确证的必然要求。在这个全新的舆论场中,生存的法宝还是真实性,毕竟舆情场的新闻底色没变。正如我国首任宣传部部长陆定一所说:"新闻工作搞来搞去还是个真实问题。新闻学千头万绪,根本性的还是这个问题,有了这一条,就有信用了,有信用,报纸就有人看了。"马克思也曾说:"人民的信任是报刊赖以生存的条件,没有这种条件,报刊就会萎靡不振。"[①] 有了真实性就有了公信力,公信力还原于真实性。因此,转型的媒体必须狠抓坚守真实性这个核心,以真实性来赢得公信力,提升舆论的影响力、引导力。进入网络的传统媒体要与网络保持对立统一的关系,从对立的视角观之,不要轻易采信网上的匿名信源,应该深挖网上信息的可信度,深入调研,拿得出一般网民无法企及的真相报道,以在网络舆论生态系统中扎根立足;从统一的角度来看,要充分利用网络平台的本体性公共领域来饱和般地传播自己的立场与观点,可直接与网络对接,通过微博化、微信化的公众号等网络平台与政府、网民进行直接的互动交流,这种无中介的沟通可大大澄清肃清网络谣言,遏制不良舆论的恶性循环与肆意蔓延,是净化网络舆论生态系统的重要消毒剂。此外,媒体一定要抓住突发事件的契机,一定要抓住这样的"焦点时刻",把独立性的系列化的独家深度报道呈现在网络舆情场中,这样,在网络集聚起来的万众瞩目中自己的公信力淋漓尽致地展现出来,事半功倍,必将极大地提升自己的舆情影响力、引导力。

---

① 陈阳.关于提升新闻媒体公信力的几点思考 [J].大庆社会科学,2011 (2).

7.3.3 公众须提升信息素养，以言论自律形成人人把关的和谐舆情生态

首要的是公众必须提高信息素养，合理生产消费分解网络舆论。微时代，信息素养是公众必须具备的最基本素质，也是处于主体间性中的公众作为主体的最基本标识。根据联合国界定的新世纪文盲标准，没有信息素养的人，不会利用计算机网络获取信息的人已是文盲，是被网络社会排除的绝对弱者。何谓信息素养？先看美国信息产业协会主席保罗·车可斯基于1974年最先提出该概念时的界定："利用大量的信息工具及主要信息源使问题得到解答的技术和技能"，后来又加进了"人们在解答问题时利用信息的技术和技能"。较权威的算是2003年联合国教科文组织举办的世界首届信息素养会议上提出的：信息素养是终生学习的一种基本人权，是个人投身信息社会的一个先决条件，是促进人类发展的全球性政策。[①] 这个界定的外延与内涵都太宏观。一般认为，"信息素养不仅包括利用信息工具和信息资源的能力，还包括获取识别信息、加工处理信息、传递创造信息的能力，更重要的是以独立自主学习的态度和方法，以批判精神以及强烈的社会责任感和参与意识，并将它们用于实际问题的解决和进行创新性思维的综合的信息能力"。[②] 该定义包括三个层层递进式的信息能力：利用信息能力—处理创新信息能力—解决问题信息能力。前者对于网络公众来说是先验式的不言自明的，否则就从网络舆论场中出局了。公众要提升的就是后两种能力，公众在网络舆论场中对信息的获取仅仅是一种技术性的操持，公众的信息素养提升恰恰体现在面对网络谣言、舆论污染时那种独特的判断力，去挖掘探寻污染信息出场的路径及其裹挟的结构性情境，发现其裂纹与破绽处，参与修补与重构，从生产消费舆论跃迁到分解引导舆论，这既是判别公众主体性的真正标尺，又是公众提升信息素养的自我确证。利用处理解决问题的信息能力更多的是一种外在的表征，它还需要来自主体自律的内在支撑。自律则

---

① 刘秋梅.信息素养教育的研究与实践[J].现代情报，2006（4）.
② 张倩苇.信息素养与信息素养教育[J].电化教育研究，2001（2）.

是一种人性、人的主体性的真正激活，是"人人着"的最高证明。正如康德所言："自律原则：在同一意愿中，除非所选择的准则同时也被理解为普遍规律，就不要作出选择。"[①] 这就要求网络舆论场中的公众首先不能自己生产、传播网络谣言等异化言论，更不要参与网络谣言的传播而使言论结晶为舆论。只有这样，才与普遍规则统一。与此同时，自律还要求个体从自我走向他者，自律绝不是仅指单个的自我，毕竟自我是相对他人而言，世界上绝无单个的个人，个人一定是处在由各种关系编织而成的自我和他人组成的关系共同体中。自律绝不是仅仅与自我相关，恰恰相反，自律还指处于共同体中的自律，个体自律的意义只在与他人结成的共同体中才得到证实。因此自律客观上从个体延伸到与他人结成的关系共同体中。它呈现在网络舆情场中表现为个体言论自律以及与他者共同生成的舆论场中的舆论自律。通过自律，堵塞从自我所占据的舆情场之位置处可能生产的舆论污染的通道，同时还要帮助他者一起清理分解来自其他方位而来的舆论污染源，结成共同的清除污染源的共同体，此时个体的主体性升级到共同体的主体间性，这就堵塞了网络舆论污染、危机的本体通道。因为一定意义上说，公众是网络舆情生态系统中舆论垃圾、舆论污染的最主要生产者，也是由此而来的舆情危机的最主要推手。通过自律，网络舆情场中公众不仅是网络言论的生产者消费者，而且人人都是异化舆论的分解者引导者，人人成了把关人。一旦人人都是本体上的舆论自律把关人，那么网络和谐舆情生态必能达成，网络舆情生态文明必然实现。

7.3.4　积极发挥社会组织对网络舆情的治理能力

政府在网络舆情的有效治理中发挥主导作用、开展有效治理，法律为网络舆情治理提供不可逾越的底线保证，其间的空白恐怕需要依靠网络空间各种社会力量的自主性、自发性来填充和补足，要建立现实社会

---

① [德] 康德. 实践理性批判 [M]. 邓晓芒译, 北京：人民出版社, 2003：216.

和网络社会的自律传导机制。首先运用沟通的原则。哈贝马斯的交往理性理论可以为以语言完成情感沟通的舆情行为提供参考。具体来看，在疏通由突发事件直接引发的网络负面舆情时，要直面事件具有的损害群众利益等不合法、不合理行为，及时公开、公布对相应的资源调配、问题整治等提出的实质性解决方案和结果，以正面、真诚的态度表达和回应问题；在揭露事件中出现的由网民集体记忆、刻板成见等造成的错误之处或先入为主的谎言和流言时，要通过翔实的材料、证据等进行解疑释惑，并深入调查谣言的形成原因，对造谣主体进行及时处理，通过正当性的言说，树立政府的正面形象，消除对政府的成见。其次是沟通的方式。疏导网络舆情时，切不可与网民针锋相对或激烈辩论，而应宽容看待网民不同需求，以包容多元的心态与网民进行良性沟通协商，以达到彼此的谅解、信任和理解。此外，由于网民行为往往是由情感而不是由理性支配的，而那些站在权威、更高层次角度发布的言论会让网民产生一种心理距离，并本能地对其倡导和标榜的客观、理性观点与想法进行排斥，特别是那些带有说教、灌输性质的沟通内容。因此，以平等的身份介入其中，给予网民关心与爱护，才能真正起到打动网民情感心灵，最终实现对网络舆情行为因势利导的目的。最后是沟通的技巧。其一，要发挥网络传播的无时无界性特点，在突发事件中及时公开信息，最大限度地满足网民第一时间获取有效信息、消除不确定感的情感需求。同时，信息通报时要站在民众的角度，全面、客观、真实呈现事件过程，以人为本，不渲染、不煽情，力求避免谣言流言滋生，并有效疏导网民情绪，获得民众认可。其二，在互联网技术和新媒体传播条件下，网民的情感需求也进一步提高深化。正如米尔斯所说，人们需要的不只是信息，而是一种心智品质，这种品质可以帮助他们利用信息增进理性，从而使他们能够看清世事，以及或许发生在他们之间的事情的清晰的全貌。因此，要合理利用网络超链接、海量传播优势，以传统媒体与新兴媒体深度融合、高度整合的方式对信息进行解疑释惑、深度剖析，满足网民在心智品质方面的情感需求。其三，要以富有情感的文字、图片、音乐、视频等多种手段，尽可能生动有趣地呈现交流的内容，消除交流中枯燥、乏味、呆板说教的负面效应，缩短相互间的距离，融洽双方的情感，提升沟通的效果；其四，通过网络社区自治。为了保证言论秩序，在网络空间成立社区委员会，并且制定带有自律内容和导向的管理条例，如人民网强国论坛、新浪微博在此方面都提供了很好的范例，而新浪微博构建了较为完善的投诉举报机制，能有效地清除网络谣言并向社会提供帮助。2012 年，一个参照现实司法体系设立的新浪"微博社区委员会"正式上线。直接从微博网友中招募委员作为"法官"，负责"审判"发生在微博上的用户纠纷并查处不实信息，惩罚手段仅仅限于用户的微博使用权限：扣除信用积分、禁言、销号等。"微博社区委员会"在监管部门的刚性审查之外设置了一个缓冲地带，让微博用户参与了网络社区规则的制定、执行和监控，推动微博用户自律，保证了微博有一个良好的生态圈。这是新媒体一次有益的自治实践、自我约束尝试，具有积极意义；充分发挥媒体自律的作用。世界上大多数国家都有相应的媒体自律规范和组织机构。2013 年 5 月，美联社推出《员工社交媒体使用手册》，用以指导美联社员工的社交媒体实践。在如何使用社交账户、发表观点、保护隐私、识别消息源、与用户有效互动等方面有详尽的建议和规定。英国的网络观察基金会、新加坡媒体通识理事会等都积极参与网络空间治理。我国的传统媒体、互联网行业也通过多个层面的自律细则、规约、联盟的实施，发起倡议活动等加强互联网职业道德建设，但还存在一定的缺失，更多的是倡导式的，强调"原则""精神"和"立场"等，可操作性并不强。

7.4 夯实末端治理

　　网络舆情的技术治理是指利用计算机、大数据等现代技术手段更好地掌握舆情、预测舆情和处置舆情。随着互联网平台技术的推广和应用，网络舆情出现了微博、微信、客户端等新的网络舆情载体，形成了网络舆情传播的新的生态。网络舆情监测和分析等技术主要基于内容挖掘的监测流程，包括信息提取、信息预处理、舆情分析、话题识别等。网络舆情的技术平台包含了搜索引擎技术、文本挖掘技术等，而文本挖掘是一个从大规模文本数据中抽取实现未知的、可理解的、最终可用的知识的过程。包括文本特征提取、文本文摘、文本分类、文本聚类等。基于日志挖掘的网络舆情分析技术。搜索引擎种类繁多，如通用的搜索引擎、各种门户网站的搜索引擎、各种商业网站的搜索引擎等。充分利用搜索引擎的日志资源，不难发现各种类型用户的搜索热点，从中发现舆情热点。

大数据时代的网络舆情技术。网络舆情数量的急剧增长，使得网络舆情的大数据特征越来越明显。现有的网络舆情技术还不能够满足大数据时代的需要，亟待出现新的数据处理模式。不断创新网络舆情大数据分析思路，让"大数据"经过技术处理之后，变成真正意义上的"大"数据，这就要求我们对于特定的有意义的数据能够进行专业化、标准化的处理。跳出抽样分析的传统路数，用大数据方法把分析收集到的数据一网打尽；跨越语义分析的技术障碍，开辟"隐性"舆情分析的"新战场"；将情绪数据、点击数据、位置数据和网民个人特征数据等深度关联分析，深度挖掘出有价值的舆情。实现网络舆情的精准监测，还是要基于线上和线下的数据、显性数据和隐性数据的科学抽样、完整提取、科学分析，避免作出"不少网友认为""绝大多数网友赞同""部分网友有不同声音"等大而化之、含混不清的判断。由于钓鱼岛和南海岛屿之争，我们同日本、越南、菲律宾多有摩擦，导致东海和南海的局势阶段性紧张。如果我们只通过网络采样，就会发现持强硬立场、不惜一战的声音和态度居多，但这只是网络舆情冰山显露出来之一角，中国社会在这个议题的主流民意也许隐藏在冰山的下面。在 2012 年 9 月的反日游行示威活动中，出现了针对日货商店、日系车主的打砸抢烧行为。西安一位河南籍的"农民工二代"用"U 形"车锁重伤无辜的过路车主，招致网络上一片谴责和挞伐之声，肇事者也受到了公安机关的严惩。其在反日游行中的表达和诉求，更多发泄的是弱势群体对社会分配秩序的不满和愤恨，恐怕同爱国扯不上多大的关系。网络舆情不完全等同网络民意，网络民意也未必是真实的社情民意。

综上所述，针对突发事件情景下微信舆情生态系统中负向信息的传播扩散，应秉持风险管理理念，以舆情风险预防、预测和预警为重点进行生态治理。

(1) 舆情风险的预防

信息匮乏、滞后是突发事件网络谣言产生的主要原因，尽管微信传播具有实时性优势，但是其信息呈现具有明显的碎片化、情绪化、趋同性特征，不利于网络谣言的廓清和消解。因此应通过与报刊、广播、电视等传统媒体，以及新闻网站、微博等网络媒体舆论场的互动共振，加强微信舆情生态系统与外部环境间的正向信息能量传递，以全景、客观、深度的信息呈现弥补微信传播相对封闭的缺陷，以信息发布的公开透明、权威准确，预防网络谣言滋生并抑制其传播扩散[①]。

(2) 舆情风险的预测

微信舆情传播的半封闭特征，加大了舆情风险要素识别和量化评估的难度，为网络谣言、网络语言暴力等负向信息的传播扩散提供了"温床"。但是，利用大数据技术，通过分析舆情信息的评论数、转载数及点赞数，进行实时动态的突发话题、热点话题检测和识别，开展突发事件舆情信息的热度趋势预测和风险评估，有助于及时发现异常账户和公众号，并快速响应负向信息的传播扩散，从而部分消除私密性特征所导致的微信舆情风险。

(3) 舆情风险的预警

针对微信传播线上线下互动性突出的特征，基于舆情信息的热度趋势预测和风险评估，进行群体性事件网络动员的风险预警。对于具有热度、形成倾向性、体现煽动性的舆情信息，应迅速研判人物、时间、地点、

---

① 夏一雪，兰月新，曾润喜等. 全媒体语境下突发事件舆情信息风险管理模式研究 [J]. 图书与情报，2016 (3)：11-18.

事件等关键信息，在线上采取删除信息、限制转发、关闭账号等措施的同时，进行线下群体性事件预警，降低微信舆情风险由线上转移线下的概率。

后记

《网络舆情生态系统善治之道》是 2017 年度成都市委党校重点学科研究项目最终成果。网络舆情生态系统研究属于新兴的社会科学研究领域，网络舆情生态系统的研究成果更是少之又少。实际上，早在 2012 年，在参与研究相关网络安全课题时，我就开始了对网络舆情的关注和对相关资料的搜集。这些相关研究成果来自传播学、新闻学、舆论学、社会心理学、生态学、社会学、政治学、情报学以及计算机科学，在综合以上学科后，很大程度上启发了网络舆情生态系统的研究思路。整个研究和创作过程是相当艰辛的。我研读了大量的文献，筛选有价值的参考资料，常常为思考框架和创新点而彻夜难眠。

自 2017 年 9 月 20 日形成本书写作提纲第一稿后，经过集体讨论并吸取专家意见，先后对提纲进行了三次修改，于 2017 年 11 月形成最终框架。随后开始着手写作，并于 2018 年 11 月，历时一年完成初稿。其间，根据讨论结果，每章都有不同程度的修改。我作为课题的主持人，负责本书理论框架的构思以及修改、审稿、校稿等主要工作，担任主编并完成了绝大多数章节的撰写。在这里，我要特别感谢康苇苇和王燕枝老师，她们在承担繁重教学工作的同时加入本书的创作中来。她们严谨的学风、刻苦的工作态度以及谦虚的为人，让我由衷地敬佩。

本书各章执笔分工如下：夏楠（第一章、第四章、第五章、第七章）；康苇苇（第二章）；王燕枝（第三章）；康苇苇、王燕枝（第六章）。

本书从立项到专著出版，一直得到中共成都市委党校的大力支持，中国金融出版社为本书的编辑出版给予了大力支持。在此，谨对所有给予本书帮助、支持的单位和同事表示衷心感谢。

此书即将出版，仿佛为一段艰辛的征程画上了句号。但那些辗转难眠的深夜、苦思冥想以及熬更守夜地奋笔疾书都让我记忆犹新。由于水平有限，书中难免有疏漏和错误之处，敬请广大读者对本书提出宝贵意见。

作者

2019 年 4 月